하나님의 위로와
소망이 가득한
40일 묵상

오늘도 평안

The Path to Peace
by Ann Swindell

Copyright ⓒ 2022 by Ann Swindell
Originally published in English by Bethany House Publishers,
a division of Baker Publishing Group,
Grand Rapids, Michigan, 49516, U.S.A.

This Korean edition ⓒ Word of Life Press, Seoul, 2024.
Translated and published by permission.
All rights reserved.

오늘도 평안

ⓒ 생명의말씀사 2024

2024년 7월 23일 1판 1쇄 발행

펴낸이 ㅣ 김창영
펴낸곳 ㅣ 생명의말씀사

등록 ㅣ 1962. 1. 10. No.300-1962-1
주소 ㅣ 서울시 종로구 경희궁1길 6 (03176)
전화 ㅣ 02)738-6555(본사)・02)3159-7979(영업)
팩스 ㅣ 02)739-3824(본사)・080-022-8585(영업)

기획편집 ㅣ 정설아
디자인 ㅣ 조현진
인쇄 ㅣ 영진문원
제본 ㅣ 다온바인텍

ISBN 978-89-04-16885-9 (03230)

저작권자의 허락 없이 이 책의 일부 또는 전체를
무단 복제, 전재, 발췌하면 저작권법에 의해 처벌을 받습니다.

하나님의 위로와
소망이 가득한
40일 묵상

오늘도 평안

The Path to Peace

앤 스윈델 지음 | 이지혜 옮김

생명의말씀사

추천의 글

저자가 진리를 제시할 때 다정하면서도 진심이 느껴지는 목소리가 독자들을 반갑게 맞이한다. 신실한 글쓰기를 통해 그리스도를 가리키는 하나님 나라 사역을 감당하는 저자에게 감사한다.
에밀리 젠슨(Emily Jensen) Risen Motherhood 공동 설립자, 『Risen Motherhood: Gospel Hope for Everyday Moments』 공저자

저자는 '어쨌든 하나님을 찬양하라'는 식의 공허하고 진부한 이야기를 전하지 않는다. 하나님 말씀의 소망과 진리가 어떻게 가장 뜻밖의 자리에서 우리 안에 그리스도의 평안과 능력을 길러 주는지 보여 주는 동시에, 고통스러운 현실도 인정한다.
사라 월턴(Sarah Walton) 『Hope When It Hurts』, 『당신의 가정에 폭풍이 몰려올 때』 공저자

우리는 염려가 일상화되고 평안은 찾아보기 힘든 세상에 살고 있다. 이 책에서 저자는 우리 마음을 그리스도께 향하게 하는 성경적 가르침을 통해 복음의 소망을 전한다. 이 40일 묵상집은 당신 영혼에 위안을 주고, 소망의 등불이 되며, 자기 백성을 향한 하나님의 확실한 인자하심을 선포할 것이다.
그레첸 새플스(Gretchen Saffles) 『The Well-Watered Woman: Rooted in Truth, Growing in Grace, Flourishing in Faith』 저자

특히나 혼란스럽고 시끄러웠던 팬데믹 기간에, 세상은 우리를 위로하고 평안을 찾을 많은 방법을 제시했지만 하나같이 만족스럽지 못했다. 저자는 신자들이 그리스도를 통해 약속받은 평안을 어디서 찾을 수 있는지 보여 준다. 나는 저자의 솔직한 글을 한 장만 읽고도 어깨 긴장이 풀어지고 호흡이 안정되는 것을 느꼈다. 이보다 더 좋을 수 없는 메시지다! 예수님 안에서 우리가 얼마나 큰 소망을 품고 있는지 모른다.
자미 나토(Jami Nato) 작가 겸 기업가

앤 스윈델의 책은 약함을 드러낼 때는 한없이 다정하고, 복음에 대한 확고한 헌신을 드러낼 때는 막강하다. 저자는 자신의 아픔을 나누고 하나님 말씀의 진리를 인정하면서, 풍부한 상상력과 사랑의 권면을 통해 우리가 어떤 상황에 있든지 하나님 안에서 평안을 찾을 수 있음을 일깨워 준다.

엘시 우디첼로(Elsie Iudicello) 팜하우스 스쿨하우스(Farmhouse Schoolhouse)

저자가 다시 들려주는 풍성한 성경 이야기는 독자들의 흥미를 사로잡아 그들을 성경으로 인도할 것이다. 페이지마다 하나님이 살아 숨 쉬는 이 책에서 우리에게 절실히 필요한 평안으로 향하는 길을 발견한다.

메건 힐(Megan Hill) 복음연합(The Gospel Coalition) 편집자, 『Patience: Waiting with Hope』 저자, 목사 사모

살면서 예기치 못한 상황을 만나지 않는다고 해도, 매일 쏟아지는 책임이 여전히 우리 평안을 위협할 수 있다. 우리에게는 예수님과 보내는 집중된 시간을 통해 새로운 관점을 얻는 것이 필요하다. 이 책은 마음을 평온하게 하고 정신을 강화하여 흐트러지지 않은 마음으로 매일의 도전에 맞설 수 있게 도와주는 유용한 자료다. 적극 추천한다.

캐런 이먼(Karen Ehman) 저자 겸 강사, 잠언 31장 사역(Proverbs 31 Ministries)

나는 불확실한 상황에서도 하나님께 순종하며 특별한 일을 해낸 평범한 성경 인물들을 집중 조명하는 저자의 방식이 마음에 든다. 우리는 모두 불만족과 고통에 관한 하나님 말씀을 다시 한번 되새겨 볼 필요가 있다.

알리사 키튼(Alisa Keeton) 레블레이션 웰니스(Revelation Wellness) 설립자, 『The Wellness Revelation』 저자

엄마와 아빠께.

그리스도를 통해서만 도달할 수 있는
평안의 길을 제게 보여 주셔서 감사합니다.
자녀들과 손주들을 향한 두 분의 사랑은
늘 주님의 사랑을 아름답게 드러냅니다.
진심으로 사랑합니다.

차례

추천의 글 4
시작하는 글 나의 평안을 너희에게 주노라 12
이 책의 활용법 23

1부. 사라: 새로운 부르심 가운데 임하는 평안

1일 하나님의 길을 신뢰할 때 오는 평안 27
2일 하나님의 보호하심을 믿을 때 임하는 평안 34
3일 내 뜻대로 밀어붙이려 할 때 사라지는 평안 40
4일 이루어질 것 같지 않은 소명 가운데서 누리는 평안 46
5일 하나님이 약속을 이루어 주실 때 누리는 평안 52

2부. 모세: 원치 않는 역할 가운데 임하는 평안

6일 두려움을 느낄 때 하나님의 임재 가운데 찾은 평안 61
7일 하나님의 계획을 수용할 때 누리는 평안 66
8일 순종을 택할 때 찾아오는 평안 71
9일 순종해서 상황이 악화했을 때 얻는 평안 76
10일 하나님 안에서 확신에 찬 평안을 누리기 83

3부. 룻: 재정적인 어려움 가운데 임하는 평안

11일 빈손으로 누리는 평안　93
12일 불확실한 상황에서 하나님을 따르는 평안　99
13일 도움이 필요한 상태에서 누리는 평안　105
14일 결과가 우리 손을 떠났을 때 누리는 평안　112
15일 하나님의 넘치는 평안　120

4부. 한나: 건강 문제 가운데 누리는 평안

16일 망가진 몸과 화해하기　129
17일 비교를 거부할 때 찾아오는 평안　135
18일 기도할 때 찾아오는 평안　141
19일 하나님의 때에 복종할 때 얻는 평안　147
20일 찬양으로 얻는 평안　153

5부. 마리아: 알 수 없는 상황에서 누리는 평안

21일 하나님의 뜻을 받아들일 때 찾아오는 평안   163
22일 하나님의 도우심을 통한 평안   170
23일 예상치 못한 조율을 통해 오는 평안   177
24일 최악의 상황에서 만나는 평안   183
25일 새로운 현실에서 누리는 평안   190

6부. 제자들: 쉽지 않은 관계에서의 평안

26일 친구와 원수 사이에서 누리는 평안   199
27일 다른 사람들이 떠날 때 평안하기   205
28일 교만을 버리고 겸손할 때 누리는 평안   210
29일 우리 마음속 평안으로 다른 사람을 용서하기   216
30일 기분이 상한 사람들 사이에서 평안하기   223

7부. 막달라 마리아: 놓아주는 평안

31일 자유가 가져오는 평안   231
32일 꿈을 포기할 때 찾아오는 평안   236
33일 섬김을 통한 평안   242
34일 부활을 통한 평안   248
35일 새 생명을 받은 평안   253

8부. 바울: 새로운 정체성에서 오는 평안

36일 당신의 세상이 뒤집혔을 때 오는 평안   261
37일 남들이 믿어 주지 않을 때 오는 평안   266
38일 시험 중에 오는 평안   272
39일 약함을 껴안을 때 오는 평안   278
40일 그리스도가 당신의 가장 큰 보화가 되실 때 오는 평안   283

맺는 글   채워지지 않은 갈망 가운데서 누리는 평안   290
감사의 글   295

시작하는 글

나의 평안을 너희에게 주노라

남편이 해고되고 나서 넉 달째, 나는 우리가 오래도록 아이들을 키울 줄 알았던 그 집에서 빈 벽난로만 멍하니 바라보고 있었다. 깊게 심호흡해 보려 했지만, 몸이 떨리면서 쌕쌕거리는 소리만 나왔다.
  실직이나 재정적인 스트레스가 활시위처럼 팽팽하게 나를 조여 오긴 했지만, 단순히 그 문제 때문만은 아니었다.
  생활과 집, 미래에 대한 불안감이 나를 젖은 걸레처럼 짓누르기는 했지만, 단순히 그 문제 때문만은 아니었다.
  실망과 상실로 가득 찬 세월, 실패와 죽음과 현실에 부딪혀 좌절된 꿈으로 인한 고통이 쌓이고 쌓인 세월이었다. 30분쯤 실컷 울고 나니 내 안의 모든 게 무너진 느낌이었다.
  눈물이 분노로 변했다.

흐느끼면서 내 등을 쓰다듬고 있던 남편은 손 밑에서 내 등이 펴지는 것을 느꼈다.

처음에는 속삭임처럼 흘러나왔다. "이건 내가 동의한 삶이 아니야."

남편은 나지막한 목소리로 물었다. "뭐라고요?"

그때 갑자기 고함이 터져 나왔다. 아이들은 이미 잠자리에 든 고요한 밤이었다. 나는 방에다 대고 소리를 질렀다. 남편에게, 나에게, 하나님께 소리를 질렀다.

"이건 내가 동의한 삶이 아니라고요! 내가 원한 건 이게 아니야! 이렇게 매번 옮겨 다니고 헤어지고 괴로워하는 삶을 바란 게 아니라고요! 세 번이나 유산하고 싶지 않았어요!" 내 목소리는 어둠 속으로 점점 더 커져만 갔다. "우리 아들이 아픈 것도 싫고! 사실대로 이야기했다고 우리에게 등을 돌린 친구들도 싫고! 여보, 이건 아니에요! 다 싫어! 내가 원한 건 이런 삶이 아니었어요!"

정직한 반성

당신도 이런 기분을 아는지 모르겠다. 자기 삶을 돌아보면서 어떻게 여기까지 이르게 되었는지 알 수 없어 압도당하는 기분이 어떤 것인지 당신도 알 것이다.

자신이 꿈꾸는 인생을 두고 초월자와 계약을 맺은 사람은 아무도 없지만, 대부분은 자신이 **살고 싶은** 인생에 대한 비전이 있기 마련이다. 그날 밤 나는 슬픔만이 아니라 분노를 느꼈다. 하지만 그 아래에는 인생이 내 마음대로 되지 않는 데 대한 실망감이 자리하고 있었다.

내가 원하는 대로 인생이 풀리지 않고 있었다.

솔직히 말하자면, 내가 원하는 대로 하나님도 움직여 주시지 않았다.

분노로 치가 떨렸다. 소리를 지르며 주먹으로 소파를 내리쳤더니 눈물이 쏙 들어가 버렸다.

'살면서 이렇게 크게 화를 낸 적이 또 있었을까?' 전에는 느껴 본 적 없는 강력한 분노였다. 11월의 그 화요일 밤, 나는 수년간의 기억을 한꺼번에 분출해 내고 있었다.

남편은 내 등에서 손을 떼고는 내 쪽으로 몸을 숙였다.

남편의 목소리는 차분하고 느릿느릿했다. "당신이 동의한 삶은 어떤 건데요?"

남편은 늘 이런 식이다. 내가 그를 가장 피하고 싶을 때 오히려 내 상처와 고통을 집요하게 파고든다. 나는 그게 좋으면서 싫기도 하고, 또 필요하다고 생각하기도 한다.

그의 말이 공중의 습기처럼 나를 짓누르고 내 분노를 숨 막히게 한다. 핀으로 풍선을 찌른 것처럼 순식간에 분노가 사라져 버렸다.

내가 절레절레 고개를 흔들었다.

남편이 다시 한번, 이번에는 더 부드럽게 물었다. "여보, 당신이 원한 삶은 어떤 건데요?"

"이건 아니에요." 하고 내가 조용히 대답했다. 뜨거운 눈물이 다시 솟구쳤고 나는 신음을 터뜨렸다. 아직도 남은 눈물이 있었다니. "이건 아니라고요. 다 싫어요."

결혼한 지 13년이 되었는데 내가 기대한 모습은 하나도 없었다. 배 속의 아이를 셋이나 잃고, 4년 반 만에 네 번이나 이사하고, 아들은 특이 위장 질환에 걸렸다. 친구들에게 배신당하고, 이상하고 고통스러운 건강 문제와 실직을 겪고, 우울감이 계속되기도 했다. 어느 멋진 5월에 우리 결혼식에서 서약하면서 내가 꿈꾸던 삶과는 너무나 동떨어져 있었다.

우리가 고향이라고 부르는 도시의, 우리가 좋아하는 집에서, 건강한 아이들과 안정적인 직업이 있는 남편과 오래오래 정착하는 꿈을 꾸었다. 이웃에게 복음을 전하고 평생지기들과 마당에서 바비큐 파티를 여는 꿈을 꾸었다. 우리가 사랑하고 우리를 사랑해 주는 교회 공동체에 소속되는 꿈을 꾸었다.

이 모든 꿈이 산산이 부서졌다. 하나도 남김없이.

나는 내 인생이 마음에 들지 않았다. 다른 사람의 인생을 살고 싶었다. 뿌리를 내리고 안정된 삶, 정기적으로 급여를 받고 비정기적으로 병원에 가는 삶, 아무 때나 지나가는 길에 들러 안부를 묻는 좋은 친구들이 있는 삶. 불확실한 미래를 생각하며 항상 조바심 내고 싶지 않았다. 다음 달에는 또 어떤 달갑지 않은 사건이 우리 가족을 기다리고 있을지 궁금해하고 싶지 않았다. 우리 가족만 문제와 상실과 상처의 악순환에 빠져 있고, 주변의 다른 모든 사람은 내가 원하는 삶을 사는 것 같았다.

어째서 우리 삶에는 이렇게 변화와 시련이 많은 것일까?

"여보, 우리가 어쩌다 이렇게 됐죠?" 두 눈이 붓고 눈가가 발개진 것 같았다. 소금기와 눈물로 얼굴도 퉁퉁 부은 것 같았다.

남편이 나를 바라보더니 눈을 감고 말했다. "우리가 어떻게 여기까지 왔는지 당신도 잘 알잖아요."

물론이다. 우리는 열심히 하나님을 따랐다. 그분 말씀에 동의했고 순종했다. 하지만 순종했다고 해서 평탄한 삶이 펼쳐지지는 않았다. 예수님을 따른다는 이유로 왜 꽃길만 걸으리라고 기대했는지 모르겠다. 어쩌면 내가 실제보다 더 순탄한 인생을 살 수 있기를 **바랐기** 때문이리라.

우리는 주님을 따르고, 그분의 말씀을 공부하고, 그분의 부르심에 순종했다. 부족한 면도 있었겠지만 최선을 다했다. 그렇다면 우리의 많은 변화와 시련은 우리가 불순종하거나 방황해서가 아니라 하나님께 순종했기 때문일 것이다. 그분이 우리 앞에 구불구불한 길을 준비하셨기 때문일 것이다.

그렇게 생각하니 우리가 당한 시련을 더 견디기 힘들었다. 그 어려움은 불순종이나 죄 때문이 아니었다. 우리가 겪은 어려움과 슬픔은 모두 하나님이 그 역경을 허락하셨기 때문이다. 그리고 그분은 우리가 그 역경을 헤쳐 나가도록 요청하고 계셨다. 우리가 애쓴다고 해서 출구를 찾을 수 있는 그런 종류의 문제가 아니었다.

이건 내가 원한 삶이 아니었다.

하지만 어찌 되었든 결국에는 내가 동의한 삶이었는지도 모른다.

우리에게 소망을 주는 성도들

성경 인물들도 자신의 특별한 인생 이야기를 원하지 않은 것은 마찬가지였다. 광야를 헤매거나 거인들과 싸우는 삶, 왕들에 맞서는 삶, 가족과 고향을 떠나는 삶 등은 대부분의 사람이 간절히 바라는 삶과는 거리가 멀다. 이 인물들은 자신의 길을 선택하지 않았다. 오히려 자신을 그 길로 인도하신 분께 순종하고 그분을 믿기로 작정했다. 그리고 그들의 순종이 세상을 뒤바꾸어 놓았다.

사라와 룻, 노아와 아브라함, 마리아와 바울 등 성경에는 그런 인물들의 이름과 사연이 차고 넘친다. 많은 현대인이 이들을 이웃이나 친구보다는 전설적인 영웅으로 생각할 것이다. 실제로 이들은 위대한 업적을 이루고 큰 기적을 보기도 했다. 하지만 그들도 우리처럼 나름의 두려움과 실패를 지닌, 육신을 입은 인간이었다. 하나님보다 앞서가려 한 이들이 있는가 하면, 자기 길로 가려 한 이들도 있었다. 그들도 절망 가운데 하나님께 부르짖고 수도 없이 두려워했을 것이다. 그들도 염려가 가득할 때는 평안을 간절히 바랐고, 힘들게 일한 때에는 쉼을 원했다. 오늘날의 우리와 똑같은 감정을 느끼고, 똑같은 문제와 싸웠으며, 똑같은 책임 및 가족 간의 갈등을 헤쳐 나갔다.

우리가 그들을 (위대한 행동만이 아니라 위대한 믿음 때문에) 영웅으로 여기는 것은 옳지만, 그들은 결코 신화 속 영웅이 아니었다.

그들도 오늘날 우리처럼 두려움과 시련 앞에서 주님에 대한 믿음을 붙드는 것이 항상 중요하다는 것을 알고 경험했다.

그들은 어떤 대가를 치르더라도 하나님 **안에서**, 그분과 **함께** 평안을 찾는 것이 가치 있다는 진리를 알고 경험했다.

그들은 삶이 송두리째 흔들릴 때 믿음을 통해 오는 평안과 위로를 알고 경험했다.

그리스도께서 요한복음 14장 27절에서 이미 우리에게 주셨다고 선언하신 평안, 손에 넣기 힘든 그 상이 이미 우리에게 있다. "평안을 너희에게 끼치노니 곧 나의 평안을 너희에게 주노라 내가 너희에게 주는 것은 세상이 주는 것과 같지 아니하니라 너희는 마음에 근심하지도 말고 두려워하지도 말라."

이 말씀을 하실 때 예수님은 앞으로 제자들의 삶에 고난과 두려움, 시련과 역경이 가득할 것을 아셨다. 그럼에도 주님은 담대하게 그분의 평안을 우리에게 주실 수 있으셨다. 왜일까?

우리 상황이 아니라 하나님 안에서 안식하는 우리 영혼에서 평안이 비롯되기 때문이다.

성경적 평안

성경이 말하는 평안에는 수많은 함의가 있지만, 성경적 평안을 이해하는 간단명료하고 아름다운 방법은 이것이다. **평안을 소유하는 것은 하나님 안에서 안식하는 영혼을 소유하는 것이다.** 물론 평안은 평정심과 온전함과 조화를 뜻하기도 한다. 하지만 평안은 단순히 흘러가는 감정이나 스쳐 지나가는 생각이 아니다. 당신이 있는 바로 그곳에서 하나님으로 인해, 그리스도를 통한 하나님과의 관계를 통해 안식하는(만족하는) 것을 뜻한다.

그리스도인들은 우리의 피난처이자 평안이신 그리스도 안에 있기에 우리 앞에 닥칠 그 어떤 풍랑도 무사히 헤쳐 나갈 수 있다. 세상이 변하고 혼돈이 위협할 때도 예수 그리스도는 어제나 오늘이나 영원토록 동일하시다(히 13:8 참조). **그리스도께서** 변하지 않으시기에 우리는 무슨 일이 닥치든 그분의 임재라는 피난처를 통해 변함없이 평안을 누린다. 그래서 어떤 환경에서도 평안을 누릴 수 있다.

이 책에서 우리가 살펴볼 성경 인물들은 각자의 상황과 선택을 통해 하나님 안에서 진정한 평안을 찾았다. 이 인물들을 따라가면서 우리가 **헌신한** 하나님, 그리고 그 아들의 피를 통해 우리에게 헌신하고 언약하신 하나님과 함께, 우리가 동의하지 않은 삶의 계절 동안 영혼의 안식을 경험해 보자.

평안한 앞날

그토록 가슴이 무너졌던 11월의 그날 밤 내가 미처 알지 못한 게 있었는데, 우리 상황은 한동안 변함이 없으리라는 사실이었다. 설령 상황이 달라진다고 하더라도, 그 새로운 환경에서 또다시 새로운 시련과 도전이 찾아올 것이다.

인생이 다 그렇지 않은가? 우리가 원하는 삶(심지어 우리가 누려 마땅하다고 여기는 삶)은 우리가 바라는 방식으로 이루어지는 법이 없다. 한 가지 문제를 해결하면 또 다른 문제가 기다리고 있다. 한 가지 방해물을 극복하면 또 다른 방해물이 기다리고 있다. 우리 삶이 계속해서 순탄하고 행복하리라고 기대한다면, 끊임없이 실망할 것이다.

몇 해 전에 어느 목사님이 이런 말씀을 하시는 것을 들었다. 사람들은 인생이 어쩌다 한 번 폭풍이 닥치는 잔잔한 바다 같기를 기대하지만, 사실 우리 삶은 어쩌다 한 번 잔잔한 바다를 만날 뿐 폭풍우가 끊이지 않는다고 말이다. 사방에 어려운 일뿐이다. 시련이 넘쳐 난다. 예수님이 약속하셨듯이 세상에는 환난이 많다. 하지만 끝없는 환난을 만나는 것처럼 느껴질 때도 예수님은 우리에게 아름다운 확신을 주신다. "담대하라 내가 세상을 이기었노라"(요 16:33).

"이겼다"라니, 얼마나 멋진 표현인가. 성경에서 이 동사는 '정복하다' 혹은 '승리를 얻다'라는 뜻이 있다. 그리스도께서 세상을 정복하셨다. 승리를 얻으셨다! 할렐루야! 하지만 그리스도의 승리가 우리 일상에는 실제로 어떤 의미가 있을까? 우리가 그리스도의 승리 가운데 동행한다는 것은 과연 어떤 모습일까? 우리의 어려운 상황이 늘(혹은 결코) 달라지지 않는다면, 우리가 일상에서 그분의 승리를 어떻게 경험할 수 있느냐는 말이다.

우리는 고군분투하는 상황 속에서 그분의 위로를 받아들이는 법을 배운다. 그분의 아름다운 평안을 누리는 법을 배운다.

예수님이 친히 그것이 가능하다고 말씀해 주신다. "평안을 너희에게 끼치노니 곧 나의 평안을 너희에게 주노라 내가 너희에게 주는 것은 세상이 주는 것과 같지 아니하니라 너희는 마음에 근심하지도 말고 두려워하지도 말라"(요 14:27).

통제 불가능한 현실이 팽이처럼 우리 주변을 돌고 있는 중에도 영혼의 안식을 누리는 법을 배우는 것. 이것이 바로 두려움과 환난 가운데서도 이긴다는 의미일 것이다.

변함없으신 하나님을 신뢰하기

그 11월을 통과하면서 내가 받은 뜻밖의 선물이 바로 **평안**이다. 그것은 그리스도 안에 새로운 방식으로 뿌리를 내린 데서 비롯된 흔들리지 않는 평안이었다. 나는 성경 인물들의 삶을 연구하면서, 하나님이 그분의 백성에게 얼마나 자주 평안을 허락하시는지를 발견했다. 자기 백성 가운데 일하시는 하나님을 보고 싶은 간절한 심정으로 성경을 읽었고, 아브라함과 사라, 노아, 한나, 룻, 제자들의 이야기에 새삼스레 놀랐다. 모든 성경 인물에게 원치 않는 시련(과 하나님 안에서 누린 무한한 평안)이라는 사연이 있었다. 나는 구약에서든 신약에서든 하나님이 그분을 찾는 이들에게 치유와 온전함, 소망과 **평안**을 주시는 모습에 계속해서 놀랐다. 하나님의 공급과 은혜를 구하는 사람들은 가장 적절한 때에 자신에게 필요한 것을 받았다.

주님에 대한 믿음이 자라기 시작했고, 염려와 두려움뿐이던 내 영혼에 평안이 자리 잡았다. 상황이 바뀌어서가 아니라 주님이 내 마음을 바꾸고 계셨기 때문이다. 이 성경 이야기들에 푹 빠져들면서 나는 노아의 가족을 홍수에서 건지신 하나님이 우리 가족도 건지시리라고 믿기 시작했다. 막달라 마리아를 치유하셨던 왕이 우리의 상처 입은 마음도 치유해 주시리라고 믿기 시작했다. 언제, 어떻게 그렇게 될지는 알 수 없었지만, 하나님의 흔들리지 않는 성품을 볼 수 있었다. 자기 백성을 향한 하나님의 성품은 변함이 없으셨고 지금도 변함없으시다(히 13:8). 룻의 하나님이 나의 하나님이시다. 제자들의 하나님이 나의 하나님이시다. 하나님의 모든 자녀에게, 당신에게 동일한 하나님이시다.

성경이 번번이 선포하는 이 놀라운 실재를 깨닫기 시작하자, 내 영혼이 참 안식을 얻을 수 있었다. 하나님이 모든 것을 다스리고 계심을 알기에 위로가 되었다. 수많은 옛 성도를 구원하신 하나님이 나도 구원하실 것을 알게 되었다.

이 책에 나오는 이야기가 담긴 성경 본문을 읽으면서, 그리고 하나님의 백성이 그들의 삶과 이 세상에서 어떻게 하나님의 역사에 반응했는지를 살펴보면서, 당신의 믿음도 자극을 받기를 바란다. 성경에 나오는 우리 형제자매들을 붙드셨던 하나님이 바로 지금, 바로 오늘 당신에게도 동일하게 역사하고 계신다. 당신의 영혼이 이 사실을 알고 평안을 경험하기를 기도한다.

이 책의 활용법

이 묵상집은 8부로 구성되어 있고, 각 부는 5장의 매일 묵상으로 구성되어 있다. 이 책을 읽는 가장 좋은 방법은 1부에서부터 시작해서 순서대로 당신이 원하는 날짜에 묵상 내용을 읽는 것이다. 혹은 당신이 겪고 있는 최근 상황에 맞아떨어지는 인물을 골라서 거기서부터 읽기 시작해도 좋다. 각 장은 순서대로 읽기를 추천하지만, 몇 부부터 읽을지는 마음대로 고를 수 있다.

각 장 도입부에 제시한 성경 본문을 읽는다면, 최대한의 유익을 누릴 수 있다. 저자가 많이 생각하고 기도하면서 각 묵상 내용을 기록했지만, 하나님 말씀보다 더 우리를 많이 변화시키는 것은 **없다**. 성경 읽기야말로 우리 영혼에 가장 필요한 것이다. 무엇보다도, 이 책의 이야기와 묵상이 그리스도와 그분 말씀에 대한 사랑을 일깨워 주기를 간절히 기도한다!

1부.

사라

새로운 부르심 가운데 임하는 평안
1-5일

1일

하나님의 길을 신뢰할 때 오는 평안

여호와께서 아브람에게 이르시되
너는 너의 고향과 친척과 아버지의 집을 떠나 내가 네게 보여 줄 땅으로 가라(창 12:1).

함께 읽기 창 12:1-5

사래는 계속 눈을 질끈 감고 있었다. 눈을 뜨기라도 하면, 깨어나면 벗어날 수 있는 꿈이 아닐까 봐 두려웠다. "사래! 내 말 듣고 있소?" 아브람의 목소리가 혼란으로 가득했다. 사래는 잠시 뜸을 들였다가 슬며시 눈을 떴다. 아브람이 가까이(지나치게 가까이) 다가오는 바람에 그의 턱수염이 사래의 턱에 닿을락 말락 했다.

"아! 아브람!" 사래가 아브람을 손으로 살짝 치면서 말했다.

아브람의 눈가에 주름이 잡히면서 표정이 부드러워졌다. "당신이 잠든 줄 알고 걱정했소."

"잠이라뇨? 조금 전에 그런 말을 해 놓고요? 다시는 잠을 못 이룰지도 모른다고요!" 아브람이 한 걸음 뒤로 물러서자 사래가 바닥에서 몸을 일으켰다. 그녀의 몸은 빠른 움직임에 저항하고 있는 것 같았다. 사래는 할 수 있는 한 몸을 쭉 펴고는 주먹을 쥐어 허리춤에 올려놓고 눈을 가늘게 뜨면서 말했다. "말해 봐요, 아브람. '여호와'가 도대체 누구죠? 당신이 들었다는 그 목소리요. 우리더러 하란에 있는 모든 것을 떠나라고 한 그분 말이에요. 그리고 여길 떠나서 어디로 가란 말씀이에요?" 사래가 눈썹을 치켜들면서 계속 물었다. "그분이 우리가 가야 할 **장소**를 알려 줬나요? 하다못해 어느 길로 가라는 화살표 표시라도 주셨나요?"

아브람의 가슴이 오르락내리락했다. 그는 아무 대꾸도 하지 않았다.

아브람의 침묵에 사래도 침묵으로 응수했다.

잠시 후에 아브람이 입을 뗐다. "내가 이미 한 말을 되풀이해야 할 것 같소. 야훼께 들은 말씀은 그게 다요. 우리는 우리가 살던 땅과 우리 민족, 아버지가 물려주신 이 집을 떠나야 하오. 그러면 여호와께서 내게 복을 주셔서 나를 통해 큰 민족을 만드실 겁니다." 그는 주저하다가 헛기침을 하고는 말을 이었다. "그리고 여호와께서는 이 땅의 만민이 복을 받을 거라고 말씀하셨소. 나를 통해서 말이오."

이제 사래가 크게 심호흡할 차례였다. 아브람은 절대 교만한 사람은 아니었지만, 딱히 겸손하지도 않았다. 그는 자기 가축 떼와 고향과 집안을 사랑했다. 하지만 자기 때문에 온 세상이 복을 받으리라고 생각하다니? 사래가 한숨을 내쉬었다. 그중에 적어도 일부는 지어낸 이야기가 틀림없으리라. 그렇지 않은가?

사래가 무슨 말을 꺼내려고 입을 열려는 찰나, 아브람이 그녀의 어깨에 손을 올리며 제지했다. "여보." 그가 간절한 눈빛으로 말했다. "당신이 이 이야기를 어떻게 받아들일지 잘 알아요. 내가 미쳤다고 생각하겠지. 우리가 세운 계획과도 전혀 맞지 않고 말이오. 하지만 이것만큼은 자신 있게 말할 수 있소. 나는 하나님의 음성을 들었다오." 그의 눈에서 확신과 이전에는 보지 못했던 단호함이 엿보였다. "나는 감히 그 말씀을 거부할 수 없소." 그가 턱을 들어 올려 보였다. "나는 그분을 믿소."

사래는 남편과 눈이 마주친 순간, 그가 결심을 굳힌 것을 알 수 있었다. 또한 그가 진실을 말하고 있다는 것도 알 수 있었다. 여호와가 도대체 어떤 분이든, 그분은 하나님이셨다. 아브람은 고향을 떠날 것이다. 이제 사래는 남편의 뜻을 따라 그를 돕든지, 남편에 맞서 내내 싸우든지 둘 중 하나를 선택해야 했다. 그러나 어느 쪽이든 아브람의 행동을 바꿀 수는 없을 것이다. 사래는 그것을 알 수 있었다.

사래가 눈물을 참으며 말했다. "알겠어요, 여보." 사래는 빨래를 개키려고 돌아서면서 물었다. "언제 떠나나요?"

남편은 전임 사역으로의 부르심을 더는 무시할 수가 없었다. 우리는 남편이 교회 사역에 대한 부담을 점점 더 많이 느끼고 있다는 이야기를 계속해서 해 왔다. 하지만 나는 남편이 은행에서 일하는 동안 우리 가정이 누리는 안정감을 즐기고 있었다. 다달이 들어오는 월급, 건강보험, 넉넉한 연차 덕분에 우리는 예상 가능한 일정과 가계 예산, 좋은 의료 서비스를 누리고 있었다. 일찍 결혼한 우리에게 이 정도 생활은 당연하지 않은 여유였다. 그리고 나는 이 여유를 잃고 싶지 않았다.

그러나 우리 교회에서 남편에게 교역자 자리를 제안했을 때, 그는 이것이 하나님의 부르심이라고 느꼈다. 문제가 있다면? 첫 3개월에서 6개월까지는 급여도, 건강보험도 없고, 교회 사역은 밤낮도, 주말도 없다는 것이었다. 그 자리는 교회가 성장하여 우리에게 급여를 줄 정도가 될 때까지는 자비량으로 섬겨야 하는 자리였다. 하지만 그것마저도 장담할 수 없었다.

이건 내가 원하는 것과 거리가 멀어도 한참 멀었다.

나는 지금처럼 정돈된 생활이 좋았다. 한 주간의 일정과 은행 계좌 내용을 확실히 알 수 있는 게 좋았다. 주말에는 가끔 교회를 빠지더라도 여행을 갈 수 있어서 좋았다. 사역을 시작하면 이 모든 게 달라질 것이다.

하지만 남편은 이 기회가 하나님이 주신 길이라고 믿었다. 나도 남편이 이 자리로 이미 마음이 기울었다는 것을 알 수 있었다. 적절한 시기, 가족과 친구들과 교회 지도자들의 엄청난 지원, 이 모두가 이 일이 우리를 향하신 하나님의 계획이라고 말해 주고 있었다.

그저 **내** 계획과는 다르다는 것이 문제일 뿐이었다.

사래가 아브람의 말이 사실이라고 믿었다고 하더라도, 내 생각에는 그 부르심 때문에 자기 삶이 어떻게 달라질지를 두고 그녀가 고민했을 것 같다. 사래가 계획한 삶과는 전혀 다른 길이었기 때문이다. 어쩌면 사래는 아직도 아이를 낳아 가정을 꾸리고, 손주들이 대대로 물려받은 집에서 살아가는 꿈을 꾸고 있었는지도 모른다. 사막을 건너 미지의 땅으로 가는 것이 아니라.

다른 사람들이 내린 결정에 우리 삶이 결정적으로 달라지는 경우가 종종 있다. 예를 들어, 자신이 받을 양육 방식을 선택한 사람은 아무도 없지만, 부모의 양육 방식은 좋든 나쁘든 성인이 될 때까지 남는다. 우리를 고용(하거나 해고)한 상사는 하룻밤 만에 우리의 재정 안정성에 영향을 미칠 수 있다. 충실(하거나 그러지 못)한 배우자는 결혼 생활에서의 신뢰감에 큰 영향을 준다. 반듯하게 자라거나 잘못된 길로 간 자녀는 가족 관계를 완전히 바꾸어 놓을 수 있다.

대다수 사람이 자기 삶에 대해 통제력을 유지하기를 원하지만, 우리 세계의 모든 것을(혹은 대부분을) 통제할 수 없다는 현실을 뼈저리게 느낀다.

사래도 이 현실을 잘 알았다. 남편은 하나님을 한 번 만나고 나서 부부의 삶을 완전히 뒤바꾸어 놓았다. 아브라함이 들은 하나님 말씀 때문에 사래가 알던 모든 것, 사래가 만들어 둔 모든 방식이 순식간에 사라졌다. 고대 세계의 결혼한 여성에게, 그것은 다른 사람이 그녀를 위해 결정을 내린다는 의미였다. 아브람의 부르심이 사래의 부르심이 되었다. 그래서 사래가 해야 할 선택도 있었다. 자신이 선택하지 않은 부르심에 순종하여 기꺼이 여호와를 따를 것인가? 아니면 끝까지 거기에 저항할 것인가?

선택은 이미 내려졌다. 이제 그 선택에 어떻게 반응할지는 오롯이 그녀의 몫이었다.

남편이 전임 사역을 한다는 것은 내게도 전혀 다른 삶을 의미했다. 목사의 아내로 사는 법을 배워야 했다. 그중에서도, 확 줄어든 수입과 우리 마음대로 정하기 힘든 일정이 문제였다. 당시에는 이런 것들이 큰 변화로 다가왔고, 나는 그 문제들과 씨름해야 했다.

하지만 계속해서 기도하고 다른 사람들과 대화하면서 전임 사역이 우리를 향한 하나님의 뜻이라는 것이 분명해졌다. 그리고 그 자리를 수락하고 교회 사역에 동참하면서 나는 말할 수 없는 큰 평안을 경험했다. 우리가 하나님의 뜻에 순종하고 있다는 것을 알기에, 내 영혼은 만족했다.

하나님께 순종하면 그분이 우리를 평안으로 인도하신다는 사실을 성경에서 확인할 수 있다.

시편 119편은 하나님께 순종하면 그분의 평안을 경험한다는 진리를 이렇게 이야기한다.

주의 법을 사랑하는 자에게는 큰 평안이 있으니 그들에게 장애물이 없으리이다 여호와여 내가 주의 구원을 바라며 주의 계명들을 행하였나이다 내 영혼이 주의 증거들을 지켰사오며 내가 이를 지극히 사랑하나이다 내가 주의 법도들과 증거들을 지켰사오니 나의 모든 행위가 주 앞에 있음이니이다(165-168절).

여기서 시편 기자는 하나님의 법을 사랑하고 순종하면 큰 평안이 임한다고 강조하고 있다. 성경에 전임 사역을 해야 한다고 우리에게 말해 주는 구절은 없었지만, 기도와 환경과 우리 주변 하나님 백성의 공통된 목소리가 하나같이 그렇게 말하고 있었다. 그 자리가 우리가 가야 할 길이었다.

그래서 나는 하나님의 부르심에 맞서기보다는 거기에 동의하기로 선택했다. 하나님께 순종하면 그분이 주시는 평안의 복을 경험하게 된다는 것을, 하나님 안에서 내 영혼이 안식할 수 있다는 것을 신뢰하기로 했다.

이는 수천 번 넘게 사실로 증명되었다. 사역자의 삶이 큰 기쁨도 있지만, 말할 수 없는 고통도 안겨 준다는 사실을 아직 알지 못했던 시절이 있었다. 하지만 그 모든 시간을 통과하면서 하나님의 평안을 알게 되었다. 아무리 힘든 시기에도 그곳이 바로 우리가 있어야 할 자리임을 깨닫게 되었다.

많은 사람이 스스로 바꿀 수 없는 상황에, 우리가 선택하지 않은 새로운 부르심에 처하게 될 것이다. 사래가 그랬다. 그녀는 아브람에게 하나님 말씀을 무시하도록 강요할 힘이 없었다. 남편이 집을 정리하고 하나님을 따라 광야로 떠나는데 자기 혼자 남을 수는 없었다.

그러나 우리 각자는 바로 지금, 우리에게 주어진 삶에 어떻게 반응할지 선택할 수 있다. 하나님 말씀을 사랑하고 그분께 순종하면, 우리 앞에 놓인 상황이 어떠하든지 그분의 평안을 경험할 수 있다. 그게 늘 쉬울까? 그렇지는 않을 것이다. 하지만 하나님을 따르면, 어떤 문제에 맞닥뜨리든 우리 영혼에 안식을 허락하시는 그분의 평안을 경험하게 된다.

오늘의 묵상

오늘 당신이 처한 상황 가운데서 어떻게 하나님께 순종하기로 선택할 수 있겠는가? 하나님 말씀에 순종하고 그분의 평안을 경험할 수 있게 해 달라고 기도하라.

2일

하나님의 보호하심을 믿을 때 임하는 평안

네 아내가 여기 있으니 이제 데려가라 (창 12:19)

함께 읽기 창 12:10-20

두 사람이 길을 떠나고 나서 사래가 더는 헤아리지 못할 정도로 여러 날이 지났다. 사래가 가진 옷가지의 주름이란 주름마다 모래가 스며들어서 아무리 털어 내도 소용이 없었다.

하지만 야훼는 또다시 아브람을 만나셔서 그와 그의 자손에게 가나안 땅을 약속해 주셨다. '자손이라니!' 사래는 아브람이 이야기를 전해 줄 때 그 말만 듣고도 가슴이 설렜다. 젊은 시절에 얼마나 간절히 자녀를 바랐던가. 그런데도 그녀의 자궁은 여전히 텅 비어 있었다.

이제는 배 속도 텅 비었다. 기근이 닥쳐서 그들 무리에 속한 사람들과 가축 떼가 위험할 정도로 식량이 부족한 형편이었다. 사래는 곡식이 담긴 부대를 들여다보며 머릿속으로 계산해 보았다. 가진 것을 싹싹 긁어 먹는다면 두 주 정도는 버틸 수 있을 듯했다. 가축 떼도, 남편도 점점 더

야위어 갔다.

　때마침 아브람이 손으로 수염을 쓸면서 장막 덮개를 열어젖히고 들어왔다. "여보, 애굽으로 가야겠소. 오늘. 거기에는 곡식이 있다는구려."

　며칠 후, 두 사람 앞에는 애굽 땅이 펼쳐져 있었다. 아브람은 낙타를 타고 와서 아내를 찾았다.

　아브람은 사래의 턱을 부드럽게 어루만지면서 이렇게 말했다. "사래, 당신은 정말 아름다운 여자요. 애굽 사람들이 당신을 보면 당신이 내 아내인 줄 알고 자기들 아내로 삼으려 할 것이오. 나를 죽이고 당신을 데려갈 거란 말이오."

　"아브람! 그런 일은 없을 거예요!" 이렇게 말하면서도 사래의 등골이 오싹해졌다.

　아브람의 목소리에 슬픔이 묻어났다. "그러니 당신은 그들에게 내 누이라고 말하시오. 그러면 당신 덕에 내가 죽임을 당하지 않고 좋은 대접을 받게 될 것이오."

　"하지만 그들이 나를 당신 누이로 생각한다면…." 사래의 가슴이 쿵 하고 내려앉았다. 손이 걷잡을 수 없이 떨리기 시작했다. "아브람, 그들이… 그들이 나를 데려갈 거예요!"

　아브람은 사래의 얼굴을 똑바로 보지 못했다. "미안하오." 그의 턱수염으로 눈물이 흘러내렸다.

　남편이 말한 대로 되었다. 그녀도 모르는 사이에, 아브람은 애굽 사람들에게 거짓말을 했고 그들은 사래를 데려가 바로의 첩으로 삼으려 했다.

몇 해 전에 남편은 사실대로 말했다는 이유로 목회직에서 쫓겨났다.

그 모든 부당한 상황에 나는 불같이 화가 났다. 교회는 진실을 수호해야 하는 곳이 아닌가! 그런데 남편은 오히려 해고당했다. 하지만 내가 느낀 분노는 두려움에 비하면 아무것도 아니었다. 우리 가족은 주 수입원뿐만 아니라 교회 공동체 전체를 잃었다. 그 고통스러운 사건이 우리 삶 구석구석에 영향을 미치는 사이, 강하고 자신감 넘치던 남편은 점점 더 우울감에 빠져들었다.

어떻게든 우리 가족이 무너지지 않도록 붙잡아야 한다는 부담은 내가 짊어졌다. 나는 계속 일을 하고 있었지만, 가족을 부양하기 위해 더 많이 일해야 했다. 남편이 너무나 깊은 우울감에 빠져 일상적인 일을 제대로 처리하지 못하는 날도 많아서, 나는 정서적인 어려움을 헤쳐 나가면서 가족의 실제적인 필요도 돌보아야만 했다. 식사 준비, 빨래, 아이들 재우기, 건강보험 변경 등의 일이 다 내 몫이 되었다.

가끔은 평안하고 희망이 보이는 것 같기도 했지만, 대부분은 기진맥진하고 어찌할 바를 몰랐으며 두려웠다.

아브람이 애굽에서 자신을 보호하려고 거짓말을 했을 때, 사래는 그

거짓말의 후폭풍을 감당해야 했다. 아브람은 사람들이 사래를 바로에게 보내 그의 첩이 되게 할 것을 알았으면서도 달리 방도가 없다고 느꼈을 것이다. 그들은 광야에서 굶어 죽을 형편이었고, 애굽에 가야만 먹을 것이 있었으니 말이다. 그래서 결국 아브람은 아내보다 자신을 보호하기로 마음먹었다(13절 참조). 사래는 두려움과 분노를 동시에 느꼈을 것이다. 그녀는 스스로 아무것도 어찌할 수 없는 낯선 땅에 있었다.

이제 그녀를 도와줄 수 있는 존재는 단 한 분, 남편이 늘 이야기하던 야훼뿐이었다. 사래가 여호와를 직접 보거나 그분 말씀을 직접 들은 적이 있었을까? 광야에서 환상을 보고 하나님의 목소리를 들은 사람은 아브람이었다. 성경은 거기에 사래도 있었는지는 말해 주지 않는다. 하지만 그럼에도, 나는 사래가 애굽에서 기도하기 시작했으리라고 짐작한다. 자신을 어떻게 도와주실지 아직은 알 수 없지만 이 하나님께 간구하지 않았을까?

사래는 달리 도움을 청할 곳이 없었다.

남편이 실직하고 나서 그 암울했던 시기에 기도 시간이 길어졌다. 달리 갈 곳이 없었기 때문이다. 남편은 지독한 어둠 가운데 있었다. 교회 친구들은 대부분 우리를 떠났다. 주님의 발밑에서 눈물로 기도하면서 내 마음을 주님께 쏟아 놓았다. 내가 남편의 정신 건강과 가정의 재정 상태에 대해 얼마나 염려하는지, 얼마나 외로움을 느끼고, 얼마나 앞날이 **막막**한지 말씀드렸다.

내가 온전히 의지할 분은 하나님뿐이었다. 그리고 그분은 나를 만나 주셨다.

때마다 나는 주님이 전혀 예상치 못한 방식으로 우리를 보호해 주시는 것을 경험했다. 주님은 그 과정에서 그분의 위로와 평안을 허락하셨다. 대학교 친구 하나가 무료 법률 상담을 제공해 주었다. 어느 친척은 우편으로 수표를 부쳐 주었다. 아이들은 새 친구를 사귀었다. 상담 선생님들은 우리가 깊은 상처를 헤쳐 나갈 수 있게 도와주었다. 몇 안 되지만 피붙이보다 더 가까운 친구들이 있었다. 사람들이 남편에 대해 거짓 소문을 퍼뜨리고 다녀도 하나님은 남편의 명예를 지켜 주셨다. 이 모두는 주님만이 우리를 위해 해 주실 수 있는 일이었는데, 정말 그렇게 해 주셨다. 그분은 약함과 궁핍함과 정서적 고통 가운데 있는 우리를 지키시고 보호해 주셨다.

그러는 사이 우리는 그분의 평안을 알게 되었다.

주님은 사래도 보호해 주셨다. 그분은 전혀 뜻밖의 방법으로 사래가 바로의 첩이 되지 않게 지키시고 보호해 주셨다. "여호와께서 아브람의 아내 사래의 일로 바로와 그 집에 큰 재앙을 내리신지라"(창 12:17). 하나님은 무슨 일이 벌어졌는지 아시고, 사래가 자기 자신을 보호할 수 없을 때 대신 그녀를 보호하셨다. 가까스로 그녀를 건지신 것이 아니라 그녀를 대신하여 "큰 재앙"을 내리신 것이다.

하나님이 그녀의 보호자가 되셨다. **그녀를 위해** 전능하신 하나님을 나타내셨다.

아직 야훼를 만나 보지 못한 사래는 이제 하나님이 그녀를 돌아보시고 보호하고 계심을 알게 되었다. 그 사실이 얼마나 큰 위로가 되었겠는가!

하나님이 아브람만 지키시는 것이 아니라 **그녀를** 아시고 선택하셨다는 사실을 알고 얼마나 큰 평안을 느꼈겠는가!

아브람의 아내로 부르심을 받은 사래는 수많은 시험과 역경을 마주했다. 애굽에서 당한 일은 그중 하나에 불과했다. 그렇지만 여호와께서 그녀의 상황을 보시고 보호하셨다. 실제로 사래는 바로의 집에서 풀려나면서 남편과 가축 떼만이 아니라 그들에게 필요한 음식도 받아서 돌아왔다.

오늘 무슨 일을 당하든 여호와께서 당신을 보시고 보호하고 계심을 잊지 말라. 지금 당장은 보호해 주시는 것처럼 느껴지지 않을지라도(겁에 질린 채 홀로 바로의 궁으로 들어가고 있을지라도), 하나님의 보호하심과 공급하심은 절대 늦는 법이 없다. 오늘 하나님께 부르짖으며 그분의 도우심과 보호하심을 간구하라. 그리고 하나님의 역사하심을 믿고 평안히 나아가라.

오늘의 묵상

당신에게 지금 당장 하나님의 보호하심이 필요한 영역은 어디인가? 하나님이 당신을 보시고 보호하실 것을 믿고, 당신을 대신하여 전능하신 하나님이 자신을 드러내 주시고 평안을 허락하시기를 간구하라.

3일

내 뜻대로 밀어붙이려 할 때 사라지는 평안

그를 이끌고 밖으로 나가 이르시되 하늘을 우러러 뭇별을 셀 수 있나 보라
또 그에게 이르시되 네 자손이 이와 같으리라(창 15:5).

함께 읽기 창 15:1-6; 16:1-6

사래의 입에서 먼지가 날리듯 말이 튀어나왔다. "여호와께서는 나에게 아이를 허락하지 않으셨어요."

아브람의 목소리는 자신감으로 충만했다. "여호와께서 내게 '네 몸에서 날 자가 네 상속자가 되리라'라고 말씀하셨소. 사래, 여호와께서 내게 하늘을 보라고 하시더니 우리 자손이 하늘의 별만큼 많아지리라고 말씀하셨소. 하나님은 그분 말씀을 꼭 이루실 것이오."

갑자기 사래는 다리에 힘이 풀렸다. "여보, 하나님이 당신에게 하신 말씀을 의심하는 것은 아니에요." 물론 사래는 의심하지 않았다. 그녀는 여호와의 말씀을 믿는 법을 배워 가고 있었다. "하지만 그 아이가 **내** 아들이라고 말씀하시지는 않았어요. **당신 아들**이라고만 하셨지요."

사래는 한동안 입을 꾹 다물었다. 아브람이 여호와에게서 무슨 약속을

들었든 간에, 그녀에게 아직 아이가 없다는 것이 현실이었다.

그녀는 마음속으로는 절대 하고 싶지 않았지만, 어쩔 수 없이 그다음 말을 내뱉고 말았다. "하갈을 데려가서 동침하세요. 어쩌면 하갈을 통해 자녀를 얻을 수 있을지도 모르잖아요."

아브람이 고개를 떨구었다. 사래는 두려웠다. 두려움이 파도처럼 밀려와 자신을 집어삼키는 것만 같았다. 이것이 가장 합리적인 방법이라는 것을 알면서도(아이가 없는 여성은 몸종에게서 자녀를 얻어 대를 이었다), 사래는 아브람이 반대해 주기를 내심 바랐다. 그는 늘 충실한 사람이었기 때문이다.

하지만 그는 반대하지 않았다. 어쩌면 그도 사래처럼 이 방법밖에 없다고 생각했을 것이다.

그녀가 원치 않는다 하더라도.

살다 보면 우리 대부분이 우리를 향한 하나님의 계획을 신뢰하기보다는 자신의 계획을 밀어붙이려는 욕구를 느끼는 때가 있다. 내 경우에는 내가 흠모하던 단체에서 새로운 집필 기회를 얻게 되었을 때가 그랬다. 나는 내가 이 일을 잘할 수 있다고 **확신했다**. 내 경력에 엄청난 기회가 될 것이다!

이미 해야 할 일이 꽉 차 있었지만 상관없었다. 보수가 없어도 상관없었다. 남편이 이제 막 새로운 교회에 부임했고 목사 아내로서 내가 맡은 책임이 있다는 것도 개의치 않았다. 아들이 쉽지 않은 병마와 싸우고 있어서 날마다 사소한 응급 상황이 발생하는 것도 개의치 않았다. 나는 이 집필 기회를 **꼭 잡고 싶었다.** 내 경력을 위해서는 이 일이 꼭 **필요했다.**

남편은 반대했다. 남편은 내가 하는 일이라면 거의 다 지지해 주는 내 인생 최고의 응원 단장이었다. 나를 격려해 주고, 내가 좋은 아이디어를 낼 수 있게 도와주고, 쉬는 날이면 아이들을 데리고 나가 내가 글쓰기에 집중할 수 있게 해 주었다. 하지만 이번만큼은 번아웃이 화물 열차처럼 내게 다가오고 있는 것이 빤히 보인다며 적극적으로 반대했다.

그래도 나는 바득바득 우겼다. 고집을 꺾지 않았다. 이 기회가 얼마나 간절한지 몰랐다. 그래서 무작정 하기로 했다.

일은 순조롭지 않았다.

기대했던 것보다 일의 강도가 훨씬 높았고, 얼마 못 가 엄청난 스트레스와 걱정을 떠안게 되었다. 그러면서 우리 가정은 평안을 좀처럼 찾아볼 수 없게 되었다. 나는 아이들에게 잔소리를 퍼붓고, 남편에게는 내가 얼마나 힘든지 하소연했다. 제대로 쉬지 못했다. 그렇게 몇 달이 흘렀고, 끊임없는 일로 지쳐 갔다.

나는 어떻게든 직업적으로 성공해 보려고 억지로 애를 썼다. 그러면서 가족들에게 상처를 주고 있었다. 어느 달엔가는 특히나 **빡빡한** 일정으로 번번이 마감을 어기고 엄청나게 스트레스를 받았는데, 이 기회를 수락한 것은 나를 위한 하나님의 최선이 **아니었다**는 사실을 인정하기에 이르렀다. 사실은 처음부터 쭉 그랬다. 너무도 완벽한 계획처럼 **보였기에,** 내가 그분 말씀에 귀를 막고 그분을 신뢰하지 않았을 뿐이다. 내가 원하는 것을 손에 넣을 다른 방법을 찾을 수 없어서 나 스스로 억지로 소명을 실현하려고 했던 것이다.

몸종 하갈을 통해 아들을 얻을 방법을 아브람에게 제안한 사래 역시 자신의 소명을 억지로 실현하려 애쓰고 있었다. 사회에서 일반적으로 통용되던 방법을 쓰고는 더는 하나님의 일하심을 기다리지 않았다. 자신이 원하는 것을 손에 넣을 다른 방법을 찾을 수 없었기 때문이다. 사래는 자신의 불임 상태와 나이를 고려한다면 아이를 얻을 다른 방법을 도무지 상상할 수 없었다. 그래서 나름의 계획을 세워서 자신과 아브람의 삶에 억지로 소명을 욱여넣었다.

하지만 이렇듯 억지로 소명을 이루려고 하자 그녀가 간절히도 바라던 평안은 누릴 수 없었다. 아브람의 아들을 임신한 하갈은 여주인을 무시했고, 그런 태도는 사래에게 불같은 분노를 불러일으켰다. 사래와 아브람의 결혼 생활에 갈등이 폭발했고(창 16:5-6 참조), 사래가 여종을 학대하자 하갈이 도망치고 말았다. 분노, 좌절, 고통, 폭력. 하나님의 일하심을 신뢰하지 못하고 자신의 소명을 이루어 보려고 애쓴 사래에게 이런 결과가 나타났다.

사래는 여호와께서 자신보다 앞서가시는 것을 보지 못했기에 자기 방식대로 그분의 뜻을 이루어 보려 했다.

내가 하나님의 일하심을 신뢰하지 못하고 나의 소명을 억지로 이루어 보려 할 때도 결과는 비슷했다. 좌절, 고통, 분노.

하나님은 그분의 때에 그분의 방식으로 우리 삶에 역사하신다. 우리가 그분과 동행할 때 우리를 향한 그분의 목적과 부르심은 열매를 맺을 것이다. 그러나 우리가 최선이라고 생각한 대로 행동하고 우리 인생을 향한 우리의 비전을 억지로 실현하려 할 때는 똑같이 비참한 결과가 나올 것이다. 좌절, 고통, 관계의 갈등.

평안과는 정반대다.

오늘 당신 삶에 당신의 자유의지나 당신의 힘으로 이루어 보려고 안달복달하는 부분이 있다면, 한 걸음 물러나서 하나님의 일하심을 볼 수 있도록 도와 달라고 기도하라. 하나님이 당신에게 그분을 신뢰하고 기다리라고 요청하신다면, 그렇게 할 수 있는 평안과 믿음을 달라고 간구하라. 하나님의 때를 기다리기란 쉽지 않다. 사래처럼 우리도 하나님의 일하심을 **지금 당장** 보고 싶어 한다. 그러나 우리가 자신의 계획을 밀어붙이기보다 하나님을 온전히 신뢰할 때 우리 안에서, 우리를 통해 그분의 뜻이 이루어질 것이다.

무엇보다도 용기를 잃지 말라. 당신이 이미 하나님을 앞질러 갔다면, 회개하고 주님께 다시 돌아올 수 있는 은혜가 있다. 사도 바울이 말씀한 대로, 사래는 믿음이 부족하여 하갈을 취하기는 했지만 불신앙의 자리에 계속 머물러 있지 않았다. 오히려 성경은 사래를 진정한 믿음을 소유한 인물로 묘사한다. "믿음으로 사라 자신도 나이가 많아 단산하였으나 잉태할 수 있는 힘을 얻었으니 이는 약속하신 이를 미쁘신 줄 알았음이라"(히 11:11).

사래는 한때 하나님을 앞서 나가 자신의 부르심을 억지로 이루려 했다. 하지만 그녀는 믿음이 조금씩 성장하여 미쁘신 하나님을 신뢰하게 되었고, 그녀의 인생을 향한 부르심이 이루어졌다. 우리도 마찬가지다. 우리가 하나님을 신뢰하면서 평안 가운데 그분과 동행하도록 도와 달라고 간구하면 우리 믿음도 조금씩 성장할 것이다!

오늘의 묵상

당신의 소명과 관련하여 어떤 부분에서 하나님을 신뢰해야 하겠는가? 당신은 하나님이 어떤 약속을 이루어 주시기를 기다리고 있는가? 하나님의 때와 당신을 향한 그분의 목적을 신뢰할 힘을 주시기를, 평안 가운데 그분을 기다릴 수 있기를 기도하라.

4일

이루어질 것 같지 않은 소명 가운데서 누리는 평안

여호와께 능하지 못한 일이 있겠느냐(창 18:14).

함께 읽기 창 18:9-15

장막 문이 열리더니 아브라함이 급히 들어섰다. "서둘러요!" 그가 나지막이 속삭였다. "좋은 밀가루 한 됫박을 가져다가 서둘러 떡을 좀 만드시오." 그러더니 곧장 밖으로 나갔다.

사라는 아브라함을 뒤따라가서 슬쩍 밖을 내다보았다. 남편은 조금 전에 상수리나무 밑에서 세 사람과 이야기를 나누었다. 장막 문에서 그리 멀지 않은 곳이었다. '도대체 누구지?'

사라는 손으로 반죽을 치대면서 세 사람의 모습을 마음속으로 그려 보았다. 처음 본 낯선 사람들이었지만 묘하게 호기심을 끌었다. 평범한 사람들과는 조금 달라 보였다. 예사롭지 않은 이들이었.

평소와 다른 것은 또 있었다. 사라는 아브라함과 자신의 새 이름에 익숙해지는 중이었다. 여호와께서 남편의 이름 뜻을 '존귀한 아버지'에서 '많은 민족의 아버지'로 바꾸어 주셨다. 하지만 두 사람은 20년 넘도록 똑같은 약속을 붙잡고 있었다. 물론 하나님은 그들에게 많은 후손을 주시겠다는 약속을 잊지 않으셨을 것이다. 사라는 고개를 저었다. 월경이 끊어진 지도 이미 오래. 이제는 임신 가능성조차 사라져 버렸다.

사라는 반죽을 주물러서 작은 공 모양으로 빚은 다음에 기름을 넣고 손바닥으로 평평하게 눌렀다. 얼마 안 되어 화덕에서 잘 구워진 따끈따끈한 떡이 나왔다. 아브라함이 다시 들어오더니, 두 눈이 휘둥그레진 채 아무 말 없이 떡을 그릇에 담아 서둘러 밖으로 나갔다.

사라는 장막 문 앞에 서서 가만히 귀를 기울였다.

"네 아내 사라가 어디 있느냐?" 그 목소리는 자신의 숨소리만큼이나 사라에게 가깝게 들렸다. 심장이 두근거렸다.

"장막 안에 있습니다." 아브라함의 목소리였다.

낭랑한 그 목소리가 다시 들렸다. "내년 이맘때 내가 반드시 너에게 돌아올 것이니 네 아내 사라에게 아들이 있을 것이다."

사라가 크게 웃었다. 이 사람이 도대체 누구인데 사라가 아이를 가질 수 있다고 생각하는 것일까? '이 사람은 나를 모르잖아!' 사라가 아주 작은 목소리로 중얼거렸다. "내가 노쇠하였고 내 남편도 늙었는데 어찌 나에게 그런 즐거운 일이 있겠는가?"

그다음 순간, 사라는 얼음장처럼 꼼짝할 수가 없었다.

"어째서 사라가 웃으며 '내가 늙었는데 어떻게 아들을 낳을 수 있겠는가?' 하고 중얼거리는가? 나 여호와에게 불가능한 일이 있겠느냐? 내년 정한 때에 내가 너에게 돌아올 것이니 사라에게 아들이 있을 것이다."

그 목소리. 마치 그 사람이 사라와 같이 한방에 있는 것만 같았다!

사라는 자신을 변호하고 싶은 심정에, 빛이 들어오는 문간으로 발을 내디디면서 마음속에 떠오르는 말을 아무거나 불쑥 내뱉고 말았다. "나, 나는 웃지 않았습니다!"

세 사람 중 한 명이 눈을 반짝이며 사라를 보았다. "아니다. 너는 웃었다."

사라의 예상과 달리, 그는 분노하는 기색을 보이지 않았다. 오히려… 즐기거나 심지어 기뻐하는 것 같았다.

사라는 하마터면 뒤로 넘어질 뻔하다가, 바닥에 쓰러지기 직전에 몸을 일으켜 세웠다. '이 사람들은 도대체 누구지?'

누구나 자기 삶에서 자신의 정체성과 욕구가 복잡하게 얽혀 있다고 느끼는 부분이 있다. 우리가 좋아하는 일이 곧 자신의 일부요, 우리가 부름 받은 소명이라고 느끼는 것이다.

그림 그리기나 정원 일이 그럴 수도 있겠고, 사업이나 노래나 달리기일 수도 있겠다. 결혼이나 엄마가 되는 일을 그렇게 느끼는 이도 있을 것이다.

아주 오래전부터 나는 작가가 꿈이었다. 초등학교 시절에는 빈 공책에 이야기를 써 내려갔고, 고등학교 시절에는 문예지에 시를 출품하기도 했다. 대학과 대학원에 다니던 이십 대에는 글쓰기 학위를 취득했다. 기사나 짧은 이야기, 수필을 쓰기는 했지만, 내가 정말로 원하는 것은 책을 내는 것이었다.

문제는 내가 정말로 바라는 이 영역에서 번번이 거절당한다는 것이었다. 계속해서 출판 제안서를 보냈지만 돌아오는 답은 매번 같았다. "죄송합니다."

출판 제안서를 작성하고 보낸 8년여 동안 한결같은 대답이었다. "죄송합니다, 죄송합니다, 또 죄송합니다."

영적으로나 정서적으로나 많이 지쳤고, 내 영혼은 제대로 쉬지 못했다. 작가로서 내가 하는 일에서 전혀 평안을 누리지 못했으며, 급기야는 다시 도전하기가 두려워지는 지경에 이르렀다.

많은 사람이 이런 느낌이리라 생각한다. 우리는 너무 많은 도전과 실패를 겪고 나서 다시 도전하기를 꺼리게 된다. 한 번 더 실패했다가는 마음이 무너질 것만 같다. 아니면 우리에게 남은 평안이 조금이라도 있다면 그 한 조각마저 빼앗길 것만 같다.

그래서 우리는 더는 도전하지 않는다.

사라는 거절과 두려움이 어떤 느낌인지 잘 알고 있었다. 결혼 생활 내내 수십 년 동안 아이를 간절히 바랐다. 하갈이 아브라함을 통해 그렇게 쉽게 빨리 임신하자 사라는 남편이 아니라 자신이 **문제**인 것을 알았다. 설상가상으로 월경까지 멈추었다. 사라가 정상적으로 아이를 낳을 방법은 더는 없었다.

여호와께서 상수리나무 아래에서 아브라함에게 나타나셨을 때, 사라는 엄마가 되는 것에 대해 정서적으로나 영적으로나 더는 들을 기분이 아니었다. 마음속에서 그녀의 시간은 이미 지나가 버렸다.

하지만 여호와는 인간의 시간이나 방식, 신체적 제약에 제한받는 분이 아니시다.

사라는 무슨 영문인지 몰라 어리둥절했지만, 1년 안에 아들을 품에 안으리라는 여호와의 말씀은 분명한 사실이었다. 그런 말씀에 사라가 웃음을 터뜨렸다는 것이 놀랄 일인가? 사라의 형편을 생각한다면 말도 안 되는 이야기가 당연했다!

그러나 여호와께는 능치 못한 일이 **없으시다**. 빈 자궁과 늙은 몸, 깨진 꿈, 이루지 못한 소망. 이런 것들은 그분께 아무런 방해가 되지 못한다.

하나님은 약속하신 일을 반드시 이루신다. 인간의 눈에는 불가능해 보이는 일이라 할지라도 말이다.

사라와 달리, 우리 대부분은 우리 바람이 이루어지리라는 여호와의 구체적인 약속을 받지 못할 것이다. 세상이 우리 재능을 알아보는 것이든, 온 가족의 꿈이 실현되는 것이든, 다른 어떤 것이든, 그런 일들이 이 땅에서 이루어진다고 하나님이 직접 말씀으로 보장해 주시지는 않는다.

하지만 훨씬 더 좋은 것을 **보장해** 주시는데, 그것은 바로 그리스도와 함께하는 여정에서 우리가 누리는 평안이다. 우리가 바로 지금, 바로 이 순간에 하나님의 부르심에 충실할 때 그분 안에서 우리 영혼이 안식할 수 있다. 우리가 무엇을 구하든 여호와께는 능치 못한 일이 없으심을 알기 때문이다. 하나님은 그분의 때에, 그분의 방식으로 가장 좋은 일을 행하실 것이다.

그렇다. 아흔 살 된 불임 여성이 아들을 낳게 하시는 분이라면, 그분께는 능치 못한 일이 없으실 것이다! 그렇지만 우리가 할 일은 그분이 **어떻게** 우리 삶에서 선한 일을 이루실지를 알아내는 것이 아니다. 우리는 인생 여정에서 그분께 충실하고 순종하기만 하면 된다. 예수님을 따르기를 포기하지 말라. 절망이나 분노에 빠지지 말라.

하나님과 함께라면 능치 못할 일이 없다. 오늘 우리는 우리 안에서, 우리를 통해 하나님의 뜻을 이루실 그분의 능력을 의지하며 평안 가운데 걸을 수 있다.

오늘의 묵상

바로 지금 당신 삶에서 불가능하다고 느끼는 일이 있는가? 하나님이 만사를 다스리신다는 사실을 아는 데서 느끼는 평안이 어디에서 부족하다고 느끼는가? 여호와께는 능치 못한 일이 없으시다는 사실과 그분의 전능하심을 깨닫게 해 달라고 간구하라.

5일

하나님이 약속을 이루어 주실 때 누리는 평안

사라가 임신하고 하나님이 말씀하신 시기가 되어
노년의 아브라함에게 아들을 낳으니(창 21:2).

함께 읽기 창 21:1-7

사라는 너무 심하게 웃느라 흘러내린 눈물을 턱에서 닦아 내야 했다. "누가 이런 일을 상상이나 했겠어요?" 아이는 아들이었다. 힘차게 우는 튼튼한 남자아이였다. 사라는 아이를 품에 꼭 안고서 마음껏 웃음을 터뜨렸다. 감사의 눈물과 웃음이 뒤섞였다. "내 뼈는 쇠하였는데 이미 기능을 잃은 이 자궁에서 새 생명이 탄생하다니!"

사라 나이의 절반밖에 되지 않는 산파들도 놀랍기는 마찬가지였다. 그들은 사라가 아들을 낳은 자리를 치우고 그녀를 돌보는 와중에도 함께 웃음을 터뜨렸다.

들어와도 좋다는 말이 끝나기 무섭게 아브라함이 들어왔.

"내 아들! 내 아내! 오, 사라!" 아브라함이 급히 아이를 들어 올리느라 강보가 벗겨졌다. 놀란 아이가 벌거벗은 채 아버지의 품에서 울어 댔다.

아브라함이 웃기 시작했다. 처음에는 피식거리다가 점점 소리가 커지더니, 나중에는 배 속에서부터 껄껄껄 하고 웃음이 터져 나왔다. 아이가 놀라서 뚝 하고 울음을 그쳤다. "이삭! 너는 웃음과 함께 이 세상에 태어났구나. 엄마와 아빠에게 이렇게 큰 기쁨을 주었으니 말이다. 그리고 여호와께서도 크게 기뻐하실 것이다. 오, 하나님, 이 아이를 주셔서 얼마나 감사한지 모릅니다!"

이제 그의 눈길은 사라를 향했다. 반짝이던 그의 두 눈에 다정함이 깃들었다. "100세에 내게 아들을 안겨 준 당신에게도 감사하오!" 그가 다시 웃음을 터뜨리자 이삭이 울기 시작했다.

사라가 아이에게 팔을 뻗었다. 얼마나 간절히 바란 아이던가. 아직도 꿈만 같았다. 이삭은 엄마의 품에 안기자마자 젖을 빨았다.

"하나님이 나에게 웃음을 주셨구나." 사라가 믿기지 않는다는 듯 고개를 저었다. "듣는 사람마다 나처럼 웃지 않을 수 없겠지!" 그녀는 그 어느 때보다 만족스럽고 행복한 상태로 몸을 뒤로 기댔다. "왜 아니겠어? 너무 좋아서 믿기지 않는데."

우리는 세인트루이스동물원에서 우리 가족의 미래를 결정할 중대한 전화 통화를 기다리고 있었다. 실직, 우울감, 고통스러운 관계 문제를 통과한 후, 우리는 한 교회와 12주에 걸친 인터뷰 과정의 마지막 단계에 도달했다. 다른 문이 모조리 닫혔기 때문에 이것이 우리를 향한 하나님의 계획이기를 고대하며 간절히 기도하고 있었다. 남편은 그 교회 교역자 및 장로들과 여러 차례 면접을 보았다. 우리 둘 다 그 교회를 이미 방문했고, 남편은 2주 전에 전 교인 앞에서 설교도 했다. 이제 전 교인 투표만을 남겨 두고 있었다.

투표는 성탄절과 새해 사이에 낀 주일에 열렸다. 우리는 휴일에 가족들을 만나러 집을 비운 상태였다. 남편과 나는 둘 다 밤새 운전할 수 있는 상황이 아니어서 세인트루이스에 호텔을 잡았다. 주일 아침, 잠에서 깬 우리는 이미 우리 손을 떠난 투표 결과를 기다리느라 전전긍긍하고 싶지 않았다. 그래서 아이들을 데리고 동물원에 가기로 했다.

펭귄 전시관을 돌아다니고 유리 벽 너머로 거대한 북극곰을 구경한 후 사파리 구역을 걷고 있었다. 고릴라들이 앉아서 먹이를 먹고 있고, 코뿔소가 풀밭 너머로 우리를 쳐다보고 있었다. 나는 애써 시간을 무시하느라 가족들에게 계속 걷자고 했다. 지금쯤이면 투표가 끝났을 것이다.

코끼리들을 보고 있는데 남편 핸드폰이 울렸다. 나는 숨죽인 채, 전화를 받는 남편의 표정을 살폈다.

"여보세요?"

침묵.

"안녕하세요! 네."

또다시 침묵.

"정말 잘됐네요!" 남편이 나를 보며 엄지손가락을 치켜세웠다. "기대됩니다!"

남편 얼굴에 미소가 피어오르자, 나는 눈물이 나기 시작했다. 그다음에 남편이 무슨 말을 했는지는 전혀 기억나지 않는다. 통화가 끝나자마자 우리 둘이 웃기 시작했다는 것만 기억난다. 우리는 웃고 또 웃었다.

동물원 코끼리들 앞에서, 그동안 우리를 억눌렀던 스트레스와 압박이 눈 녹듯 사라져 즐거운 웃음이 되었다. 아이들도 함께 웃으면서 온 가족이 얼싸안고 방방 뛰었다. 여호와께서 우리의 필요를 채워 주셨다! 지나가는 사람들이 우리를 흘끔거렸지만, 우리는 마음껏 웃고 소리 지르며 주님을 찬양했다.

나는 그날 그 동물원에서 웃음이 평안처럼 느껴졌다는 것을 깨달았다.

동물원을 떠나기 전에 코끼리 인형을 하나 샀다. 남편이 사무실에 갖다 둔 그 인형은 우리에게 하나님의 신실하심과 세인트루이스동물원에서 그분이 우리를 어떻게 만나 주셨는지를 일깨워 준다. 하나님은 그분의 평안과 웃음으로 우리를 만나 주셨다.

이삭이 태어났을 때 사라가 느낀 감정, 혹은 실업과 상실 이후 남편이 새 직장을 얻었을 때 우리 가족이 느낀 감정을 당신도 느낀 적이 있다면, 마음의 해방을 찾은 이들에게 기쁨과 웃음은 자연스러운 반응임을 알 것이다.

성경은 "마음의 즐거움은 양약"(잠 17:22)이라고 말한다. 기쁨, 웃음, 찬양은 그 어떤 약보다 마음을 잘 치료해 준다. 고통과 상실의 시기에 기쁨과 웃음이 찾아오기는 쉽지 않다. 하지만 누구에게나 결국에는 기쁨의 때가 찾아오기 마련이다.

오늘 당신 앞에 무슨 일이 닥쳤든, 그리스도가 다시 오셔서 더는 눈물이 없고 기쁨만 있을 마지막 날이 오고 있기 때문이다. "모든 눈물을 그 눈에서 닦아 주시니 다시는 사망이 없고 애통하는 것이나 곡하는 것이나 아픈 것이 다시 있지 아니하리니 처음 것들이 다 지나갔음이러라"(계 21:4).

그렇다. 하나님이 우리 삶에 약속을 이루어 주실 때는 찬양과 기쁨과 웃음이 제대로 된 반응이다! 그러나 하나님의 역사를 못 본 지 오래되었더라도(사라처럼 90세가 되어서야 우리 삶에 그분의 약속이 이루어진다 하더라도), 지금 우리는 평안 가운데 걸을 수 있다.

왜 그런가? 하나님이 만물을 새롭게 하고 계시기 때문이다(계 21:5). 그분은 우리 이야기를 구속하고 회복시키는 과정에 계신다. 하나님은 우리 삶에서 보이는 방식과 보이지 않는 방식으로 역사하고 계신다. 그래서 오늘도 우리는 그분 안에서 평안한 영혼을 소유할 수 있다.

오늘의 묵상

당신 삶에 웃음을 허락하시고 약속을 이루어 주신 하나님을 찬양할 수 있는가? 당신 삶의 어느 영역에서 아직도 그분을 기다리고 있는가? 당신이 어떤 상황이든, 순전한 기쁨의 때가 온다는 사실을 알고 평안을 누릴 수 있다. 그리스도와 함께하는 그날은 영원히 끝나지 않을 것이다.

The Path to Peace

2부.

모세

원치 않는 역할 가운데 임하는 평안
6-10일

6일

두려움을 느낄 때 하나님의 임재 가운데 찾은 평안

하나님이 이르시되 내가 반드시 너와 함께 있으리라(출 3:12).

함께 읽기 출 3:1-12

발밑 모래는 따뜻했다. 하지만 모세의 온몸은 공포와 충격으로 싸늘해졌다.

모세 앞에는 불꽃에 휩싸인 떨기나무 한 그루가 서 있었다. 가까이 다가가 그것을 들여다본 모세는 깜짝 놀랐다. 불이 붙었지만 떨기나무는 멀쩡했다.

'도대체 무슨 일이지?'

그때 어떤 목소리가 엄청난 무게감으로 대기를 가득 채우는 바람에 모세는 무릎을 꿇고 말았다. 그 목소리는 폭포처럼 웅장하면서도 사랑처럼 부드러웠다.

"모세야! 모세야!"

모세는 속삭이듯 대답했다. "내가 여기 있습니다." 그는 모래밭에서 두 손을 펴면서 손이 떨리는 것을 느꼈다.

"이리로 가까이 오지 마라." 웅장한 목소리가 그의 몸속에서 고동쳤다. 가슴이 두근거렸다. "네가 선 곳은 거룩한 땅이다. 신을 벗어라."

모세는 무게 중심을 옮겨 뒤로 물러서서 가죽끈을 풀었다. 왠지 움직이면 안 될 것 같아서 잠자코 기다렸다.

그 목소리가 다시 한번 그의 몸속과 주변을 울렸다. "나는 네 조상의 하나님, 곧 아브라함의 하나님, 이삭의 하나님, 야곱의 하나님이다."

모세는 숨이 막히는 듯했다. 손으로 얼굴을 가리고 모래밭에 얼굴을 묻었다. 머리카락 사이에서 모래 알갱이가 느껴졌다. 이것이 지상에서 마지막 순간이 될지도 모른다고 생각했다.

그는 공포에 사로잡혔다.

∞

공포에 사로잡힌 적이 있는가? 조금 무서운 정도가 아니라 정말로 겁에 질린 적이 있느냐는 말이다. 영락없이 죽게 되었다고 생각한 적이나 가장 큰 두려움에 직면한 적이 있는가?

내 경우에는 처음으로 아나필락시스를 경험했을 때가 그랬다. 삼십 대 초반이었는데, 손바닥과 발바닥이 갑자기 빨개지면서 염증과 가려움증이 생겼다. 쓰러지거나 토할 것 같았는데, 정확히 어느 쪽인지 알 수가 없었다. 사방 벽이 빙글빙글 돌기 시작하더니 점점 더 내 쪽으로 다가왔고 의식이 흐려졌다. 내 몸을 마음대로 움직일 수가 없었다.

구급차를 타고 병원에 실려 와 응급실에서 몇 시간 대기한 후에 알레르기 전문의를 만났다. 지금은 어딜 가든 에피펜(EpiPen)을 챙긴다. 두려움 덕분에 내게 필요한 도움을 얻은 셈이었다.

∞

갈대 상자에 담긴 아기 모세. 애굽 왕자 모세. 팔을 들어 홍해를 가른 모세. 하나님이 친히 새기신 두 돌판을 손에 든 고독한 지도자 모세.

모세라는 이름을 듣고 그를 어떻게 생각하든 간에, 우리는 기적 같은 이야기 한가운데 있는 그를 떠올리기 쉽다. 그는 잘생긴 아이요, 선택받은 사람이요, 강력한 지도자다. 어린이 성경과 묵상집, 영화와 영화 음악에 나오는 모세 이야기에는 화려한 장면이 가득하다. 애굽의 재앙, 하나님 백성의 출애굽, 홍해가 갈라진 사건, 광야에 내린 만나 등. 우리는 갈대 상자 속 아기가 바로의 딸에게 입양된 것을 기억한다. 그의 삶은 굽이굽이 놀라움의 연속인 것만 같다.

하지만 그 역시 두려움으로 점철된 삶을 살았다.

모세는 광야에서 하나님의 임재를 맞닥뜨렸을 때 극심한 공포를 느꼈다. 거기에는 그럴 만한 이유가 있다. 구약성경을 보면, 하나님의 얼굴을 보고 살아남은 자가 아무도 없다는 것을 알 수 있다(출 33:20). 모세는 목숨을 잃을까 봐 두려웠다.

하지만 사실 두려움은 우리에게 선물이다. 두려움에 제대로 반응하면 도움이 되기 때문이다. 모세에게 제대로 된 반응이란 신발을 벗고 무릎을 꿇고 엎드려 잘 듣는 것이었다. 내게 제대로 된 반응은 전문의를 찾아 응급 약을 타는 것이었다.

당신이 오늘 어떤 상황에 있든지, 당신이 경험한 두려움은 그 어떤 것이든 당신이 도움을 받을 수 있게 해 준다는 사실을 기억하라. 그 도움은 의사나 약사, 상담사 또는 친구에게서 올 수도 있다. 그러나 인간의 마음에 **궁극적으로** 필요한 것은 하나님의 임재에서 비롯된 평안이다. 왜인가? 하나님이 우리의 가장 큰 도움이시기 때문이다(시 118:7; 요 14:26). 도움이 필요할 때 우리의 가장 큰 도움은 항상 그분에게서 온다.

그렇다. 모세를 두렵게 했던 그분의 임재가 사실은 그 두려움의 해결책이기도 했다. 하나님의 임재가 그의 도움이 된다.

하나님은 전능하고 경이로운 분이지만(우리가 그분의 거룩하심을 경외하는 것은 당연하다), 스스로 낮아지신 겸손한 분이기도 하다. 광야에서 모세를 놀라게 하신 하나님이 구유에 누운 아기로 오셨다. 떨기나무를 불꽃에 휩싸이게 하신 하나님이 아이들을 안아 주시고, 나병 환자를 어루만지시고, 죄인들과 함께 식사하셨다. 그분이 모세를 아시고 그의 이름을 부르셨다. 그분이 당신을 아시고 당신의 이름도 부르신다.

하나님의 임재가 모세를 두렵게 하지만, 그를 구한 것도 그분의 임재다. 하나님이 그분의 임재로 모세의 두려움을 **몰아내신다**. 하나님이 모세에게 이스라엘의 지도자라는 새로운 역할을 요구하시기 때문에 그는 더 두려움을 느낀다. 하나님은 그에게 어떻게 답하시는가? "내가 반드시 너와 함께 있으리라"(출 3:12). 하나님이 모세와 함께하실 것이고, 그 사실이 그에게 평안을 주었다.

우리가 두려움에 직면할 때 하나님의 임재가 우리에게 평안을 준다. 그분의 임재가 우리 두려움의 해결책이다. 두려움이 사라지기 때문이 아니라(모세는 여전히 이스라엘 백성의 지도자가 되어야 했다), 홀로 그 두려움에 직면하지 않아도 되기 때문이다. 하나님의 **임재**는 우리가 환난 중에 만날 큰 도움이다(시 46:1).

그리스도를 믿는다면, 오늘 어떤 두려움에 직면하든지(당신 인생에서 어떤 역할을 맡아야 하든지) 당신은 혼자가 아니다. **임마누엘 하나님이 당신과 함께 하시기 때문이다.** 그리스도는 "영원토록 너희와 함께" 있겠다고 약속하셨다(요 14:16-17 참조).

성령님이라는 엄청난 선물을 통해 당신과 함께하시는 그분의 임재야말로, 당신이 두려움을 극복하고 평안을 누리게 하는 큰 도움이다. 이 평안은 영혼의 평안, 즉 당신이 결코 혼자가 아니라는 사실을 알고 하나님 안에서, 하나님과 함께 안식하는 것이다.

오늘의 묵상

오늘 당신과 함께하시는 하나님의 임재를 더 잘 깨닫게 해 달라고 간구하라. 당신이 처한 상황에서 하나님은 어떻게 당신과 함께하시는가? 그분이 어떻게 당신을 돕고 계시는가? 당신이 결코 혼자가 아니라는 사실을 알고, 거기에서 비롯되는 평안을 간구하라. 지금 당장 그분을 느끼기 힘든가? 성경 말씀을 의지하여(요 14:16-17을 읽으라) 기도하라.

7일

하나님의 계획을 수용할 때 누리는 평안

모세가 이르되 오 주여 보낼 만한 자를 보내소서(출 4:13).

함께 읽기 출 4:10-17

　모세는 모래에 얼굴을 묻고 있는 동안 그 아름답고 장엄한 음성, 하나님의 목소리를 들었다. 그 음성은 모세에게 이스라엘 백성을 애굽에서 해방하라고 말했다. 짜릿할 만큼 기쁜 소식이어야 했건만 모세의 마음은 납덩이처럼 가라앉았다. 하나님 백성을 가게 하라고 바로에게 말해야 할 사람이 바로 자신이었기 때문이다.

　모세는 벌벌 떨었다. '저는 못 돌아갑니다.' 하나님 말씀이 그의 몸과 마음에 천둥처럼 울려 퍼졌지만, 거기에 반대하는 그의 생각도 그만큼 크게 소리를 냈다. '애굽으로 못 돌아간다고요. 그들이 나를 죽이지 않는다고 하더라도 바로는 내 말을 귓등으로 들을 겁니다. 제가 입 밖으로 다섯 단어를 채 내뱉기도 전에 말이 꼬이고 말 겁니다. 저는 못 해요! 하기 싫습니다!'

하나님은 아무 말씀이 없으셨다. 그 정적 가운데, 아직 손으로 눈을 가리고 있던 모세의 입에서 불쑥 이런 말이 튀어나왔다.

"주, 주, 주님, 죄송합니다. 저, 저, 저는 본래 말을 잘 못합니다. 주, 주, 주께서 저에게 마, 마, 말씀하신 이후에도 제가 그러합니다. 저는 말이 느리고 혀가 둔한 자입니다."

하나님의 음성은 꿈쩍도 하지 않았다. "누가 사람의 입을 만들었느냐? 누가 말 못하는 사람이나 못 듣는 사람이 되게 하느냐? 누가 앞을 볼 수 있는 사람이나 앞 못 보는 사람이 되게 하느냐? 바로 나 여호와가 아니냐? 자, 가거라! 내가 너를 도와 네가 할 말을 가르쳐 주겠다."

그러나 모세는 어떻게든 빠져나갈 구실을 찾았다. "주, 주, 주님, 죄송합니다. **제발** 다, 다, 다른 사람을 보내소서!"

이제 주님의 목소리에 노기가 어리자, 모세는 갑자기 찾아올지도 모를 죽음에 대비해 몸을 최대한 웅크렸다.

"레위 사람인 네 형 아론은 어떠냐? 나는 그가 말을 잘하는 것을 안다. 그가 지금 너를 만나려고 오고 있다. 그가 너를 보면 기**뻐**할 것이다. 너는 그에게 할 말을 일러 주어라. 너희가 말할 때 내가 너희를 도와주고, 너희가 해야 할 일을 가르쳐 주겠다. 그가 너를 대신해서 백성에게 말할 것이다. 그는 너의 대변자가 되고, 너는 마치 그에게 하나님처럼 될 것이다. 너는 이 지팡이를 손에 잡아라. 이것으로 이적을 행할 수 있을 것이다."

모세는 천천히 숨을 내쉬고는 더는 거절할 수 없다는 것을 깨달았다. 여기서 벗어날 방도는 없었다.

∞

 두어 해 전, 아들의 특이 위장 질환을 고치려고 사방팔방 뛰어다니던 때였다. 아침에 일어날 때면 늘 심장이 떨리고, 두 눈에는 이미 눈물이 고여 있었다. 생후 4개월밖에 되지 않은 아들의 생사가 걱정스러웠다. 모유를 통해 아이 몸으로 들어가는 모든 영양소가 아이를 더 아프게 만들었다.

 아이의 질병이 우리 가족에게 어떤 영향을 미칠지도 염려스러웠다. 만성 질환이 될 수도 있는 병에 걸린 아이로 인해 우리 결혼 생활이 어떻게 달라질까? 동생에게 늘 관심이 집중되는 사이에 우리 딸은 어떻게 지내게 될까? 이런 상황에서 내 몸이 얼마나 버텨 줄 수 있을까? 아들의 유일한 영양 공급원인 나는 아주 제한적인 식단을 유지해야 했다. 한동안은 의사의 권유로 아들을 위해 네 가지 음식만 먹기도 했다. 맞다. 네 가지. 극단적인 식단이었다.

 하루하루 헤쳐 나가기가 너무 힘들고 부담스럽기만 했다. 아이는 끊이지 않는 통증으로 매일 밤 몇 시간이고 울며 낑낑대고 소리를 질렀다. 나는 날마다 근심에 차서 잠에서 깼다. 또 하루를 어떻게 버텨 낼지 자신이 없었다. 살고 싶지 않았다.

 말하자면, 나는 내 삶이 싫었다. 나에게 주어진 역할이 마음에 들지 않았다.

 하지만 내 앞에 있는 이 생을 받아들여야만 했다. 다른 대안이 없었다! 다른 누구도 내 아들의 엄마가 되어 줄 수 없었다. 다른 누구도 이 아이를 키워 줄 수 없었다. 내 아들 주다를 위해 극단적인 식단 조절을 해야 할 사람이 있다면 바로 나였다. 한밤중에 아픈 아이를 안아 주거나 아이의 치료 방법을 고민해야 할 사람이 있다면 나나 남편 둘 중 한 사람이었다. 거기서 벗어날 방법은 없었다. 나는 내 인생이라는 덫에 걸린 것만 같았다. 하나님이 우리 아들을 고쳐 주시고 우리 가족의 삶을 바꾸어 주시기를 기도하고 또 기도했다.

모세도 비슷한 기분이었을 것 같다. 자신이 원하거나 요구하지 않은 인생 이야기에 갇힌 기분. 성경은 그가 자신의 곤경을 면하게 해 달라고 하나님께 간청했다고 말한다. 그러나 하나님은 그의 말을 듣지 않으시고, 그분이 만사를(모세의 몸까지도) 책임지시는 분이라고 모세에게 일깨워 주신다. 그리고 모세가 해야 할 일을 도와주겠다고 말씀하신다.

모세는 다른 사람을 보내시라고 **한 번 더** 사정한다. 그러자 하나님은 그에게 인간 도우미, 곧 아론을 주신다.

하지만 **빠져나갈** 길은 주시지 않는다.

이것이 그를 향한 하나님의 계획이었다. 다른 길은 없었다.

이제 세 살 하고 6개월이 된 주다는 건강하게 잘 지낸다. 너무 감사할 따름이다. 하지만 나는 내 아들이 왜 이런 어려움을 겪었는지 아직도 모른다. 하나님이 주다를 완전히 고쳐 주시기를 날마다 기도하느냐고? 물론이다. 그럼에도, 아들과 함께하는 이 여정에서 나는 하나님의 평안을 누릴 수 있었다. 날마다 기도하고 성경을 읽으면서, 하나님이 나와 내 아이들의 삶에 놀라운 계획을 가지고 계신다는 사실을 받아들이게 되었다. 성경에서 말씀하듯이, "사람이 마음으로 자기의 길을 계획할지라도 그의 걸음을 인도하시는 이는 여호와시니라"(잠 16:9).

누구나 원치 않는 길을 걷게 될 때가 있기 마련이다. 우리가 아무리 눈물로 간절히 기도한다 해도, 하나님이 그 길을 즉시(때로는 전혀) 바꾸어 주시지는 않는다.

우리가 택하지 않은 길을 걷는 것은 하나님의 가혹한 처벌처럼 보일 수도 있지만, 주권적이신 하나님은 그 길을 걷는 동안 우리에게 큰 평안을 주신다. 궁극적으로 우리 인생길을 다스리시는 하나님이 곧 우리를 (이스라엘 백성처럼) 속박에서 자유로 인도하시는 하나님이시기 때문이다. 그분을 따를 때, 그분이 우리 인생 계획을 정하셨다는 사실을 알고 우리 영혼은 안식할 수 있다. 그리고 성경이 보증하듯이 그 계획은 언제나 선하다(롬 8:28).

모세처럼 우리도 앞으로 발걸음을 내딛기 싫을 때가 있다. 우리 앞에 무슨 일이 닥칠지 알지 못하거나 이해하지 못할 때도 많다. 그러나 모세가 그와 그 백성을 기다리고 있던 영광을 상상하지 못했듯이, 우리도 우리 앞에 무엇이 있을지 보지 못한다. 당신이 하나님의 선하시고 완전하신 뜻에 순복할 때, 처음과 끝을 모두 보시는 하나님이 당신 안에서, 당신을 통해 선한 일을 하고 계시니 용기를 잃지 말라.

오늘의 묵상

크게 심호흡을 하고, 하나님이 덫을 놓으신 것처럼 느껴지는 일이 사실은 하나님의 계획 안에서 자유로 향하는 길이라는 것을 떠올려 보라. 하나님의 계획을 다 알아내거나 이해할 필요는 없다. 하나님이 일하신다. 당신을 기다리고 있는 영광을 생각하며 용기를 내라.

8일

순종을 택할 때 찾아오는 평안

모세가 그의 아내와 아들들을 나귀에 태우고 애굽으로 돌아가는데
모세가 하나님의 지팡이를 손에 잡았더라(출 4:20).

함께 읽기 출 4:18-31

떨기나무 불꽃이 사그라지고 하나님의 임재가 머물렀던 곳에는 아무것도 남지 않았다. 모세는 손마디로 눈물을 훔쳤다.

세상이 달라졌으니 이제 그도 변해야 한다.

모세는 크게 한숨을 내쉬고는 벗어 두었던 샌들에 발을 꿰었다. 모래알 한 알 한 알이 꿈이 아니라고 말해 주고 있었다.

이제 애굽으로 돌아갈 때가 되었다.

우선 그는 여기 광야에 있는 집에서 아내와 아들들을 데려가겠다고 장인에게 허락부터 구해야 했다.

마침 이드로는 장막에서 장부를 정리하고 있었다. 모세는 목청을 가다듬으면서 장막 덮개를 들추고 들어가 장인 앞에 섰다.

"모세! 오늘은 양 떼를 치고 있는 줄 알았는데, 아닌가?" 모세가 고개

를 저었다. 이드로는 팔짱을 낀 채 눈썹을 치켜올렸다.

"맞습니다, 아버지." 모세가 잠깐 말을 끊었다. 이 모든 일을, 이런 상황 변화를 도대체 어떻게 설명해야 할까? 그의 어깨가, 아니 존재 자체가 무거웠다.

이드로도 틀림없이 그런 중압감을 느꼈을 것이다. 그가 뒤로 물러서며 팔을 풀고 물었다. "무슨 일인가, 모세?"

모세는 설명하기 힘들었다. 이드로가 자기 말을 믿어 줄지도 의문이었다. "저는 이제 떠나야겠습니다. 애굽에 있는 제 형제들이 아직 살아 있는지 가서 보고 오겠습니다."

이드로가 자리에서 일어나 모세에게 가까이 다가갔다. 그리고 단단한 두 손을 모세의 어깨에 올리고는 그를 똑바로 바라보았다. "이제 때가 되었군. 그렇지 않은가?"

모세는 목이 메어 감정이 북받친 채 고개를 끄덕였다. 이드로는 좋은 사람이었다. 그는 오래전에, 모세가 가진 것이라고는 이름밖에 없었을 때 그를 가족으로 받아 주었다.

"나를 보게, 모세." 이드로는 모세의 머리에 손을 얹고는 복을 빌어 주었다. "잘 다녀오게, 모세. **평안히 가게.**"

주님이 당신을 당신이 원치 않는 길로 인도하신 적이 있는가?

내가 정말 하고 싶지 않았던 일이 있다면, 바로 그 문을 두드리는 것이었다. 호흡이 가빠지면서 속이 울렁거렸다. 겁이 났다.

하지만 꼭 해야 하는 일이었다.

몇 주 동안 주님은 내가 한 자매에게 용서를 빌어야 한다고 계속해서 내 마음에 말씀하셨다. 그녀와는 10년 가까이 알고 지냈지만, 지난 몇 년간 왕래가 없었다. 그녀는 우리 사이에 별다른 문제가 없다고 알고 있었다. 하지만 나는 그녀에 대해 험담하고, 다른 사람들 앞에서 그녀를 깎아내렸다. 그녀는 이 사실을 모르지만, 주님은 아셨다. 그분 앞에서 내 죄는 분명했고, 그분은 나를 그냥 놔두지 않으셨다.

주님께 내 경솔한 언행과 독선을 회개하면서 이 정도 선에서 무마되기를 바랐다. 하지만 계속 기도할 때마다 주님이 내 마음에 떠올려 주시는 말씀이 있었다. 형제와 불화하면서 하나님께 제물을 바치는 행위에 대한 구절이었다. "먼저 가서 형제와 화목하고 그 후에 와서 예물을 드리라"(마 5:23-24 참조). 주님은 내가 이 관계를 바로잡기 전까지는 내 죄로 인해 그분과의 관계도 방해를 받는다는 것을 보여 주고 계셨다.

두려웠다. 어떻게 대화가 흘러갈지 알 수 없었고, 이 자매에게 내 약점을 드러내는 것이 무서웠다. 내가 진실을 고백했을 때 그녀가 상처받은 모습을 보며 당연히 내가 느끼게 될 수치심도 무서웠다.

하지만 하나님은 절대 그냥 넘어가실 분이 아니었다. 이 무거운 죄 짐을 벗어 버리려면 그분께 순종해야 했다. 이 자매에게 회개하고 용서를 구해야 했다.

그래서 그녀의 집을 찾아가 문을 두드렸다. 그녀를 만나러 간다고 미리 이야기하지 않았다. 아무에게 아무 말도 하지 않았다. 성령님과 하나님 말씀에 순종하여 그냥 찾아갔다.

모세가 광야 모래밭에 아직 맨발로 서 있었을 때 그는 자기 인생을 향한 하나님의 계획을 마냥 기뻐할 수 없었다. 그래도 받아들였다. 항복했다. 하나님이 그에게 맡기신 일에 순종하고 헌신했다.

우리가 원하는 길보다 주님의 길을 수용할 때 벌어지는 놀라운 일이 있다. 그분의 평안을 경험하기 시작하는 것이다. 여전히 우리 삶에 고통과 두려움이 가득하더라도 우리 영혼은 하나님 안에서 안식할 수 있다.

대체로 이런 영혼의 변화가 곧장 찾아오지는 않는다. 하지만 모세의 삶에서 보듯이, 분명 그런 변화는 가능하다. 불타는 떨기나무 가운데서 하나님의 말씀을 들은 모세는 자기 앞에 닥친 상황에 두려움과 공포를 느낀다. 그럼에도 모세가 주님을 따르자 그다음 일을 할 수 있는 힘을 얻는다. 그가 내디딘 순종의 첫걸음(가족을 데리고 애굽으로 돌아가겠다고 장인에게 허락을 구하는 일)에서부터 성경은 그를 위해 예비된 궁극적인 평안을 암시한다. 장인 이드로는 모세의 질문에 축복으로 응답한다. **"평안히 가라"**(출 4:18). 여기서 "평안히"라는 말은 구약성경에서 흔히 쓰이는 '샬롬'(*shalom*)이라는 히브리어와 같은 단어다. 이 단어에는 완전함, 온전함, 안녕이라는 뜻이 있다. 하지만 언약 관계에서 하나님과 화목하다는 개념도 들어 있다.

조금 전에 하나님의 임재를 강렬히 느끼고 그분의 목소리를 들으며 전율한 모세는 이제 하나님의 평안 가운데 보냄을 받아 그분의 일을 하게 될 것이다.

모세는 자신의 과거를 마주하는 것을 두려워한다. 그의 앞에는 쉽지 않은 길이 놓여 있다. 하지만 그럼에도 그는 순종한다. 두려움 때문에 순종을 피하지 않는다. 이것이 진정한 믿음이다.

두려워도 순종하기. 이것이 바로 내가 회개하기 위해 그 집 문 앞에 섰을 때 해야 했던 일이다. 하나님의 은혜로 그렇게 할 수 있었다. 그리스도 안에 있는 이 자매에게 내 죄를 고통스럽게 털어놓고 진실을 고백했다. 진심으로 솔직하게 회개했다. 그녀는 하나님의 자비하심으로 나를 용서했다.

그 집을 떠나면서 하나님의 **평안**을 느꼈다. 내 죄가 그 관계에 미치는 영향으로 여전히 힘들 때가 있었지만 주님께 순종했다. 하나님의 임재 가운데 내 영혼은 다시 평안할 수 있었다. 그분께 순종했기 때문이다.

그 대가가 너무 크리라는 것을 알기에 하나님께 순종하기 두려운 일이 누구에게나 있기 마련이다. 하지만 주님과 온전한 평안을 누리려면 그분께 순종해야 한다. 큰일은 물론이고 겉으로는 사소해 보이는 일들까지도 말이다. 우리는 하나님께 순종하기로 **선택해야** 한다. 우리가 해야만 하는 일을 향해 발을 돌리고 그 방향으로 걸어가야 한다. 모세처럼 우리도 자신의 애굽을 향해 발걸음을 옮겨야 한다. 그리고 우리가 그렇게 하는 동안, 하나님이 이드로를 통해 모세를 축복하신 것처럼 동일한 **샬롬**을 경험할 것을 믿어야 한다.

오늘의 묵상

지금 당장 하나님이 당신에게 온전한 순종을 요구하시는 부분이 있다면 무엇인가? 순종의 길로 들어서기 위해 오늘 당신은 어떤 선택을 해야 하는가? 하나님께 순종의 길을 가도록 도와주시기를 간구하라. 순종하는 동안 그분의 평안을 경험하게 해 달라고 기도하라.

9일

순종해서 상황이 악화했을 때 얻는 평안

모세가 여호와께 돌아와서 아뢰되
주여 어찌하여 이 백성이 학대를 당하게 하셨나이까 어찌하여 나를 보내셨나이까
내가 바로에게 들어가서 주의 이름으로 말한 후로부터
그가 이 백성을 더 학대하며 주께서도 주의 백성을 구원하지 아니하시나이다(출 5:22-23).

함께 읽기 출 5:1-23

모세는 무릎을 똑바로 펴 보려고 애썼지만, 사시나무 떨듯 다리가 떨렸다. 긴 옷자락이 그의 두려움을 숨겨 주니 얼마나 다행인지 몰랐다. 하지만 목소리는 어쩔 수가 없었다. 떨리는 목소리는 도저히 숨길 수가 없었다. 아무래도 말은 아론에게 맡겨야 할 것 같았다.

세계 최고 권력자요, 그의 형제인 애굽 왕 바로의 왕좌 앞에서 모세는 하나님이 주신 말씀을 전달했다. "이스라엘의 하나님 여호와께서 이렇게 말씀하시기를 내 백성을 보내라 그러면 그들이 광야에서 내 앞에 절기를 지킬 것이니라 하셨나이다"(출 5:1).

바로가 그를 노려보았다. "모세, '내 백성'이라니 도대체 무슨 말인가? 나는 내 백성이라고 생각했는데?" 바로가 손목을 까딱하자, 종이 들어와서 음료를 올렸다. 무슨 음료인지는 보이지 않았다. 바로는 미끼를 던지고

있었다. 왕실 주변을 망토처럼 둘러싸고 있는 어색한 침묵을 깨고 모세가 아무 말이나 꺼내기를 기다렸다. 이는 바로가 모세를 두고 평생 해 온 게임이었다. 모세가 말하기를 얼마나 싫어하는지 잘 알기에, 부적절한 때에 어쩔 수 없이 말을 꺼낼 수밖에 없게 만드는 것이다.

하지만 이번만큼은 게임이 아니었다.

모세는 똑바로 정면을 주시한 채 입을 꾹 닫고 미끼에 낚이지 않으려 했다. 그는 하나님이 주신 말씀을 이미 전했다.

바로는 한참 동안 잔을 들이키더니 바닥에 던져 버렸다. 모세가 깜짝 놀라 펄쩍 뛰었다.

"도대체 여호와가 누구인데 내가 그의 말을 듣고 이스라엘 자손을 보내야 한단 말이냐? 나는 여호와를 알지 못하며 이스라엘 자손도 보내지 않겠다." 바로의 우렁찬 목소리가 벽을 치고 튕겨 나오는 듯했다.

모세는 한때 형제였던 바로를 쏘아보았다.

이제 아론이 대답했다. "히브리 사람의 하나님이 우리에게 나타나셨습니다. 우리가 우리 하나님 여호와께 제사를 드릴 수 있게 허락해 주십시오. 그렇지 않으면 여호와께서 무서운 질병이나 칼로 우리를 치실 것입니다!"

바로는 코웃음을 쳤다. "너희 '신' 따위에게 제사는 드리지 않아도 된다. 가서, 너희 **일**이나 **해라**." 그는 손짓으로 그들을 물려 보냈다.

그날 오후, 이스라엘 진영에는 분노와 불신의 웅성거림이 파다했다. 바로의 명령 때문이었다. 이전에는 벽돌을 만드는 데 쓰는 짚을 애굽 사람들이 공급해 주었으나, 이제는 이스라엘 백성더러 직접 짚을 구해 벽돌을 만들라는 것이었다. 일이 **훨씬** 더 힘들어졌는데 만들어야 하는 벽돌 수는 이전과 같았다.

모세는 울컥 목이 메었다. 도대체 그들이 뭘 어쨌다고?

∞

때로는 하나님께 순종하면 상황이 더 나빠지는 것 같다.

남편은 은행에서 일하기 전에, 목회자가 되기 전에, 시카고 지역 투자 기관에서 일했다. 2009년 경기 침체가 닥치기 불과 몇 달 전에, 수수료 기반의 전혀 새로운 일을 시작했다. 그때 무슨 일이 닥칠지 알았다면, 그런 엄청난 경제 하락을 앞두고 영업직을 시작하지는 않았을 것이다. 하지만 당연히 우리는 아무것도 알지 못했다.

우리가 안 것이라고는, 정액으로 보장된 수입이 없는 직업을 택하는 것이 우리에게는 믿음의 도전이라는 것뿐이었다. 나는 불안하기 짝이 없었지만, 남편에게는 이 일을 잘 감당할 수 있는 기술과 성품이 있었다. 우리는 남편의 일자리를 두고 기도하면서 이것이 우리를 향한 주님의 뜻이라고 느꼈다. 위험 대 보상이라는 게임에서 우리는 최대한 많은 위험 요소를 제거했다.

그런데 경제가 곤두박질쳤다.

남편은 하루에 12-14시간씩 일하고 집에 돌아와 나와 함께 소그룹을 인도하고 침대에 쓰러져 잠드는 일이 다반사였다. 1년이 지났지만 아무리 열심히 일해도 상황은 전혀 나아지지 않았다.

나는 주님께 크게 실망했다. 우리는 최선을 다하고 있었다. 어떻게든 주님께 순종하려고 애쓰고 있었다. 나는 두 개의 아르바이트를 하면서 남편과 함께 교회에서 소그룹을 이끌고 있었다. 매주 주일마다 교회에서 추

가로 봉사도 했다. 우리의 순종이 부족했나? 하나님을 따르려는 노력이 부족했나?

경기 침체가 계속되면서 상황은 더욱 악화했다. 당연한 일이었다. 돈을 벌지 못하면 저축하거나 투자할 돈이 없으니 말이다.

우리는 모자란 예산을 채우려고 저축을 깼다. 아낄 수 있는 것은 최대한 아꼈다. 동료들이 밖에서 점심을 먹는 동안 남편은 집에서 싸 간 도시락을 먹었다. 난생처음 마이너스 통장에서 돈을 빌렸다.

주님께 순종하여 이 직업을 선택했는데 갈수록 더 힘들어지는 것만 같았다. 이해할 수가 없었다.

바로가 이스라엘 백성의 노동 강도를 높이자, 백성은 모세에게 불같이 화를 냈다. 백성은 "그들[바로와 그의 신하들]의 손에 칼을 주어 우리를 죽이게 하는도다"(출 5:21)라고 소리치며 모세를 욕했다. 모세는 이제 바로**뿐 아니라** 자기 백성까지 두려워졌다. 하나님이 약속을 이루어 주시지 않을까 봐 두렵기도 했다. 그는 괴로워하며 주님께 호소했다. "주여 어찌하여 이 백성이 학대를 당하게 하셨나이까 어찌하여 나를 보내셨나이까 내가 바로에게 들어가서 주의 이름으로 말한 후로부터 그가 이 백성을 더 학대하며 주께서도 주의 백성을 구원하지 아니하시나이다"(출 5:22-23). 그의 말에서 간절함과 혼란스러움을 엿볼 수 있다. 모세는 하나님께 순종하고 있었지만 그의 삶은 갈수록 악화했다! 자기 백성에게서 미움을 받았고, 자기 때문에 그들의 삶이 더 힘들어졌다. 주님은 아직 그들을 구해 주시지 않았다.

당신도 이렇게 느끼고 있을지 모른다. 당신은 신실하게 하나님께 순종하고 있는데, 겉으로 보아서는 계속해서 아래로 추락하고 있는 것만 같다. 안 그래도 좋지 않은 형편이 더 나빠졌다. 당신 삶에서 하나님의 일하심을 찾아보기 힘들다. 어쩌면 아예 사라져 버렸는지도 모르겠다. 당신을 신뢰하던 사람들이 등을 돌린다. 삶은 점점 더 고역이다. 믿음은 한없이 약해지고 작아져 버린 듯하다. 주님과 자신을 의심하기 시작한다.

겁이 난다.

모세가 그랬다. 자기 백성이 두렵고, 하나님이 그분의 말씀을 이루어 주시지 않을까 봐 두려웠다.

주님이 모세의 두려움에 반응하여 구원을 약속해 주셨는데도 여전히 믿지 못한다. "이스라엘 자손도 내 말을 듣지 아니하였거든 바로가 어찌 들으리이까 나는 입이 둔한 자니이다"(출 6:12).

모세의 믿음이 흔들리고 있다. 그는 순종했지만 사태가 더 심각해지기만 했다. 그는 하나님이 약속을 지키실지 확신이 서지 않는다. 믿음이 부족하다. 평안이 없다.

그렇지만 그가 두려워하면서도 계속해서 주님께 순종하기로 하자 서서히 평안과 확신이 자라기 시작한다.

모세는 순종하여 다시 바로에게 돌아가 주님이 주신 말씀을 선언한다. 재앙과 파멸의 말씀이었다. 그다음에는? 하나님이 애굽에 내리신 재앙마다 모세는 하나님이 그분의 약속을 이루어 가시는 것을 본다.

모세가 묵묵히 순종하자 하나님은 그분의 신실하심을 나타내신다. 그 즉시는 아니지만 시간이 흐르면서 서서히 돌파구가 보이기 시작한다.

우리 삶도 그럴 때가 많다. 하나님께 즉시 순종했는데 거절이나 사회적 따돌림, 고난, 시련을 겪는다. 하나님 말씀을 믿고 따른다며 우리를 이상하거나 극단적인 사람으로 본다. 모세처럼 우리도 자기 가족이나 공동체의 분노를 떠안기도 한다!

그러나 모세가 주님께 순종하며 인내하는 사이에 주님이 그분의 약속을 지키시는 모습을 보게 된다. 즉각적으로 약속이 이루어지지는 않을지 몰라도, **지속적인 순종**은 모세를 믿음의 성장으로, 이스라엘 백성의 구원으로 이끌었다.

∞

하나님의 인도하심으로 남편은 수수료 기반의 일자리를 얻었다. 그러나 곧 부담과 걱정과 실망이 뒤따랐다. 안 그래도 좋지 않던 경제가 최악으로 치달았고, 우리는 점점 더 힘들어졌다. 하지만 우리가 미처 보지 못했던 방식으로 그 상황은 남편을 사역으로 이끌었다. 남편이 그 일을 그만두고 1년이 채 되지 않아 한 교회에서 목회자로 일하게 되었기 때문이다. 우리는 계속해서 한 가지씩 하나님께 순종했고, 지역 교회에서 하나님 백성을 돌보는 부르심을 찾아가는 동안 큰 평안을 느꼈다.

오늘 당신이 하나님께 꾸준히 순종했는데도 힘든 상황에 있다면, 마음을 굳게 먹고 평안을 누리라. 순종한다고 해서 곧바로 돌파구나 평안을 얻게 되지는 않는다. 오히려 그렇지 못한 경우가 더 많아서 그리스도께 순종하면 단기적으로는 시련(장기저으로는 영광을 불러오는)을 겪곤 한다. "모든 은혜의 하나님 곧 그리스도 안에서 너희를 부르사 자기의 영원한 영광에 들어가게 하신 이가 잠깐 고난을 당한 너희를 친히 온전하게 하시며 굳건하게 하시며 강하게 하시며 터를 견고하게 하시리라"(벧전 5:10).

오늘의 묵상

바로 지금 그리스도께 순종하기 어렵다고 느끼는 부분이 있는가? 인내할 힘과 당신이 계속해서 한 걸음씩 앞으로 나아가도록 도와줄 평안을 간구하라.

10일

하나님 안에서 확신에 찬 평안을 누리기

너희는 두려워하지 말고 가만히 서서
여호와께서 오늘 너희를 위하여 행하시는 구원을 보라
너희가 오늘 본 애굽 사람을 영원히 다시 보지 아니하리라
여호와께서 너희를 위하여 싸우시리니 너희는 가만히 있을지니라(출 14:13-14).

함께 읽기 출 14:10-31

어둠 속에서 들이닥치는 우레 같은 말발굽 소리가 모세 귀에 들려왔다. 바로와 그의 군대가 다가오고 있었다. 주님이 말씀하신 대로였다.

수백만이나 되는 하나님 백성이 홍해 앞에 발이 묶였다. 하지만 애굽 군대의 말발굽 소리와 함성에 비하면 파도 소리는 빗방울 떨어지는 소리에 불과했다.

공포에 휩싸인 사람들이 모세에게 소리쳤다. 사방이 아수라장이었다. 모세의 오른편에 있던 건장한 남자가 말했다. "애굽에 매장지가 없어서 당신이 우리를 이 광야로 끌어내어 죽이려 합니까?" 모세 앞에 있던 여인도 거들었다. 여인의 품에 안긴 아이가 자지러지게 울어 댔다. "우리가 애굽에서 당신에게 애굽 사람을 섬기도록 내버려두라고 하지 않았습니까? 애굽 사람을 섬기는 것이 광야에서 죽는 것보다 낫겠습니다!"

공포가 주위에 파문을 일으켰지만, 모세의 마음은 담담했다. 그는 하나님이 해결하실 것을 알았다. 어떻게? 주님이 그 방법까지 말씀해 주시지는 않았지만, 모세는 이스라엘 백성이 구원받을 것을 믿었다.

그가 돌아서서 천둥 같은 목소리로 수많은 군중에게 말했다. "너희는 두려워하지 말고 가만히 서서 여호와께서 오늘 너희를 위하여 행하시는 구원을 보라 너희가 오늘 본 애굽 사람을 영원히 다시 보지 아니하리라 여호와께서 너희를 위하여 싸우시리니 너희는 가만히 있을지니라"(출 14:13-14).

그러자 여러 달 전에 모세에게 놀라움과 두려움을 안겨 주었던 목소리가 또 들리기 시작했다. 불타는 떨기나무 속 바로 그 목소리였다.

"이스라엘 자손에게 명령하여 앞으로 나아가게 하고 지팡이를 들고 손을 바다 위로 내밀어 그것이 갈라지게 하라 이스라엘 자손이 바다 가운데서 마른 땅으로 행하리라 내가 애굽 사람들의 마음을 완악하게 할 것인즉 그들이 그 뒤를 따라 들어갈 것이라 내가 바로와 그의 모든 군대와 그의 병거와 마병으로 말미암아 영광을 얻으리니 내가 바로와 그의 병거와 마병으로 말미암아 영광을 얻을 때에야 애굽 사람들이 나를 여호와인 줄 알리라"(출 14:15-18).

그와 동시에, 백성과 함께하던 하나님의 임재의 기둥이 그들 뒤로 이동하여, 다가오는 군대로부터 그들을 보호해 주었다. 사람들은 멈추어 서서 그 광경을 바라보았다.

모세가 지팡이를 든 손을 바다 위로 내밀고는 홍해가 갈라지는 모습을 경이로운 눈으로 지켜보았다. 처음에는 서서히 바닷물이 좌우에서 벽이 되기 시작하더니, 곧이어 강력한 바람이 불었다. 바닷물로 된 벽 사이에 마른 땅이 드러났다. 자유로 향하는 길이었다.

모세의 얼굴은 눈물로 범벅이 되었다. "당신이 주님이십니다! 당신의 백성인 우리는 당신을 따르겠습니다!"

∞

이 사람은 누구인가? 하나님 백성 앞에 선 이 당당한 지도자는 누구인가? 모세는 하나님의 일하심을 직접 목격한 사람이다.

애굽에 내린 재앙들을 통해 하나님은 바로와 이스라엘 백성과 모세에게 계속해서 그분의 능력을 증명하신다. 이스라엘 백성이 유월절을 지내고 당당하게 애굽을 떠날 무렵, 모세는 평안과 하나님에 대한 확신으로 가득한 사람이 된다. 실제로, 하나님의 주권과 능력에 대한 그의 믿음이 얼마나 확고했던지 바로의 군대가 이스라엘 백성을 홍해로 몰아갈 때도 모세는 흔들림 없는 확신으로 백성에게 반응한다.

이는 모세에게 있어 결정적 순간이다.

이전에는 애굽에서 이스라엘 백성이 모세를 의심하고 질책할 때면, 모세는 그들이 두려워서 괴로워하며 하나님께 울부짖곤 했다. 하지만 지금은 또다시 사람들이 모세에게 소리쳐도 백성의 장황한 비난에 대한 그의 반응은 신속하고 확실하다. "두려워하지 마십시오! 가만히 계십시오!" 모세는 전혀 두려워하지 않고 백성에게도 동일한 확신을 전달한다.

무엇이 달라진 걸까? 어떻게 해서 모세가 변했을까?

모세는 이제 여호와를 안다.

그래서 모세의 모든 것이 변했다.

불타는 떨기나무에서 하나님을 만났을 때 모세는 스스로 계신 하나님을 아직 알지 못했다. 하나님과 아무런 이력도 없었고, 그분의 능력을 개인적으로 경험하지도 못했다. 하지만 이제 홍해 앞에 선 모세는 여호와를 안다. 하나님이 애굽에 내리신 기적 같은 재앙을 통해 그분의 약속을 이루시는 모습을 계속해서 목격했다. 첫 번째 유월절의 은혜를 경험했고, 수백만 노예가 바로의 손아귀에서 해방되는 모습을 보았다. 모세와 백성은 이미 기적 가운데 살고 있었다. 모세는 하나님이 시작하신 일을 친히 끝내실 것도 안다. 하나님은 약속을 지키실 것이다. 그들은 구원받을 것이다.

모세는 하나님이 그분의 백성을 향한 약속을 이루실 것을 확신한다. 모세가 보거나 이해할 수 있는 무엇 때문이 아니라 하나님이 그런 분이시기 때문이다.

그래서 여기 불가능의 끄트머리에서, 모세는 하나님이 역사하지 않으실까 봐 더는 두려워하지 않는다. 오히려 하나님이 어떻게 역사하실지 **미처** 알지 못하는 상태에서도 하나님이 그들을 위해 싸우시리라고 이스라엘 백성에게 선언한다. 하나님이 그분의 백성에게 하신 약속을 이루어 주실 것을 믿기에 모세의 영혼은 평안하다.

그는 군대와 바다 사이에 있는 상태에서도 평안을 누린다.

남편이 해고당한 이후로 몇 달간, 미래에 대한 염려와 걱정이 나를 집어삼킬 듯 위협했다. 평안이 간절해졌다. 이렇듯 간절하게 평안을 구한 것은 난생처음이었다. 그런 절박한 상황에서 주님은 (평안을 경험하고자 한다면) 내가 있는 바로 그곳에서 평안을 찾아야 한다고 말씀해 주셨다. 우리 환경이 바뀌리라는 보장이 없는 것이다.

하나님은 그분 안에서 평안을 찾으라고 나를 새로이 초대하고 계셨다.

나는 자기 백성의 필요를 공급하시는 하나님을 찾길 원하는 간절한 마음으로 성경을 펼쳤고, 모세의 삶이 딱 들어맞았다. 성경을 자세히 살피면서, 나는 홍해가 갈라지고 여호와께서 자기 백성의 자유를 위해 새로운 길을 공급하시는 모습에 다시 한번 놀랐다. 주님은 이전에는 없었던 길을 열어 주셨다. 하나님이 모세를 어떻게 변화시키셨는지를 보며 감탄했다. 모세는 두려워하며 흔들리는 사람이었지만, 확신과 평안이 넘치는 지도자가 되었다. 나도 모세처럼 반응하고 싶다는 도전을 받았다. 하나님이 우리 가족을 위한 약속을 이루어 주실 것을 믿고 싶었다. 내가 보거나 이해할 수 있는 무엇 때문이 아니라 하나님이 그런 분이시기 때문이다.

말씀을 읽고 성경 이야기에 몰두하면서, 하나님에 대한 믿음이 두려움보다 더 커졌다. 성경에 나오는 여러 인물의 경험은 이스라엘 백성에게 길을 내주신 하나님이 우리를 위해서도 길을 내주시리라는 내 믿음을 굳건히 해 주었다. 굶주린 이들에게 음식을 주시고, 불가능한 상황에서 돌파구를 마련해 주셨던 주님이 우리에게도 공급해 주실 것이다.

그렇지만 아무것도 변한 것은 없었다.

내 안의 모든 게 변한 것을 제외하고는 말이다. 나는 우리 가족에게 아무런 변화도 없었던 그 시기에 하나님의 평안을 경험하기 시작했다. 말씀을 읽으면 읽을수록 하나님을 더 많이 알게 되었다. 하나님을 더 많이 알수록 그분이 내 삶과 남편의 삶, 우리 아이들의 삶에 아름다운 계획이 있으신 것을 깨닫고 신뢰하게 되었다. 나는 주님이 우리 삶을 계획하시고 이미 우리 발걸음을 정해 두셨다는 진리를 꼭 붙들었다(잠 16:9). 하나님이 우리 삶을 다스리고 계셨다.

남편이 직장을 잃고 5개월 가까이 되었을 때, 나는 내가 더는 내 안의 두려움이 아니라 내 밖에 계신 그리스도를 바라보고 있다는 것을 깨달았다. 하나님 말씀에 내 염려가 조금씩 녹아내렸고, 결국에는 주님의 평안이 온전히 그 자리를 차지했다.

이것이 바로 우리가 그리스도 안에서 누릴 수 있는 평안이다. 우리는 홍해를 갈라 하나님 백성을 인도하라는 부르심을 받지는 않았지만, 두려움이 아니라 믿음 가운데 걸을 기회, 불가능한 상황에 빠진 것처럼 느낄 때도 하나님의 평안을 경험할 기회를 얻었다.

오늘 당신의 염려와 두려움을 하나님 말씀 앞에 내려놓으라. 모세와 사라, 룻과 예수님의 이야기를 읽고 마음에 새기라. 하나님이 이미 당신을 위해 하신 모든 일을 기억하고, 그분이 과거에도 지금도 늘 그분 백성을 위해 역사하심을 기억하라.

그분이 당신을 구하실 것이다.

당신은 절대 혼자가 아니다.

평안을 잃지 말라.

오늘의 묵상

오늘 하나님 말씀에 뛰어들라. 격려가 필요하다면 모세 이야기를 다시 읽어 보라. 오늘 당신에게 어떤 도전이 닥치든, 하나님은 당신의 구세주시다. 불가능한 상황에서도 얼마든지 그분의 평안을 누릴 수 있다.

The Path to Peace

3부.

룻

재정적인 어려움 가운데 임하는 평안
11-15일

11일

빈손으로 누리는 평안

[나오미가] 있던 곳에서 나오고 두 며느리도 그와 함께하여
유다 땅으로 돌아오려고 길을 가다가(룻 1:7).

함께 읽기 룻 1:1-7

가슴 깊은 곳에서 터져 나오는 신음이 룻을 무너뜨리려 했지만, 그녀는 가까스로 참아 냈다. '여기서 또다시 무너질 순 없어. 그저 한 걸음 한 걸음씩 계속 걷는 거야.' 룻은 무릎까지 푹푹 빠지는 진흙탕처럼 느껴지는 슬픔을 뚫고 몸을 움직였다.

지난주는 인생 최악의 한 주였다. 그녀의 가족이 버텨 낸 한 해가 지나고 나서 그보다 더 힘든 상황은 없으리라고 생각했다.

룻은 남편을 비롯해 시가 식구들과 함께 모압에서 행복하게 살고 있었다. 예쁜 아기가 태어나 온 집 안을 아장아장 돌아다닐 날을 다들 고대하고 있었다. 시어머니 나오미는 비록 남편을 잃었으나 행복한 가장으로서 작은 집안을 이끌었다. 그런데 수년간 지속된 기뭄이 그들에게서 안온한 삶을 빼앗고 배고픔의 고통에 빠뜨렸다. 일곱 달 전에 기론이 밭에서 급

사하자 오르바는 지난 반년 동안 날마다 울면서 지냈다. 남편과 같이 거의 죽을 뻔했다. 룻은 동서를 비난할 수 없었다. 남편을 잃으면 대개 가난에 빠질 수밖에 없었기 때문이다. 하지만 말론은 오르바를 돌보는 책임까지 떠안았다.

룻의 남편 말론. 그는 다정하고 좋은 사람이었다. 지나치게 감정적이거나 칭찬에 호들갑 떠는 사람이 아니었다. 룻은 그런 남편을 사랑했다. 하지만 남자 하나에 여자 셋인 작은 가정이라서 늘 돈이 부족했다. 먹을 것을 줄이면 그런대로 견딜 만해서 그들은 그렇게 했다.

이제 말론도 없다. 딱 일주일 전에 그는 열병에 걸렸다. 사흘 만에 모든 반응이 사라졌고, 이틀 전에 숨이 멎었다.

도저히 견디기 힘든 상황이었다.

'그냥 계속 걸어. 과거는 생각하지 말고.' 룻은 터덜터덜 걸어갔다.

말론의 장례를 치르고 몇 시간이 되지 않은 오늘 아침, 나오미는 얼마 안 되는 짐을 꾸렸다. 그녀는 고향으로 돌아가겠다고 했다. 베들레헴에는 양식이 있다는 소문이 들려왔다. 룻은 나오미를 따라가기로 했다. 달리 무슨 방법이 있겠는가?

여름날 아침에 이슬이 사라지듯, 자신이 사랑한 모든 것이 사라져 버린 것 같았다. 모압도 빈 껍데기뿐인 황량한 땅이기는 마찬가지였다. 너무나 뜨거운 열기에 모든 생명체가 종적을 감추었다. 양식이 자랄 수가 없었다. 남편도 죽고, 아이도 없었다. 지참금도 없는 젊은 과부 처지였다. 외국인과 결혼한 그녀에게 친정 식구들도 등을 돌린 지 오래였다. 돈도, 미래도, 희망도 없었다.

어떻게 해야 하나? 그저 한 걸음 한 걸음씩 걸어 나갈 뿐이었다.

∞

나는 가계 예산을 살펴보고는 손으로 얼굴을 쓸어내렸다. "그러니까 우리 둘 다 직장을 그만둔다고요?" 남편이 식기 건조기에 접시를 쌓으면서 대답했다. "응."

"세인트루이스에서는 아무 계획도 없고요?"

남편이 마지막 그릇을 넣을 공간을 찾느라 주방에서 쨍그랑 소리가 났다. "맞아요."

나는 울렁거리는 속을 무시하려 애쓰느라 한숨을 내쉬고는 소리 내어 웃었다. "좋아요. 대단한 계획이네요."

우리는 믿음이 좋거나 미쳤거나 둘 중 하나였다. 믿음이 좋은 것이기를 바랄 뿐이었다. 남편이 시카고 지역 한 교회에서 교역자로 일한 지 몇 년이 지났다. 우리 둘 다 이제는 남편이 신학교에 진학할 때가 왔다고 생각했다. 언제부터인가 남편은 담임목사가 되려는 마음을 품었는데, 그러려면 신학 학위가 필수였다. 남편은 교회에서 사역하면서 학기마다 한두 과목씩 수강했다. 하지만 아이가 태어나고 사역이 늘어나면서 우리의 속도로는 이 모든 일을 감당하기가 힘들었다.

둘 다 지쳤다.

기도하면 할수록 남편이 세인트루이스에 있는 신학교에 진학해 공부에 집중할 때라고 느꼈다. 집에서 4시간 정도 걸리는 낯선 곳이었다.

남편이 합격 통지서를 받자 나는 대학교 영어 강사 자리를 그만두었다. 남편은 교역자를 사임했다. 남편이 학업에 복귀하려면 우리 둘 다 수입원을 끊어야 했다. 남들이 보기에는 어리석은 결정이었을 것이다. 하지만 우리는 단기적으로는 상황이 어려워지더라도 장기적으로 우리 가족을 위해 신실한 결정이라고 믿었다.

이사하기 전에 시카고 교외에 있는 우리 집을 팔겠다는 야심 찬 계획이 있었다. 주택 소유자 협회의 조례에 따라, 우리는 세를 줄 수 없고 집을 팔아야만 했다. 집을 판 돈은 신학교 초기 정착에 도움이 될 것이다.

하지만 이 지역 주택 시장이 좋지 않았다. 집을 내놓고 수개월 동안 서른 번 넘게 집을 보여 주었지만, 결국에는 6년 전 집을 살 때보다 4만 달러나 낮은 가격으로 팔 수밖에 없었다. 한 뼘만 내려가면 물속으로 영영 가라앉는 심정이었다.

나는 깊은 패배감에 빠졌다. 우리는 주님을 섬기려고 신학교에 가는 것이다! 그런데 이 일이 그렇게 어려울 일인가? 신실해지려면 이럴 수밖에 없는 것인가? 어쩌면 우리가 어리석었는지도 모른다. 아장아장 걷는 아이를 데리고 마땅한 직업도 없이 낯선 도시로 간다니. 집, 음식, 기저귀, 의류 같은 기본적인 필요를 어떻게 해결할지 알지도 못한 채 말이다.

우리는 어찌할 바를 몰랐으나 주님을 신뢰하며 앞으로 나아갔다. 최선을 다해 주님을 따랐다.

모압에서 젊은 과부가 된 룻에게는 아무것도 남아 있지 않았다. 고대 사회에서 여성의 몸인 그녀에게는 아무 권리가 없었다. (적어도 합법적으로는) 돈을 벌 방법도 거의 없었다. 시가의 모든 남자가 죽었기 때문에 기대어 의지할 사람도 당연히 없었다. 지속된 기근으로 이미 불안정한 국가 상황에 더하여, 이렇게 불안정한 상태에서 룻이 여성으로서 느꼈을 두려움과 염려를 상상해 보라. 룻은 지위, 권력, 돈, 사회적 안정감을 모두 박탈당한 상태였다. 자신을 보호해 줄 남자가 없는 여성은 위험한 상태에다 쓸모없는 존재로 여겨졌던 시대다. 룻은 자식마저 없었다. 아들이 있다면 그 아이가 언젠가 수입원이 되리라는 희망이라도 있었을 것이다. 룻은 극빈자나 마찬가지였다. 그녀 앞에는 아무것도 없었다. 그녀의 영혼은 평안과는 거리가 멀었을 것이다. 자신의 모든 것을 잃었으니 닥쳐올 염려가 한두 가지가 아니었다.

오늘 당신도 룻처럼 염려와 상실의 슬픔과 재정적 부담을 지고 있을지 모른다. 아니면 전혀 새로운 환경에서 재정적으로 어떻게 새출발을 해야 할지 몰랐던 나와 같은 기분일지도 모르겠다. 어쩌면 당신 이야기는 전혀 다를 수도 있다. 하지만 오늘 어떤 상황에 있든지, 재정에 대한 염려가 어떤 것인지는 누구나 어느 정도 안다.

재정적 부담에 대한 두려움과 심리적 불안감이 밀접하게 연결된 경우가 많다.

남편이 죽고 나서 룻도 똑같은 경험을 한다. 그녀가 소유한 모든 게 사라져 버렸고, 동시에 그녀의 삶에서 안정감이나 일관성도 사라져 버렸다. 그럼에도 성경은 (당연히 슬픔을 느끼지만) 여전히 하나님의 계획에 반응하는 여성을 우리에게 보여 준다.

룻은 더는 앞으로 나아가려 하지 않았을 수도 있다. 두려움과 슬픔으로 주저앉았을 수도 있다. 하지만 그녀는 나오미를 따라 모압을 벗어나 먼 길을 갔다. 왜 그랬을까? 아마도 룻은 주님을 따랐을 때 느꼈던 평안을 좇고 있었을 것이다. 룻은 나오미와 동행하는 길이 실제로나 영적으로 그들을 어디로 인도할지 알고 있었을까? 아마 몰랐을 것이다. 하지만 룻은 나오미가 유일하고 참되신 하나님을 따른다는 것을 **알았다**. 룻이 야훼를 따르고자 한다면, 나오미를 따라야만 했다.

그래서 나오미를 따라나섰다.

∞

좀 더 작은 규모이긴 해도, 우리 가정도 주님을 따르고자 애쓰고 있었다. 앞으로 무슨 일이 벌어질지 모른 채 세인트루이스로 떠나면서 우리는 주 예수님을 따르고자 애쓰고 있었다. 비록 어리석어 보인다고 하더라도 주님께 순종하기 위해 한 걸음씩 발을 내디뎠다. 각종 요금을 어떻게 낼지, 가진 돈으로 몇 달이나 버틸 수 있을지 알지 못했지만, 우리 부부는 선한 목자 되신 주님과 동행하면서 말로 설명하기 힘든 평안을 느꼈다.

그러니 계속해서 그분과 동행하라. 때로는 가장 단순한(동시에 가장 힘든) 순종에서 평안을 찾을 수 있다. 주변 세상이 무너지는 것 같을 때도 계속해서 그리스도를 선택하고 그분과 발맞추어 걸으라.

오늘의 묵상

오늘 다른 어떤 재정 문제나 힘든 상황보다 그리스도께 집중하라. 물론 쉽지 않은 일이다. 때로는 거의 불가능하게 느껴질 수도 있다. 잠언 3장 5-6절을 묵상하고, 예수님과의 동행을 선택하여 한 걸음 한 걸음씩 앞으로 나아가라.

12일

불확실한 상황에서 하나님을 따르는 평안

어머니께서 가시는 곳에 나도 가고 어머니께서 머무시는 곳에서 나도 머물겠나이다
어머니의 백성이 나의 백성이 되고
어머니의 하나님이 나의 하나님이 되시리니(룻 1:16).

함께 읽기 룻 1:8-22

모압 국경이 가까워지자 나오미는 룻과 오르바를 돌아보았다. 두 며느리는 슬픔에 빠진 나오미 곁에서 훌쩍이고 있었다.

"너희는 모두 친정으로 돌아가거라." 나오미가 둘의 머리에 손을 얹었다. "너희는 죽은 너희 남편과 나를 정성껏 섬겼다. 그러므로 여호와께서 너희가 행한 대로 갚아 주시기를 원한다."

룻은 어찌할 바를 몰랐다. 눈물이 주체할 수 없을 정도로 마구 흘러내렸다. 룻과 오르바는 자기들도 어머니와 함께 베들레헴으로 가겠다고 말했다.

나오미는 여러 이유로 며느리들을 만류했다. 며느리들에게는 남편이 필요한데, 나오미로서는 그들의 필요를 채워 줄 방법이 없었다. 나오미가 정색하며 말했다. "내 딸들아, 너희가 그럴 수는 없다. 여호와께서 너희에게

3부. 룻: 재정적인 어려움 가운데 임하는 평안

상처를 주어 나를 벌하셨으니 내 마음이 더욱 아프구나."

　나오미가 왜 그런 말을 하는지, 나오미가 어떤 고통을 느끼는지 잘 알기에, 며느리들은 그녀를 얼싸안고 길 한복판에서 큰 소리로 울었다. 태양이 모닥불의 열기처럼 룻의 어깨에 강하게 내리쬐었다. 룻은 새장 속에 갇힌 새가 빙글빙글 도는 것처럼 마음이 너무나도 어지러웠다. '나는 어찌해야 할까?'

　오르바가 나오미와 룻에게서 슬며시 몸을 떼어 내더니 아무 말 없이 그들에게 입을 맞추었다. 눈이 퉁퉁 부은 채로 오르바는 모압 쪽으로 돌아섰다. 그리고 친정으로 가는 긴 여정을 시작했다.

　룻은 나오미가 베풀어 준 사랑과 보살핌에 대해 곰곰이 생각해 보았다. 나오미는 친정어머니보다 더 어머니 같은 존재였다. 이스라엘의 법도는 곧 룻의 법도였다. 나오미가 그렇게 가르쳤기 때문이다. 나오미와 함께하면 미래가 없을지도 몰랐다. 확신이 서지 않았다. 하지만 모압으로 돌아가지는 않을 작정이었다.

　마음을 정한 룻은 무릎을 꿇고 양손으로 나오미의 다리를 붙들었다.

　나오미는 룻을 떼어 놓으려고 했다. "애야, 너의 동서는 자기 백성과 신들에게 돌아갔는데 너도 동서를 따라 돌아가거라."

　룻은 고개를 저으면서 더 꼭 붙었다. "저에게 억지로 어머니 곁을 떠나라고 강요하지 마시고 어머니와 함께 가게 해 주세요. 어머니께서 가시는 곳에 저도 가고, 어머니께서 머무시는 곳에 저도 머물겠습니다. 어머니의 백성이 저의 백성이 되고, 어머니의 하나님이 저의 하나님이 되실 것입니다. 어머니께서 돌아가시는 곳에서 저도 죽어 묻힐 것입니다." 룻은 숨을 내쉬고는 엄숙하게 맹세했다. "죽음이 우리를 갈라놓기 전에 만일 제가 어머니 곁을 떠나면 여호와께서 저에게 무서운 벌을 내리시길 원합니다."

나오미의 두 눈에 눈물이 고였다. 그녀는 아무 말도 하지 않은 채 룻의 손을 잡았다. 둘은 함께 베들레헴을 향해 걸어갔다.

∞

남편은 세인트루이스에서 신학 공부를 시작했고, 나는 생활비를 벌기 위해 계속 구직 중이었다. 기독교 대학 강사 자리는 드물었고, 버는 돈보다 아이들 맡기는 비용이 더 드는 일자리는 적합하지 않았다.

재정적으로 버틸 수 있는 기간은 고작 두어 달 남짓. 그다음에는 몹시 힘든 상황이 닥칠 것이다.

적절한 일자리를 달라고 기도하는 동안, 내 사업을 시작하면 좋겠다는 생각을 떨칠 수가 없었다. 나는 대학에서 글쓰기를 가르치는 일을 무척 좋아했는데, 꼭 대학이 아니더라도 계속해서 가르칠 방법이 없을지 궁금했다. 대학 강사로서 내가 잘 아는 길이 있었다. 한도 끝도 없이 계속 공부한 다음 고등 교육 기관에서 학생들을 가르치는 것. 내가 그 길을 걸었고 꽤 즐겼다. 대학생들을 가르치는 일이 여러 면에서 내게 최선이었다. 대학 말고는 온라인에서 두어 번 글쓰기를 가르쳐 본 적이 있는데, 그 강좌에는 여성들이 많이 등록했다. 그때 기억을 떠올려 보니, 대학이나 다른 사역을 통해서가 아니라 내가 직접 회사를 세워 온라인 글쓰기 강좌를 열면 어떨까 싶었다. 전국(더 나아가 세계) 곳곳의 여성들에게 온라인으로 그리스도 중심 글쓰기를 가르치는 것이다!

망설여졌다. 자영업을 한다는 건 생각해 본 적이 없었다. 학업에서 내 앞에 놓인 길만 죽 따라서 학계에 안착했다. 사업가와는 거리가 멀었다. 게다가 수익보다는 위험이 더 커 보였다. 열심히 노력해서 기껏 회사를 차렸는데 망하면 어떡하지? 아무도 수강 신청을 안 한다면?

계산기를 두드려 보니 웹사이트 디자이너에서부터 로고, 웹사이트 호스팅, 프로필 사진 등 수백만 원은 들 것 같았다. 대부분의 사업에서 그 정도 초기 비용은 별것 아닐 것이다. 하지만 우리 같은 가난한 신학생 가정에는 큰돈으로 느껴졌다.

하지만 별다른 대안도 없어서, 하나님이 우리를 '은혜의 글쓰기'(Writing with Grace, 새로운 사업체의 이름) 창업으로 이끄신다는 생각이 들었다. 나도, 남편도 이 일을 두고 기도할 때마다 하나님의 인도하심과 평안을 느꼈다. 재정적으로나 현실적으로 불확실한 상황 가운데 주님과 동행하기를 요구하고 계신 것 같았다. 전혀 새로운 방식으로 주님께 순종하며 그분을 신뢰할 기회였다.

사업이 완전히 망할까 봐, **내가** 실패자가 될까 봐 두려웠다. 그다음에는 어떻게 될까? 시작하기도 전에 사업이 망하면 어떻게 해야 할까? 우리 가족은 어떻게 먹고살 수 있을까?

모압을 떠나는 길목에서 나오미의 손을 잡았을 때, 룻은 미래가 어떻게 될지 전혀 몰랐다. 둘은 남성 부자들을 떠받드는 사회에서 여성 극빈자들이었다. 집도, 가족도, 기회도 없었다. 끔찍한 상황이었다.

이런 상황이 두 여인에게는 매우 힘들었을 것이다. 고향 베들레헴에 이른 나오미는 너무나 심란하여, 마을 아낙네들에게 자기를 나오미('기쁨'이라는 뜻)라고 부르지 말고 마라('괴로움'이라는 뜻)라고 부르라고 했다. "전능자가 나를 심히 괴롭게 하셨음이니라 내가 풍족하게 나갔더니 여호와께서 내게 비어 돌아오게 하셨느니라 여호와께서 나를 징벌하셨고 전능자가 나를 괴롭게 하셨거늘 너희가 어찌 나를 나오미라 부르느냐"(룻 1:20-21). 나오미는 이제 마을 전체에 자신이 괴롭고 텅 비었으며 고통받고 불행하게 되었다고 선언하고 있었다.

새로운 터전을 찾아온 것이 두 여인에게는 전혀 기쁘지 않았을 것이다. 이 무렵 룻이 너무 압도되거나 두렵거나 염려하여 성경에 아무 말도 나오지 않는다고 생각할 수도 있지만, 내 생각은 반대다. 당연히 어느 정도는 룻이 그런 감정을 느꼈겠지만, 룻기가 진행되면서 우리는 전혀 두려움을 모르는 여성을 만나게 된다. 룻은 담대하고 자기 행동에 확신이 있었다. 그녀는 최악의 상황에서도 평안을 찾았다.

왜일까? 룻은 나오미만 따른 것이 아니라 궁극적으로는 하나님을 따르고 있었기 때문이다. 재정적으로나 현실적으로 룻의 삶은 폐허였다. 하지만 **하나님과 함께** 이 새로운 상황으로 걸어 들어왔다. 룻이 나오미에게 한 맹세는 그녀와 함께하겠다는 맹세였을 뿐 아니라 주님을 따르겠다는 맹세이기도 했다. "어머니의 백성이 나의 백성이 되고 어머니의 하나님이 나의 하나님이 되시리니"(룻 1:16).

상상을 초월할 정도로 힘든 상황이었다. 너무나도 큰 상실을 겪었고, 희망이 전혀 보이지 않았다. 하지만 나오미가 괴로움과 좌절을 토로했을 때조차 룻은 약속을 어기지 않았다. 나오미와 나오미의 하나님(여호와) 곁에 계속 머물렀다. 하나님 없는 삶으로 돌아가는 것보다 불확실한 상황에서라도 그분을 따르는 편이 훨씬 낫다고 믿었기 때문이다. 불확실성 가운데 하나님과 동행하는 것이 그분 없이 어떤 안정감을 누리는 것보다 좋은 것을 알기에 룻은 평안과 확신을 누린다.

예수님은 때로 확실한 결과가 보이지 않는 (재정적으로나 현실적으로나) 불확실한 상황 가운데로 우리를 이끄실 것이다. 우리는 지혜롭게 살고자 하지만(마 10:16 참조), 하나님이 그분의 백성을 세상 기준에서는 전혀 안정적이라고 볼 수 없는 상황으로 이끄실 때가 자주 있다는 사실을 피할 수 없다.

그러나 진정한 안정감은 그리스도에게서만 나온다. 그리스도께서 우리를 위해 십자가에서 죽으시고 죄를 이기신 그 승리로 인해 그분 안에 있는 우리 미래가 영원히 안전하기 때문이다(벧전 1:3-5 참조). 그 사실을 염두에 둔다면, 룻과 나오미처럼 힘든 상황에서도 평안할 수 있다. 그분이 우리를 돌보신다는 것을 알기 때문이다.

오늘의 묵상

오늘 당신이 어떤 상황에 있든지 용기를 잃지 말라. 재정적으로나 현실적으로 어떤 상황이 닥칠지 꼭 알아야만 그리스도 안에서 평안을 누릴 수 있는 것이 아니다. 최선을 다해 그분과 동행하고 그분께 순종하라. 그분이 당신을 인도하실 것이다. 그러니 오늘 어떻게 순종의 첫걸음을 내디뎌 보겠는가? 주님께 순종할 힘을 달라고 간구하고, 그분이 순종하는 당신을 만나 주실 것을 믿으라.

13일

도움이 필요한 상태에서 누리는 평안

여호와께서 네가 행한 일에 보답하시기를 원하며
이스라엘의 하나님 여호와께서 그의 날개 아래에 보호를 받으러 온 네게
온전한 상 주시기를 원하노라 (룻 2:12).

함께 읽기 룻 2:1–23

룻이 앞쪽 길을 물끄러미 바라보았다. '오른쪽으로 갈까, 왼쪽으로 갈까?' 밭은 양쪽에 다 있었다.

부드러운 손길 같은 바람이 그녀의 머리를 왼쪽으로 향하게 했다. 머리부터 발끝까지 평안이 그녀의 몸을 휘감았다. '주님이 그분의 자녀들에게 이렇게 말씀하시는 걸까?'

길을 조금만 내려가면 추수하는 밭이 있었다. 룻은 밭으로 가서 팔을 걷어붙이고는 일꾼들을 따라다니면서 이삭을 줍기 시작했다.

한 시간이 채 되지 않아 옷이 땀으로 흠뻑 젖었다. 해가 중천에 있었다. 그녀의 눈에서 눈물이 흘러내렸다. 피곤과 슬픔이 뒤섞인 눈물이었다. '이스라엘의 하나님, 저를 도와주소서.'

돌 밟는 소리에 고개를 들어 보니 위엄 있는 한 남자가 이쪽으로 걸어

오고 있었다. 가슴이 쿵 하고 내려앉았다. 그녀가 뭔가 잘못을 저지른 것일까?

남자가 멀찍이서 룻을 불렀다. "여보시오!" 룻이 뒤를 돌아보았지만 주변에는 아무도 없었다. 남자가 미소를 지으면서 걸음을 멈추었다. "내 말을 잘 들으시오. 이삭을 주우러 다른 밭으로 가지 말고 여기서 우리 집 여자 일꾼들과 함께 있으면서 이삭을 줍도록 하게." 그는 고갯짓으로 앞쪽에 있는 사내들을 가리키면서 이렇게 말했다. "내가 젊은 남자들에게 그대를 건드리지 말라고 단단히 타일러 놓았네." 그가 룻을 자세히 살피자 룻은 혀가 굳어 버린 것만 같았다. 그가 눈썹을 치켜올렸다. "목이 마르거든 언제든지 물통 있는 데로 가서 일꾼들이 길어 온 물을 마시도록 하게."

룻은 그의 친절에 감동하여 무릎을 꿇었다. 낯선 이 도시에서 남편도, 돈 벌 방법도 없는 외국인인 자신은 항상 따돌림을 받으리라고 생각했다. 땅바닥에 얼굴을 조아리고 있던 룻이 흐느끼며 이렇게 말했다. "어찌 나 같은 이방 여자에게 이런 친절을 베풀고 돌보아 주십니까?"

남자의 목소리는 한없이 부드러웠다. "나는 그대가 남편을 잃은 이후로 시어머니에게 한 일을 모두 들었네. 그리고 그대가 어떻게 부모가 있는 고향을 마다하고 이 낯선 땅에까지 와서 살고 있는지도 다 알고 있네." 룻이 남자의 말에 깜짝 놀라 고개를 들고 그를 올려다보았다. 남자는 웃으면서 하늘로 팔을 들어 올렸다. "이스라엘의 하나님 여호와께서 그대가 행한 대로 갚아 주시기를 원하며 그분의 보호를 받고자 온 그대에게 풍성한 상을 주시기를 원하네."

궁핍한 상태.

내가 느끼는 이 감정이 나를 불편하게 만들었다. 다른 사람의 도움이 필요한 상태.

내가 사업을 궤도에 올려놓으려고 애쓰는 사이에도 삶은 계속해서 돌아갔다. 세 살 된 딸 엘라가 앓고 있는 급성 폐쇄성 후두염은 위험하고 치료비가 많이 드는 병이었다. 병원에 자주 가야 하는데다 한밤중에는 (때로는 구급차를 타고) 응급실을 찾아야 했다. 세인트루이스의 대기 오염 때문에 아이 상태는 더 나빠졌고, 늘어나는 병원비를 어떻게 감당해야 할지 도무지 알 수 없었다. 아이는 아프고, 나는 겁이 났다. 아이에게 필요한 도움을 어떻게든 받겠지만, 그 과정에서 우리 가정이 재정적인 어려움에 빠질까 봐 염려스러웠다.

엘라의 새로운 소아과 의사 선생님에게 의료비를 할인받을 방법이 있을지 물어보았다. 그는 메디케이드(Medicaid, 저소득층 가정과 장애인을 위한 미국의 국민 의료 보조 제도-역주)에 지원할 수 있는지 확인해 보라고 권했다. 메디케이드가 적용되면, 미주리주에서 아이의 모든 의료비를 지원한다고 했다.

전액 지원.

나는 의사의 딸로 자라면서 좋은 의료 혜택을 받았다. 이제 어른이 되어 내 아이가 생기고 보니 상황이 달라졌다. 세인트루이스에서 우리가 감당할 수 있는 의료보험은 혜택이 많지 않아서 중증 질환만 보장했다. 하지만 주 정부의 의료 혜택에 지원해 볼 생각은 미처 하지 못했다. 내가 '도움이 필요한 사람'이라거나 우리 가족이 생활비 보조 대상이라고 생각하지 못했기 때문이다. 더 열심히 일하거나 스스로 생활비를 벌 대책을 세워야 한다고만 생각했다.

하지만 우리 집의 재정 현실 때문에 자존심 따위는 내려놓아야 했다. 우리는 도움이 절실했다. 엘라는 우리 가정의 지급 능력을 넘어서는, 꾸준하고 든든한 의료 혜택이 필요했다. 우리 스스로는 딸의 의료비를 전부 다 감당할 수는 없었다.

우리는 도움의 손길이 필요했다.

주 정부에 손을 내미는 것이 불편하면서도, 주님이 의료비보다 더 중요한 내 안의 무언가를 다루고 계신다는 느낌이 들었다. 주님은 공급에 대한 나의 잘못된 관점, 즉 남편과 내가 우리 가족을 먹여 살린다는 잘못된 생각을 무너뜨리고 계셨다. 스스로 모든 일을 책임지려는 욕구를 허물어뜨리고 계셨다. 주님이 이렇게 말씀하시는 것 같았다. "내가 너희를 돌보겠다. 너희 기대나 바람과는 다를지라도, 이 일에서 역사하는 내 손길을 보렴."

룻은 보아스의 밭에서 이삭을 줍기 시작하면서 사람들의 무시(와 심지어 푸대접)를 예상했을 것이다. 룻이 하는 일은 밭에 떨어진 이삭을 줍는 것이었다. 하나님의 율법에 따르면, 이 이삭은 "가난한 사람과 거류민"을 위해 남겨 둔 것이었다(레 19:9-10 참조). 이삭줍기는 곧 이스라엘식 지원금과 같은 것이었다.

밭에서 이삭을 주우려면 겸허해져야 했다. 도움이 필요한 상황을 인정하고 마음이 낮아져야 했다. 룻은 기꺼이 그렇게 했다. 어쩌면 나오미와 함께 베들레헴으로 향했을 때 이미 예상한 일이었는지도 모른다. 달리 무슨 방법이 있었겠는가?

그녀가 예상치 못한 일이 있다면, 보아스의 친절과 호의였다. 그는 룻을 보호하고 필요한 것을 공급해 주었다. 성경은 룻이 첫날에 13킬로그램 가까이 곡식을 거두었다고 말해 준다. 룻이 나오미가 있는 집으로 돌아가면서 느꼈을 평안과 확신이 상상되는가? 룻은 추수기 내내 보호와 공급을 받으면서 그 밭에서 계속해서 이삭을 주울 수 있었다. 두 입을 먹여 살려야 할 가난한 여인에게 이런 호의는 기적과 같았다.

도움이 필요한 궁핍한 시기에, 호의나 친절을 기대하는 사람은 거의 없다. 우리 사회는 더 열심히 일하고 스스로 길을 개척해야 한다고 말한다. 자급자족하고 공짜 점심을 기대해서는 안 된다는 것이다. 성경도 근면하게 일하고 탁월한 성과를 내야 한다고 분명히 말하지만(골 3:23 참조), 세상에서 홀로 성공할 수 있는 사람은 아무도 없다. 우리가 받은 모든 재능과 능력은 하나님이 주신 것이고, 궁극적으로는 감사함으로 하나님께 돌려드려야 한다(벧전 4:10-11 참조).

엘라가 받은 메디케이드 혜택은 내게 이런 현실의 축소판 같았다. 우리 스스로의 힘만으로는 이 아이를 온전히 돌볼 수 없었다. 나는 당연히 더 열심히 일해서 딸을 보살피는 데 필요한 비용을 마련할 방법을 찾아야 한다고 생각했다. 우리가 도움을 받아야 한다고는 생각하지 못했기 때문이다. 하지만 의료비가 점점 쌓여 가면서, 하나님은 이런 필요를 사용하셔서 우리가 **사실은** 얼마나 도움이 필요한 상태인지 인정하게 하셨다. (속보: 비용이 엄청났다.)

놀라운 사실은? 우리가 도움을 구하자 그 도움을 받게 되었다. 세인트루이스에 거주한 18개월 동안 메디케이드를 통해 엘라의 병원비가 보장되었다. 우리 가족에게는 엄청난 은혜였다. 우리의 필요를 공급하시는 하나님을 경험하면서 내 안에 평안이 충만했다.

재정적인 면에서든 다른 어떤 면에서든, 사람은 누구나 살면서 도움이 필요한 시기를 맞는다. 그러나 실제적인 공급에 대한 필요를 넘어서서, 모든 사람은 하나님의 은혜가 간절히 필요하다는 우리 존재의 현실을 맞닥뜨리게 된다.

룻은 이삭을 주우러 가면서 하나님의 은혜가 필요했다. 우리 가족은 의료비 지원에서 하나님의 은혜가 필요했다. 모든 사람은 오늘, 그리고 영원토록 하나님의 은혜가 필요하다. 자기 힘으로 천국에 갈 수 있는 사람은 아무도 없다. 기적 같은 구원의 선물과 그리스도 안의 영생을 얻으려면 그리스도의 희생과 부활을 통한 하나님의 은혜가 필요하다!

보호와 공급이라는 평안을 제공한 보아스는 밭에서 룻에게 이 은혜를 잘 보여 주었다. 오늘, 그리고 바로 지금, 하나님은 그리스도 안에 있는 믿음을 통해 당신에게 영원한 보호와 공급이라는 똑같은 평안을 주고 계신다.

오늘의 묵상

당신은 죄를 회개하고 그리스도를 당신의 구원자로 믿어서 공급과 보호라는 그분의 영원한 선물을 받았는가? 아직 받지 못했다면, 오늘 시간을 내어 다음 로마서 본문을 읽어 보라(롬 3:10, 23; 5:8, 12; 6:23; 10:9-10). 바로 오늘 구원의 선물을 받을 수 있다!
그리스도를 통해 이미 구원의 선물을 받은 사람이라면, 지금까지 당신을 돌보시고 날마다 공급하신 주님께 감사하라.

14일

결과가 우리 손을 떠났을 때 누리는 평안

나는 당신의 여종 룻이오니 당신의 옷자락을 펴 당신의 여종을 덮으소서
이는 당신이 기업을 무를 자가 됨이니이다 (룻 3:9).

함께 읽기 룻 3:1–13

룻은 몸이 떨렸다. 추워서가 아니라 긴장해서였다. 나오미의 계획이 어그러지면 룻은 망신을 당할 것이다. '주 하나님, 저를 인도해 주십시오.'

먹고 마시며 추수를 즐기는 밤이 지나고 보아스는 곡식더미 끝 타작마당에서 잠이 들었다. 마당에는 다른 사내들도 있었지만, 룻은 흐린 달빛 아래에서도 보아스의 건장한 체격을 쉽게 알아볼 수 있었다. 룻은 몇 주 동안 거의 날마다 그를 보았기에 이제는 그가 편안하게 느껴졌다.

룻은 까치발로 살금살금 타작마당을 통과하여 보아스 곁으로 다가갔다. 만족스러운 꿈을 꾸는지 그의 가슴이 편안하게 오르락내리락했다. 룻은 초조함에도 절로 미소가 지어졌다. 그녀는 주변을 잠시 살피더니 보아스 곁으로 더 가까이 걸어갔다. 타작마당에 있는 다른 사내들은 모두 한껏 술에 취해 한동안은 잠에서 깨지 않을 듯했다.

나오미가 미치지 않고서야 이런 일을 하라고 했을까? 나오미는 룻에게 보아스의 발치로 가서 이불을 들고 거기 누우라고 했다. 그가 할 일을 알려 줄 때까지 기다리라고 했다. 룻은 어둠 속에서 숨을 죽인 채 보아스에게로 가서 이불을 들고 그의 발치에 누웠다. 그녀의 허리 뒤쪽이 보아스의 발가락 밑에 닿았다.

룻은 그날 아침에 나오미와 나눈 대화를 머릿속에 다시 떠올렸다. "룻, 너한테 남편이 있으면 좋겠구나. 보아스가 좋은 남편이 되어 줄 거다."

"어머니! 그는 땅을 가진 부유한 사람이고, 저는 그저 이삭을 줍는 보잘것없는 사람입니다." 하지만 발그스레해진 룻의 두 뺨이 보아스에 대한 그녀의 진심을 드러내 주었다.

나오미가 웃음을 터뜨렸다. 몇 달 만에 처음 들어 보는 진정한 웃음이었다. "룻, 두 사람이 함께 있는 모습을 내가 봤다. 그는 정말로 너를 걱정해. 그러면 너를 기꺼이 신부로 맞아들일 거다. 게다가 그 사람은 우리 친척이잖니? 엘리멜렉과 보아스는 같은 혈통이다. 그에게는 이 가족의 기업을 무를 자로서 너를 책임질 권리가 있다."

보아스가 뒤척이자 룻은 현재로 돌아왔다. 룻은 숨을 죽였다. '어떻게 될까?' 나오미는 보아스가 우리 가족과 결혼하여 가문의 명맥을 이을 기회(혹은 책임)가 있다고 설명해 주었다. 나오미는 너무 늙어서 아이를 가질 수 없었지만, (결혼을 통해 엘리멜렉의 혈통이 된) 룻은 보아스의 구제를 받아 그의 아내가 될 수 있었다.

이것이 바로 룻이 이 어둠 속에서 보아스의 발치에 있게 된 사연이었다. 룻의 과감한 행동은 나오미의 조언에 따른 것이었다. 그렇게 행동할 수밖에 없도록 나오미가 상황을 몰아갔다. 간단히 말해, 오늘 밤 룻이 여기 온 이유는 보아스에게 그녀와 결혼해야 할 책임을 이행해 달라고 요청하기 위해서였다. 만약 그가 이 요청을 거절하거나 그녀를 이용하려 한다면? 룻의 명성은 아마 완전히 바닥에 떨어지고 말 것이다.

달이 중천에 떴을 무렵 보아스가 깜짝 놀라 눈을 떴다. 평소에는 분명하고 위엄 있는 그의 목소리가 어둠 속에서 동요했다.

그가 목이 잠긴 채로 속삭였다. "네가 누구냐?"

룻은 목소리를 낮추고 평소보다 자신감 있게 대답했다. "나는 당신의 종 룻입니다. 나와 결혼해 주세요. 당신은 나를 돌볼 책임이 있는 가까운 친척입니다."

보아스가 자세를 바로 하고 어둠 속에서 그녀의 얼굴을 발견했다. 보아스의 다정한 표정에 룻은 숨이 멎을 것만 같았다.

그가 길게 한숨을 내쉬었다. "여호와께서 그대에게 복 주시기를 원하네. 가난하건 부유하건 젊은 사람에게 시집갈 생각을 하지 않고…"

룻은 고개를 가로저었다. 굳이 그럴 이유가? 그녀는 보아스 같은 남자를 만나 보지 못했다. 보아스는 겉옷을 펼쳐서 그녀를 덮어 주었다.

"이제 그대는 아무것도 두려워하지 말게. 내가 그대의 모든 요구를 들어주겠네." 달빛 아래에서 그의 인자한 미소가 눈에 들어왔다. "그대가 현숙한 여인이라는 것은 우리 성 주민들도 다 아는 일이네. 그런데 한 가지 문제가 있네." 그가 잠시 말을 멈추었다. 룻은 그의 표정을 읽을 수 없었다. "내가 그대를 돌볼 책임이 있는 가까운 친척인 것은 사실이나 나보다 그대에게 더 가까운 친척이 있네. 오늘 밤은 여기서 머물게. 날이 새면 내가 그를 만나 상의한 다음 결정하도록 하겠네. 만일 그가 그대와 결혼하겠다고 하면 다행으로 여겨 그대에 대한 책임을 다하도록 하겠네. 그러나 만일 그가 거절하면 대신 **내가** 그 책임을 다할 것을 살아 계신 여호와의 이름으로 맹세하네."

룻은 가슴이 두근거렸다. 나를 맡아 줄 것이다. 나와 결혼하고 나를 돌보아 줄 것이다! 그런데 과연 누가? 그녀를 책임져야 할 가까운 친족이 한 사람 더 있었다. 룻이 알지 못하는 사람이었다. 갑자기 등줄기가 오싹해졌다.

룻은 어둠 속에서 밤새 뒤척였다. 그녀 앞에 불확실한 길이 펼쳐져 있었다.

'오, 이스라엘의 하나님, 그 사람이 보아스가 되게 해 주십시오.'

드디어 그날이 왔다. 나는 세인트루이스에서 새 직장을 얻지 못했다. 대신 수백만 원을 들여 '은혜의 글쓰기'를 준비했고, 내 사업의 꿈을 펼칠 바로 그날을 맞이했다. 수많은 소상공인이 개업일이나 첫 고객을 맞이하는 날에 이런저런 상념에 휩싸일 것이다. 내가 가장 크게 느낀 감정은 흥분과 두려움이었다.

그동안의 수고가 헛일이 될까 봐 너무 두려웠다. 내 첫 글쓰기 교실에 아무도 신청하지 않을까 봐, 새 직장을 찾는 데 시간과 노력을 들이는 편이 더 나았을 거라고 후회하게 될까 봐 염려스러웠다. 나는 '은혜의 글쓰기' 사업에 석 달간 공을 들였다. 은행 계좌에 3개월 치 예비비도 마련해 두었다. 이제 결전의 날이었다. 첫날이(첫 주가!) 잘 안 풀리면 우리 가족은 과부하가 걸릴 것이다.

지난 석 달간 내가 바보 같다는 느낌을 지울 수가 없었다. 태어나서 지금까지 한 일 중에 가장 어리석은 일 같았다. 하지만 '은혜의 글쓰기'를 두고 계속해서 기도하면서 내가 느낀 평안은 흔들림이 없었다. 그러나 그 감정을 계속 유지할 수는 없었다. 서서히 줄어 가는 통장 잔액을 들여다볼 때면 여전히 염려의 파도가 몰려왔다. 하지만 이 일을 하는 내 영혼은 평안했다. 남편도 마찬가지였고, 우리 가족과 친한 친구들 모두 이 일을 응원해 주었다. 나는 신실함을 잃지 않으려고 애쓰고 있었다. 그리고 '은혜의 글쓰기'라는 나의 작은 꿈이 완전히 망한다고 해도, 그것은 믿음과 내 기독교 공동체의 조언에 근거한 실패이니 괜찮았다.

드디어 개시일이었다. '은혜의 글쓰기'라는 문이 열리는 날이었다. 과연 등록하는 사람이 있을까? 마케팅 비용을 들여 온라인 광고를 제작하고, 명함을 만들어 여성 집회에서 배포했다. 나머지는 입소문을 의지할 수밖에 없었다.

이제 결과는 내 손을 떠났다.

룻은 자기 삶의 대부분을 전혀 통제할 수 없었다. 그녀는 그 어떤 권력이나 특권 없이 낯선 땅에 사는 외국인이었고, 보아스와 그의 일꾼들에게 매일 먹을 양식을 기대야 하는 상황에 있었다. 그런 그녀가 나오미의 조언에 따라 보아스에게 결혼을 요구했을 때 그녀의 인생 향방은 기업 무를 자에게 달려 있었다. 보아스가 룻을 책임지고 그녀와 결혼할 것인가?

아니면 룻이 알지 못하는 다른 친족이 그녀를 책임지고 대신 그녀와 결혼할 것인가? 룻의 인생과 미래는 아주 중대한 기로에 서 있다. 그런데 룻은 그 결과에 영향을 미칠 힘이 전혀 없었다. 그녀가 할 수 있는 일이라고는 집으로 돌아가 나오미와 함께 기다리는 것뿐이다.

룻은 철저히 다른 사람들을 의지할 수밖에 없다.

룻은 철저히 주님을 의지할 수밖에 없다.

누구나 살면서 자신이 전혀 통제할 수 없는 상황과 시기를 맞곤 한다. 질병이나 상실, 재정적 부담이 찾아올 때 우리가 통제할 수 있는 것이 거의 없다는 사실을 (고통스럽도록 분명하게) 실감할 때가 많다. 몸이 망가질 때, 은행 잔액이 바닥날 때, 가족이 무너져 내릴 때, 사랑하는 사람을 잃었을 때…. 그럴 때면 우리가 얼마나 주님께 의존하는 존재인지를 새로이 깨닫게 된다. 우리 스스로 할 수 없는 일을 하나님이 우리를 위해 해 주시기를 기다려야 한다는 것을 알게 된다.

보아스가 룻의 미래를 결정하기까지 기다리는 동안, 룻도 우리와 같은 감정을 느꼈을 것이다. 불확실함, 두려움, 염려, 희망…. 룻이 집 안을 서성이면서 두 손을 꽉 붙잡고 하나님께 그분의 뜻을 확실히 보여 달라고 기도하는 모습이 상상되는가? 룻의 인생을 향한 하나님의 계획은 무엇일까? 보아스가 그녀를 책임질까? 상황이 어떻게 진척될까? 룻으로서는 그 상황을 통제하거나 결과를 예측할 방법이 전혀 없었다. 그저 기다릴 수밖에 없었다.

내 작은 사업이 망할지, 우리 가족을 먹여 살릴지 지켜보며 기다리는 동안, 이 중대한 결과가 내 손을 완전히 떠났다고 느꼈다. 이것이 우리 가족을 위한 하나님의 계획일까? 아니면 내가 그 계획을 놓쳐 버린 걸까? 우리에게 필요한 공급을 받을 수 있을 것인가? 아니면 실패로 끝나고 말 것인가? 과연 어떤 결과가 나올까? 그저 기다릴 수밖에 없었다.

그럼에도, 우리 인생에서 기다림의 때, 곧 모든 결정과 행동이 우리 손을 떠났을 때 우리에게 임하는 선물이 있다. 그리스도와 더 깊이 교제할 기회가 바로 그 선물이다. 그분이 우리를 위해 행동하시기를 간절히 기다릴 때 우리가 통제할 수 있는 것이 아무것도 없음을 알게 된다. 대부분의 사람은 우리가 통제할 수 있다는 환상을 품고 있지만 말이다.

우리가 기다리는 것(진단, 일자리, 관계, 치유)에서 눈을 돌려 만물을 손에 붙들고 계신 하나님께 집중한다면, 그분을 기다리면서 엄청난 평안을 누릴 수 있다.

변함없으신 주님은 우리 인생이 순항하는 듯 보이는 때와 마찬가지로 우리가 기다리는 동안에도 선하시고 신실하시다. "예수 그리스도는 어제나 오늘이나 영원토록 동일하시[기]" 때문에(히 13:8) 아무것도 할 수 없는 상황에서도 우리 영혼은 그분 안에서 평안할 수 있다. 어찌할 바를 몰라 괴로워하지 않아도 된다. **그분**이 만사를 다스리신다.

그렇다. 그리스도가 모든 일을 **완전히** 주관하시기에 우리는 그분을 우리의 기업 무를 자로 신뢰할 수 있다. 우리를 위해 이미 큰 대가를 치르셨기에 그분 안에 있는 우리 영생은 확실하고 안전하다. 하나님 아버지는 자기 아들을 아끼지 않으시고 우리 모두를 위해 내주셨다. "어찌 그 아들과 함께 모든 것을 우리에게 주시지 아니하겠느냐"(롬 8:32). 하나님이 만사를 주관하신다는 진리에 집중하라. 바로 그 하나님이 당신을 보시고, 아시고, 사랑하신다. 그분 안에서 마음의 평안을 누리라. 당신이 오늘 주님을 따를 때 그분은 "모든 것"을 당신에게 주실 것이다.

오늘의 묵상

걷잡을 수 없는 상황에 빠져 있다고 느낄 때는 두려움에서 눈을 돌리라. 당신의 마음과 생명을 위해 가장 큰 대가를 치르신 주님께 집중하라. 오늘 당신이 그리스도께 집중할 수 있게 해 달라고 간구하라. 매일 당신에게 공급하시는 것들에 만족할 수 있게 해 달라고 기도하라.

15일

하나님의 넘치는 평안

여인들이 나오미에게 이르되 찬송할지로다
여호와께서 오늘 네게 기업 무를 자가 없게 하지 아니하셨도다
이 아이의 이름이 이스라엘 중에 유명하게 되기를 원하노라 (룻 4:14).

함께 읽기 룻 4:1-17

룻은 몇 번째인지 모를 정도로 계속 창밖을 내다보고 있었다. 눈부신 햇빛에 비친 보아스의 윤곽이 눈에 들어왔다. 그는 고개를 숙인 채 나오미의 집 쪽으로 걸어오고 있었다.

룻은 울렁거리는 속을 가라앉히며 크게 심호흡했다. "주님, 그가 어떤 소식을 들고 오든 제가 담대하게 반응할 수 있게 도와주세요."

나오미가 룻의 곁으로 다가와 그녀와 팔짱을 꼈다. 두 사람은 보아스가 점점 더 가까이 다가오는 모습을 함께 지켜보았다. 나오미의 두 눈이 그의 얼굴에 고정되었다. "그가 문제를 정리했구나."

"어떻게요, 어머니?" 룻은 떨리는 숨을 몰아쉬며 눈물이 흘러내리려는 것을 애써 참았다. "제 인생이 바람 앞 등불 같은 처지네요."

"딸아, 주님의 영이 그 바람이란다."

룻이 나오미 쪽으로 고개를 돌렸다. "어머니가 주님의 임재에 대해 말씀하신 게 몇 달 만인지 모르겠네요." 나오미는 너무나도 괴롭고 슬퍼서, 안식일 기도와 예배 시간을 제외하면 한동안 야훼를 입에 올린 적이 없었다.

나오미의 뺨에 눈물이 한줄기 흘러내렸지만, 그녀는 닦아 내지 않았다. "얘야, 그분이 지금 여기 계신단다. 한번 기다려 보자."

얼마 안 있어 보아스의 풍채가 집 안을 가득 채웠다. 그의 입술에 미소가 보일 듯 말 듯했다. 그는 애정과 기쁨이 가득한 눈빛으로 룻을 응시했다. "룻, 내가 당신을 책임지겠소." 그는 룻에게 손을 내밀었다. 그의 두 눈이 희망으로 가득 차 있었다. "내 아내가 되어 주오."

"보아스!" 룻은 보아스의 손을 잡는 대신 그의 품에 안겼다. "물론이죠! 기꺼이 그럴게요." 보아스가 룻을 들어 올리자 나오미가 두 손을 들며 환호했다. 나오미의 눈에서 또다시 눈물이 흘러내렸다. "하나님, 당신이 우리를 책임져 주셨군요! 주님의 이름을 찬양합니다!"

하나님이 우리의 필요를 공급하실 때 그 평안은 우리를 겸허하게 만들 뿐 아니라 놀라움을 경험하게 한다.

'은혜의 글쓰기'를 시작한 첫날, 무슨 일이 벌어질지 전혀 예상하지 못한 채, 등록한 사람이 있는지 보려고 거의 2분에 한 번꼴로 이메일을 확인했다. 홈페이지를 열자마자 오전 9시 직후에 첫 번째 등록자가 나왔다. 믿을 수가 없었다! '정말 등록하는 사람이 있다니!'

정오까지 세 사람이 등록했다. 좋아서 어쩔 줄 몰랐다.

하루 만에 스무 명. 놀라서 입을 다물 수가 없었다.

일주일 후에는? 50명이 첫 강좌에 등록했다.

이럴 수가.

생애 최초로 개설한 온라인 강좌에 50명이 등록할 줄은 꿈에도 몰랐다. 대학교 수준의 강의였지만 수강생들이 학점을 딸 수 있는 것은 아니었다. 온라인 기관이나 유명 사역 단체도 아니고 내 개인 홈페이지를 통해 강의할 예정이었다. 15명, 기껏해야 20명 정도 기대했는데….

주님이 그야말로 나를 **깜짝 놀라게 만드셨다.**

최악의 시나리오를 상상하며 걱정과 염려로 지난 몇 달을 보냈다. 남편이 신학교를 그만두어야 할 상황이 되면 어떡하지? 새로운 직업을 처음부터 다시 시작해야 하면 어떡하지? 연말까지 버티려면 친구나 가족들에게 돈을 빌려야 하는 건 아닐까?

그런데 단 며칠 만에, 하나님은 우리 가족이 **수개월 동안** 먹고 지낼 만큼의 필요를 채워 주셨다. 남편은 신학교 학위를 마칠 수 있고, 나는 집에서 일할 수 있었다. 그중에서도 가장 좋은 것은? 다른 사람들에게 그리스도 중심의 글쓰기를 가르칠 수 있다는 것이다. 내가 간절히 바라고 고대하던 꿈이 이루어졌다!

우리 가족에게 '은혜의 글쓰기'는 기적과 같았다. 지금까지도 나는 이 모든 학생이(그중에는 외국인도 있었다!) 어떻게 해서 나를 찾아왔는지 알지 못한다. 첫 강좌 이후로도 나는 계속해서 가르치면서 더 많은 강좌를 열었다. 이 작은 사업을 통한 하나님의 공급하심은 남편이 신학교에 다니던 내내 계속되었다. 그 덕에 우리 가족이 살 수 있었다. 우리에게 다른 수입원이 없어 오랫동안 우여곡절을 겪는 사이, 주님은 '은혜의 글쓰기'를 통해 우리의 필요를 채우셨다.

'은혜의 글쓰기'를 통해 나는 하나님이 모든 공급과 평안의 근원이시라는 사실을 끊임없이 경험했다. 학생들이 어떻게 나를 찾았는지, 만나 보지도 못한 선생의 강좌에 등록하는 위험을 왜 감수했는지 아직도 잘 모르겠다. 그 사실은 하나님의 은혜, 곧 필요한 것을 필요한 때에 주시는 그분에 대한 신뢰를 내게 날마다 일깨워 준다.

그러나 이 작은 사업이 준 가장 큰 축복은 돈이 아니었다(물론 돈을 벌 수 있어서 정말 감사하다). 같은 제자이자 작가로서 하나님 나라 사역에 다른 사람들과 동역할 수 있음이 가장 큰 선물이었다. 다른 작가들이 글을 통해 그리스도의 영광을 선포하도록 도울 수 있어 감사하다!

하나님의 은혜로 작게나마 복음의 확장을 돕는 것이 내 일에서 발견한 가장 큰 보물이다.

하나님은 오랜 기간에 걸쳐 다양한 형태로 룻의 필요를 채우셨다. 참되신 한 분 하나님을 섬긴 시어머니, 보아스의 밭에서 이삭을 줍게 된 '우연', 보아스의 호의와 음식 공급, 기업 무를 자가 된 보아스(그는 놀라운 선물이었다). 하나님은 그 모든 시간에 걸쳐 룻의 필요를 공급하셨다.

보아스가 나오미의 죽은 남편 소유의 땅을 사들인 그날, 감당할 수 없었던 땅을 무른 바로 그날이 결정적인 날이었다. 보아스는 그 땅을 사들여서 룻과 결혼할 권리를 얻었고, 나오미 집안이 혈통을 계속 이어 가도록 도울 수 있었다. 하루 만에 보아스는 룻과 나오미를 가난에서 구출하여 풍요로운 삶, 공급과 소망의 삶으로 옮겨 주었다.

그러나 룻이 부자가 되는 것은 하나님의 궁극적인 계획이 아니었다(물론 하나님은 자녀들에게 공급하시기를 기뻐하신다). 마찬가지로, 룻이 구원받은 것은 그녀의 행복만을 위한 것이 아니었다(물론 하나님은 자녀들이 즐거워하는 것을 기뻐하신다). 주님은 룻의 인생 궤도를 조율하셔서 하나님이 세상에 짜 넣고 계신 구원 이야기의 동반자가 되게 하셨다.

룻이 자신의 고통스럽고도 아름다운 구원 이야기에서 받은 가장 큰 선물은, 그녀의 삶을 통해 복음을 진전시키게 된 것이다.

룻은 당연히 이 사실을 몰랐다. 룻이 세상을 떠나고 나서 한참 후에야 그리스도가 나시고 죽으시고 부활하셨으니 말이다. 보아스의 아내 룻은 오벳을 낳았는데, 오벳은 이스라엘 왕이 된 다윗의 할아버지가 되었다. 이 혈통에서 예수님이 나셨다.

모압 여인 룻이 왕 되신 예수님의 족보에 실렸다.

룻의 삶은 복음이 온전히 알려지기도 전에 복음을 전파했다. 시어머니의 참 하나님을 따르겠다는 결단과 보아스를 통해 자신을 돌보신 하나님에 대한 신뢰가 룻이 그리스도 혈통의 어머니가 되는 길을 열어 주었다. 얼마나 큰 특권이요, 놀라운 영광인가! 은혜가 충만히 넘쳐흐른다.

오늘 당신의 필요를 채워 주실 하나님을 찾는다면, 그분이 당신을 위해 **진정한** 풍성함을 허락하실 것을 기억하라. 주님은 당신에게 복음의 진전을 위해 그분과 동역할 수 있는 선물을 허락하실 것이다. 주님이 우리에게 주시는 실제적인 공급(우리 기대보다 크든 작든)을 통해 우리는 믿음의 혈통을 남길 수 있다.

돈과 집, 자동차와 물건은 오래가지 못하지만, 복음은 영원히 선포될 것이다.

그리스도께서 우리 삶을 이끄셔서 믿음과 그리스도 중심의 유산을 남기는 사람이 되게 하실 것이다. 이를 신뢰하면서 우리 영혼도 룻처럼 그리스도 안에서 평안을 누리기를 기도한다.

오늘의 묵상

하나님께 그분의 풍성하심을 보게 해 달라고 기도하라. 이 땅의 보물이 아닌 믿음과 소망, 사랑이라는 천국 보물을 보게 해 달라고 간구하라. 당신이 믿음의 유산을 남기는 삶을 살려고 노력하는 동안, 당신을 향한 그분의 애정 어린 계획 가운데 당신 영혼이 쉼을 얻게 해 달라고 간구하라.

4부.

한나

건강 문제 가운데 누리는 평안

16-20일

16일

망가진 몸과 화해하기

그에게 두 아내가 있었으니 한 사람의 이름은 한나요 한 사람의 이름은 브닌나라 브닌나에게는 자식이 있고 한나에게는 자식이 없었더라(삼상 1:2).

함께 읽기 삼상 1:1-5

　한나는 부엌에 들어가면서 주먹을 불끈 쥐었다. 애써 의지력을 발휘하여 등을 똑바로 펴고 눈물을 꾹 참았다. 한나는 코앞에 다가온 여행을 준비해야 했다. 목구멍에서 치솟으려는 울음을 애써 무시해야 했다.
　매년 실로에 올라가서 드리는 제사를 준비할 시기였다.
　이렇게 짐을 싸기 시작한 지 몇 해나 되었을까? 브닌나의 큰딸이 다섯 살이니까… 8년쯤 되었나 보다. 한나와 엘가나는 9년 전에 결혼했다. 그로부터 2년 후, 엘가나는 브닌나를 두 번째 부인으로 맞았다. 브닌나는 곧 임신해서 아들 둘과 딸 둘을 낳았다. 하지만… 한나는 자식이 없었다.
　한나는 무심코 자기 배를 감싸안았다가, 오늘은 그런 상념에 빠질 수 없다는 듯 고개를 저었다.
　그러다가 바구니로 손을 내민 순간 울음이 터져 버렸다. 왜 하필 **지금**

울고 있을까? 한나는 심호흡을 한 번 크게 내뱉고 나서 마음을 다잡았다. 불임의 고통은 새로울 게 없었다. 오랫동안 그 문제로 힘들었기 때문이다. 하지만 어찌 되었든 성전에서 여호와께 예배하고 제사를 드리는 이 여행을 준비할 수 있음에 감사해야 했다. 한나는 머리를 뒤로 넘기면서 생각해 보았다. 그녀는 분명 감사한 마음이었다. 그녀는 분명 여호와를 사랑하고 남편을 사랑했다.

하지만 그녀가 아무리 감사해하더라도, 하나님은 여전히 그녀의 가장 큰 기도 제목, 곧 그녀의 몸에 생명을 허락하셔서 자녀를 달라는 소원에 응답하시지 않았다.

한나는 갓 결혼했을 때 6개월 안에 임신할 수 있으리라 생각했다. 6개월이 지나도 아무 일이 없자, 1년 안에는 임신이 되리라고 믿었다. 하지만 브닌나가 집안에 들어와 줄줄이 자녀를 낳자, 한나는 자기 몸이 문제라는 것을 알게 되었다. 아이를 갖겠다는 희망을 포기하는 것이 합리적인 일이었다.

하지만 한나는 포기하지 않았다. 남들 보기에는 우스꽝스러울지 몰라도, 그녀는 자신이 붙든 일말의 희망을 놓지 않았다. 밤이면 밤마다 안아 본 적도 없는 아이 생각에 눈물을 흘리는가 하면, 제발 아이 하나만 낳아 키우게 해 달라고 주님께 기도하는 일을 그만두지 못했다.

그녀는 가슴을 찌르는 듯한 아픔에 바구니를 쥐고 있다 쓰러질 뻔했다. 이런 상태로는 브닌나의 얼굴을 볼 수 없었다.

한나는 바구니를 내팽개치고 방으로 달려갔다.

첫째를 낳고 세 차례나 유산을 겪은 후 둘째를 얻었다. 큰딸 엘라를 쉽게 임신했기 때문에 이런 일이 생기리라고는 예상하지 못했다.

엘라를 임신한 후에는 죽을 만큼 힘든 과정을 겪었다. 극심한 입덧으로 약을 먹고 링거를 맞았고, 임신 중기에는 대상포진이 생겼다. 임신 후기에는 좌골신경통이 너무 심해서 내가 타는 차에 장애인 표시 스티커를 붙이고 휠체어까지 사용했을 정도다. 기나긴 산통 끝에 예상하지 못한 제왕절개수술로 딸을 낳으며 파란만장한 임신기의 대미를 장식했다. 참으로 어울리는 마무리였다.

엘라는 행복하고 건강했다. 하지만 나는 그렇지 못했다. 산후우울증에 시달리면서도 1년 넘게 진단받지 못했고, 둘째는 생각하지도 못할 만큼 임신 공포증을 크게 앓았다. 몸과 마음 모두 심각하게 망가진 상태였다.

하지만 딸이 만 세 살쯤 되자 둘째를 갖고 싶다는 마음이 그토록 오랫동안 겪은 두려움을 밀어냈다.

임신까지는 훨씬 더 시간이 걸렸고, 임신에 성공했더라도 이 소중한 영혼들은 내 몸에서 너무 빨리 빠져나가 버렸다. 연달아 세 번 유산을 겪고 나니, 첫아이를 임신했을 동안 겪었던 공포(내 몸이 너무 약하거나 너무 망가져 버렸다는 두려움)가 사실일지도 모른다는 생각이 들기 시작했다.

둘째를 낳을 가능성을 영영 잃어버려서 큰딸에게 형제와 함께 자랄 기회를 주지 못하는 건 아닐지 두려웠다.

딸을 망치고, 남편을 망치고, 나 자신을 망치고 있다는 느낌을 지울 수가 없었다.

∞

한나는 몸이 자기를 망치고 있다는 느낌이 뭔지 잘 알았다. 브닌나와 함께 사는 집 안 어디를 가더라도 발밑에 아이들이 있었지만, 한나의 자녀는 아니었다. 매일의 일상이 한나에게 그녀의 망가진 몸을 떠올리게 했다. 그녀가 원하는 삶이 손에 잡힐 듯 잡히지 않는다는 현실을 깨닫게 해 주었다.

우리의 문제가 아픈 몸이건 불안정한 정서건 정신 질환이건, 이런저런 방식으로 망가진 몸을 가지고 산다는 것이 어떤 느낌인지 우리는 잘 안다. 불임, 우울감, 불안, 만성 질환, 면역 결핍, 암, 알레르기 등은 인간이 날마다 맞닥뜨리는 수많은 문제 중 일부에 불과하다.

쉽지 않은 일이다. 정말 힘겹다.

한나처럼 내 뜻대로 되지 않고 기준 미달인 듯한 몸으로 살아가기란 매우 힘든 일이다. 우리가 원하는 대로 작동하지 않는 뇌로 살아가기란 참 어려운 일이다. 자신의 한계와 고통을 끊임없이 맞닥뜨리는 삶은 큰 도전이다.

그러나 이 망가지고 쇠약해 가는 몸으로 살아가는 우리를 위해 그리스도 안에 평안이 있다. 우리는 성경에서 주님이 불완전하고 약한 몸을 지닌 사람들을 사용하시는 모습을 볼 수 있다. 사라는 아이를 갖기에 너무 늙어서 스스로 "노쇠하였다"라고 말했다(창 18:12 참조). 그런 그녀가 기적을 낳았다! 야곱은 하나님과 씨름하고 나서 절뚝거리며 걷게 되었지만 (창 32:31 참조) 하나님을 **대면했다**. 모세는 말을 더듬었지만, 주님은 그를 이스라엘 백성의 지도자로 선택하셨다. 엘리사벳은 수십 년간 아이를 낳지 못했지만, 주님이 그녀의 태를 열어 세례 요한의 어머니가 되게 하셨다(눅 1:57-58 참조). 바울은 주님이 허락하신 가시가 육체에 있었지만(고후 12:7) 신약성경 대부분이 그의 손으로 쓰였다.

우리를 위한 평안이 있다. 우리 몸의 치유가 아니라 하나님 그분께 궁극적인 소망이 있음을 아는 데서 비롯되는 평안이다. 하나님은 우리의 망가진 몸과 연약한 마음을 모르는 체하시지 않는다. 하나님은 우리의 연약함을 통해 그분의 영광을 드러내기를 원하신다!

한나 이야기를 살피면서, 우리는 불임으로 인해 몸과 마음에 크게 고통을 받은 여인을 본다. 한나의 영혼은 하나님 및 다른 사람들과 씨름했다. 하지만 한나가 아직 알지 못하는 것이 있었는데, 그녀가 임신하지 못한 수년 사이에도 주님은 여전히 그녀의 삶에 아름다운 이야기를 쓰고 계셨다는 점이다. 한나의 몸이 시들어 가는 것처럼 보였지만, 그녀의 영혼은 믿음으로 성장하고 있었다. 앞으로 살펴보겠지만, 그 믿음은 기도를 통해 아름답게 드러났다.

한나는 그녀의 삶이 변하기 훨씬 전부터 다음과 같은 성경 진리를 우리에게 확실히 보여 준다. "우리의 겉사람은 낡아지나 우리의 속사람은 날로 새로워지도다 우리가 잠시 받는 환난의 경한 것이 지극히 크고 영원한 영광의 중한 것을 우리에게 이루게 함이니"(고후 4:16-17). 한나는 "환난" 가운데서도 하나님의 성전에서 그분을 예배하기로 선택한 여성이었다. 불임으로 힘들고, 자신의 미래를 생각하며 눈물을 흘리면서도 주님을 멀리하지 않았다. 오히려 그분을 **바라보았다.**

오늘 당신도 망가진 몸이나 마음이나 영혼으로 인해 하나님과 씨름하고 있다면, 한나를 비롯하여 하나님과 동행한 여러 믿음의 성도를 기억하기를 바란다. 그들은 하나님이 그분의 은혜로 그들의 문제와 약함을 채워 주심을 알게 되었다. 오늘 당신도 그들처럼 예배와 믿음으로 하나님을 **바라보기로** 선택함으로써 평안을 경험할 수 있다. 당신의 삶이 당신의 바람대로 흘러가지 않더라도 말이다.

오늘의 묵상

오늘 당신은 고통 가운데서도 하나님을 바라보기로 선택할 수 있다. 그러면 고통과 약함 가운데 있었던 바울처럼 그분 안에서 당신 마음이 평안을 누릴 것이다. "[그러나 주님이] 나에게 이르시기를 내 은혜가 네게 족하도다 이는 내 능력이 약한 데서 온전하여짐이라 하신지라 그러므로 도리어 크게 기뻐함으로 나의 여러 약한 것들에 대하여 자랑하리니 이는 그리스도의 능력이 내게 머물게 하려 함이라 그러므로 내가 그리스도를 위하여 약한 것과 능욕과 궁핍과 박해와 곤고를 기뻐하노니 이는 내가 약한 그때에 강함이라"(고후 12:9-10). 마음을 굳게 먹고 그리스도 안에서 영혼의 안식을 누리라. 한나, 야곱, 모세, 사라, 바울의 하나님이 곧 당신의 하나님이시다. 그분이 당신 삶에서 역사하고 계시니, 당신이 약한 그때, 주님은 강하시다.

17일

비교를 거부할 때 찾아오는 평안

매년 한나가 여호와의 집에 올라갈 때마다 남편이 그같이 하매 브닌나가 그를 격분시키므로 그가 울고 먹지 아니하니(삼상 1:7).

함께 읽기 삼상 1:4-8

한나는 브닌나의 은근한 듯 은근하지 않은 공격에 반응하지 않고 의연하게 실로에 도착한 자신을 스스로 뿌듯해했다. 브닌나는 한나의 삶에 끝없이 이어지는 고통의 원인이었다.

이제 여호와께 제사를 드릴 시간이었다. 한나가 가장 좋아하면서도 싫어하는 애증의 행위였다. 여호와를 경배하고 속죄할 수 있어서 좋았지만, 해마다 브닌나의 조롱을 받는 바람에 싫은 마음도 들었다. 브닌나는 집에서도 그토록 좋지 않은 습성을 보여 주더니, 매년 성전에 가서는 질투에 찬 분노를 더 마음껏 폭발하곤 했다.

왜일까? 아마도 엘가나가 한나에게 제물을 갑절이나 주면서 한나에 대한 사랑을 공공연히 표현했기 때문일 것이다. 엘가나가 자신을 더 사랑하는 것은 한나도 어찌할 수 없는 일이었다. 한나는 자신이 엘가나의 마음을 얻고, 브닌나는 그렇지 못한 것을 알았다. 브닌나가 한나를 미워하는 진짜 이유도 바로 그 때문이었다. 이 증오심은 깊어지기만 했다. 브닌나는 자신의 분노를 가시 돋친 말로 표현하며 한나의 가장 아픈 부분을 공격했다. 자식을 낳지 못하는 약점을 이용했다.

엘가나가 두 사람을 여인의 뜰에 두고 자리를 뜨자, 닫힌 문이 열리기라도 한 듯 브닌나의 입에서 말이 마구 쏟아져 나왔다.

브닌나가 혀를 쯧쯧 찼다. "이봐요, 한나. 죄를 너무 많이 지어서 제물도 두 배로 필요한가 보네요? 자녀는 하나님이 여자에게 주시는 복의 표시라는 건 다들 아는 이야기잖아요. 당신 배는 한 번도 아이를 품은 적이 없으니 도대체 무슨 죄를 숨기고 있는지 궁금하네요."

한나는 앞만 바라보면서 성전에서 나는 소리에 집중하려 애썼다. 제사장들의 말소리와 사람들이 웅성대는 소리가 들렸다. '야훼여, 저를 도와주소서.'

브닌나가 말했다. "여호와께서는 저를 사랑하신다고요. 모르시겠어요? 하나님이 자녀를 얼마나 많이 허락하셨는지, 양팔에 다 안을 수도 없어요! 엘가나를 이을 두 아들과 두 딸. 얼마나 큰 **복**인지 몰라요. 그렇죠?"

어떻게든 참아 보려 했던 눈물이 한나의 양 볼을 타고 흘러내렸다. 그런데도 한나는 똑바로 앞만 바라보면서 반응하지 않았다.

브닌나가 목소리를 낮추어 속삭이듯 말했다. "아내로서 실패한 당신은 집안의 수치예요. 아이를 낳지 못하는 여인을 원할 남자는 아무도 없답니다."

틀린 말은 아니었다. 불임은 저주였다. 브닌나는 한나에게 한 걸음 더 가까이 다가오더니 귓속말로 속삭였다. "한나, 하나님은 당신을 버리셨어요. 머지않아 엘가나도 그럴 겁니다. 엘가나의 필요를 채워 줄 사람은 나밖에 없어요." 브닌나는 독기를 품고 마지막 한마디를 내뱉었다. "당신은 엘가나에게 **아무것도** 주지 못한다고요."

우리에 갇힌 짐승이 철창에 대고 몸부림을 치듯, 두려움이 한나의 마음을 뒤흔들었다. 브닌나의 말이 옳지 않은가? 엘가나가 자신을 아내로 계속 둘 이유가 없었다.

한나는 더는 참을 수가 없었다. 브닌나의 말이 너무 심했다. 한나는 고개를 숙인 채 발만 쳐다보면서 가능한 한 빨리 자리를 떴다. 눈물 때문에 시야가 부예졌다. 어느 제사장이 성전에서 하나님의 선하심을 전하고 있었지만, 그녀의 귀에는 들어오지 않았다.

유산의 슬픔으로 힘든 와중에도, 나는 우리가 두 살 터울 자녀를 둔 다른 평범한 가족의 모습이 아니라는 것을 확실히 깨닫게 되었다. 주변 사람들은 아이가 '하나'뿐이냐고 계속 물었고, 나는 어떻게 대답해야 할지 몰라 우물쭈물했다. 친구들이 셋째 출산일을 기다리는 동안 나는 여전히 홑몸이었다. 그 당시 가장 친한 친구였던 로라는 내가 유산을 겪으면서 아이를 기다리는 동안 함께 아파해 주고, 나를 위해 함께 기도해 주었다. 로라는 다른 도시에 살고 있었기에, 나는 성탄절쯤에 그녀를 찾아가 만나기를 기대하고 있었다.

로라는 이미 두 자녀를 두었고, 남편이 신학교에 재학 중인 동안에는 셋째 계획은 없었다. 그런데 그해 12월, 내가 로라의 집에 들어서자마자 그녀는 눈물을 글썽이면서 나를 바라보았다.

"앤." 로라는 인사말조차 꺼내지 못했다. 맞은편에 앉아 있던 그녀의 남편은 얼굴에 괴로운 표정이 역력했다. 그 순간, 로라가 무슨 말을 하려는지 바로 알아차렸다. 나는 마음을 굳게 먹었다.

"아이가 생겼어."

우리는 오래도록 얼싸안고 서로의 옷이 젖을 때까지 눈물을 쏟았다. 로라는 이 소식이 내게 어떤 영향을 미칠지 잘 알았다. 내가 얼마나 아이를 원하는지도 잘 알았다. 로라와 그녀의 남편은 계획하지도 않은 아이였다. "너한테는 꼭 직접 말하고 싶었어. 미안해서, 너무 미안해서. 앤, 나 대신 네가 임신했어야 하는데." 로라가 내 귀에 속삭이듯 말했다. "아이가 생겨서 너무 기쁘지만 네게 상처 주고 싶지 않아."

"괜찮아, 로라." 나는 뒤로 살짝 물러서서 얼굴에 번진 마스카라를 소매로 닦아 냈다. "너희 부부에게 아이가 생겨서 정말 기뻐. 진심이야. 나도 임신해서 같은 말을 할 수 있게 되기를 바랄 뿐이야."

내 축하가 진심이었느냐고? 물론이다. 하지만 내 상실감(과 그 모든 일에서 느낀 불공평함)이 진심 어린 축하를 넘어섰다. 하나님이 나를 완전히 무시하신 것만 같았다. 나를 지켜보시지 않는 것 같았다.

남편과 내가 그렇게 간절히 둘째를 원했는데, 왜 주님은 임신 계획도 없던 친구 부부에게 자녀를 허락하셨을까? 로라에게는 그렇게 쉬운 일이 내게는 왜 그렇게 어려운 걸까? 도대체 어떻게 된 상황일까?

∞

한나도 여호와께 같은 질문을 수천 번 던졌을 것이다. 브닌나는 그렇게 쉽게 임신이 되는데 왜 한나는 불가능한 걸까? 브닌나에게는 그렇게 많은 자녀를 허락하시면서 왜 한나에게는 하나도 주시지 않을까? 우리 삶에도 이렇듯 비교하는 질문이 자주 등장한다. 이 친구는 건강한데 왜 나는 만성 질환과 싸우고 있는가? 저 친구는 안정적인 직장 생활을 하고 있는데 왜 나는 불안 때문에 제대로 된 일을 하지 못하는가? 물론 건강 문제에만 해당하는 질문은 아니다. 이 사람은 결혼하는데 왜 나는 못 하는가? 저 사람은 좋은 직장에 다니는데 왜 나는 아닌가? 내 삶은 이렇게 힘든데 왜 저 친구만 인생이 술술 풀리는가?

내 마음에서 비롯되었든 다른 사람들의 입에서 비롯되었든, 대부분의 사람이 매일 일상적으로 비교를 경험하고, 이런 비교는 큰 고통을 줄 수 있다. 한나 이야기에서도 브닌나의 언행과 비웃음이 한나에게 극심한 괴로움을 안겨 준 것을 볼 수 있다. 한나는 슬퍼서 울고 음식을 먹지 못했다. 성경은 다음과 같이 강한 언어로 한나의 영혼이 어떤 상태인지 표현했다. 브닌나가 그녀를 "심히 격분하게 하여 괴롭게 하[니]" 한나는 "울고", "원통함"과 "격분됨"으로 "마음이 슬[펐다]."

우리도 이런 원통함과 격분됨을 겪을 수 있는데, 남들이 우리가 간절히 원하는 것을 가지고 있을 때 특히 그렇다. 그럴 때, 비교하는 목소리가 우리와 하나님의 관계에 미묘하지만 골칫거리가 되는 거짓말을 심기 시작할 수 있다. 하나님이 우리보다 그들을 더 사랑하신다거나, 우리 기도보다 그들 기도에 더 귀 기울이신다는 등의 거짓말 말이다.

하지만 당신의 평안을 앗아 가려 하는 그런 거짓말들은 사실이 아니다. 하나님은 당신 삶에서 일하고 계시며, 당신을 향한 그분의 계획과 목적은 확실하고 중요하다. 성경은 "우리는 그가 만드신 바라 그리스도 예수 안에서 선한 일을 위하여 지으심을 받은 자니 이 일은 하나님이 전에 예비하사 우리로 그 가운데서 행하게 하려 하심이니라"(엡 2:10)라고 말한다. 하나님은 당신에게 귀 기울이시고, 당신을 보시며, 당신을 아신다. 절대 당신을 잊지 않으신다.

우리 앞에는 선택권이 놓여 있다. 비교하는 거짓말 때문에 염려하고 두려워할 것인가, 아니면 주님 안에서 우리 정체성과 목적을 찾을 것인가? 바울은 남들과 "비교하[는]" 것은 어리석은 행위라고, 그는 "감히" 하지 않을 일이라고 말한다. "그러나 그들이 자기로써 자기를 헤아리고 자기로써 자기를 비교하니 지혜가 없도다"(고후 10:12).

하나님의 도우심으로 우리는 어리석음 가운데 걷지 않고, 그분의 말씀을 믿으며 진리 가운데 걷기로 선택할 수 있다. 그 말씀은 비교에서 벗어난 평안과 자유를 준다.

오늘의 묵상

오늘 비교로 인해 당신의 평안과 기쁨을 빼앗겨 힘들어하고 있지는 않은가? 하나님 말씀의 진리를 묵상할 수 있게 도와 달라고 하나님께 간구하라. 하나님은 당신 삶을 다스리고 계시며, 당신을 향한 목적이 이루어지게 하실 것이다. 이 말씀을 묵상하라. "여호와께서 나를 위하여 보상해 주시리이다 여호와여 주의 인자하심이 영원하오니 주의 손으로 지으신 것을 버리지 마옵소서"(시 138:8).

18일

기도할 때 찾아오는 평안

나는… 여호와 앞에 내 심정을 통한 것뿐이오니(삼상 1:15).

함께 읽기 삼상 1:9-16

한나는 가족끼리 식사하는 자리에서 중반까지 겨우 버티다가 양해를 구하고 일어섰다. 슬픔에 가득 찬 몸이 천근만근 무겁게 느껴졌다. 엘가나가 한나를 달래서 한술 더 뜨게 하려 했지만, 한나는 음식 냄새만 맡아도 구역질이 났다. 임신하지 못한 슬픔과 분노와 불안으로 배 속이 꽉 차서 다른 것은 들어갈 자리가 없는 것만 같았다.

한나는 성전을 향해 거리를 걸었다. 그녀의 영혼이 자신을 도와줄지도 모를 하나님께로 이끌렸다.

아니다. 하나님은 아이를 달라는 기도에 응답하신 적이 없었다. 하지만 달리 생각나는 사람이 없었다. 한나를 싫어하는 브닌나는 한나가 괴로워하는 모습을 오히려 즐길 것이다. 엘가나는 한나를 사랑했지만 한나의 태를 열어 주지는 못했다. 아이를 낳지 못한다는 비난에서 그녀를 해방해 줄 수 있는 분은 하나님뿐이었다.

한나는 잠시 멈추어 성전 문설주 앞에서 무릎을 꿇었다. 심신이 괴로워서 몹시 지쳐 있었다. 감당하기에는 너무 큰 짐을 등에 지고 있는 것만 같았다. 고개조차 들 수가 없었다.

괴로워서 신음이 절로 나오고 입술에서 기도가 쏟아져 나왔다. 차마 입 밖으로 큰 소리를 내지는 못했다. 자신을 만신창이로 만든 눈물과 흐느낌 사이로 말을 꺼낼 힘이 없었다. 눈물이 입에서 쓰게 느껴졌다. 그 쓴맛을 너무 많이 보았기에 눈물이 무슨 변화를 불러오리라고는 생각하지 않았다. 그렇지만 하나님이 자신을 보시고 기억해 주시기만 한다면, 기도를 들어주시기만 한다면!

한나는 자신도 모르는 사이에 이렇게 말하고 있었다. "전능하신 여호와여, 이 여종을 굽어살피소서. 내 고통을 보시고 나를 기억하셔서 아들 하나만 주시면 내가 그를 평생토록 여호와께 바치겠습니다. 그리고 그의 머리도 깎지 않겠습니다." 그는 나실인, 곧 성전에서 하나님을 섬기도록 구별된 사람이 될 것이다. 한나는 그를 여호와께 바칠 것이다. 야훼께서 아들 하나만 주신다면 말이다!

한나는 괴로워서 가슴이 터질 것만 같았다. 얼마나 울었던지, 무릎 꿇은 자리가 그녀의 눈물로 진흙탕이 될 정도였다.

갑자기 무언가가 태양을 가리면서 그녀 위로 그림자가 덮였다. 약간 쉰 듯한 굵은 목소리는 혐오감을 숨기지 않았다. "언제까지 술주정만 하고 있을 작정이오? 당장 술을 끊으시오!"

한나가 고개를 들어 보니 눈앞에 제사장 복장이 보였다. 가슴이 쿵 하고 내려앉았다. 한나는 대답하기 전에 눈물부터 닦았다. 또렷한 두 눈을 제사장에게 보여 주어야 했기 때문이다. "제사장님, 내가 술에 취한 것이 아닙니다. 나는 술을 마시지 못합니다. 내가 너무 마음이 괴로워서 나의 심정을 여호와께 털어놓고 있었습니다. 나를 술이나 마시고 다니는 나쁜 여자로 생각하지 마십시오. 나는 너무 원통하고 분해서 지금까지 기도하고 있었을 뿐입니다."

제사장은 한나의 눈을 쳐다보더니 눈썹을 치켜올렸다. 그러더니 고개를 끄덕였다. 그의 얼굴에서 노한 기운이 사라지고 표정이 부드러워졌다.

나는 세 번째 유산을 겪은 후 우리 집 지하실에서 웅크린 채 쓰러져 있었다. 그 전해에는, 헤아리기 힘들 정도로 얼마나 많이 울었는지 모른다. 품에 안아 볼 기회도 없이 사라져 버린 아이들을 생각하며 많이도 울었다. 하지만 세 번째 아이를 잃고 나서는 내 안의 무언가가 산산조각 나 버린 기분이었다. 그 아이와 함께 내 안의 무언가가 죽어 버린 것만 같았다. 한동안 말을 조리 있게 할 수가 없었다. 흐느끼는 것 외에는 아무것도 할 수가 없었다. 목구멍에서 신음만 나왔다. 상처 입은 짐승이 내는 듯한 그 소리는 나 자신에게조차 낯설었다. 남편이 나를 안아 주려 했지만, 살짝 손이 닿기만 해도 몸서리가 쳐졌다. 눈물이 앞을 가려 시야가 흐려졌다. 손가락 하나 까딱할 수 없었다. 다 끝났으면 좋겠다는 생각뿐이었다. 괴롭도록 간절한 바람, 상실의 고통, 매달 박살 나는 희망. 죽고 싶은 것이 아니라 감당하기 힘든 이 정서적 고통을 끝내고 싶었다.

내게 감사해야 할 선물이 엄청나게 많다는 것을 머리로는 잘 알았다.

사랑하는 남편과 건강한 딸, 편안한 집까지. 하지만 당시에는 그런 것들이 눈에 들어오지 않았다. 내 눈에는 한 가지밖에 보이지 않았다. 유산의 상실과 둘째 아이라는 무산된 꿈, 거기에만 사로잡혀 있었다.

슬픔과 고통은 논리적으로는 이해가 되지 않는다. 상실에 대한 우리 영혼의 반응일 뿐이다.

바닥에 드러누운 내게 남편이 손을 내밀었다. 몇 달이 지나고 나서 남편이 내게 말해 주었다. 내가 현실과 완전히 단절할까 봐 염려스러웠다고. 나는 내가 망가지고 있는 것 같아서 염려스러웠다. 너무 심하게 망가져서 다시 회복되지 못할까 봐 불안했다.

감정이 폭발하고 난 후 침묵이 찾아왔다. 아무런 할 말도, 눈물도 남아 있지 않았다. 좁디좁은 지하실의 창문 하나로 들어오는 희미한 빛 아래에서 남편은 나를 두고 기도하기 시작했다. 잠시나마 위안과 평안을 느꼈던 그 순간이 기억난다.

나는 완전히 끝장난 상태였다. 내게 남은 것이라고는 하나님뿐이었다.

한나는 정직한 기도가 깔끔하고 듣기 좋은 기도는 아니라는 것을 우리에게 보여 준다. 솔직하게 기도한다고 해서 특정한 방식으로 기도하거나 좋은 말만 사용해야 하는 것은 아니다. 오히려 성전 문설주 앞에서 그녀가 보인 태도는 무모하기 짝이 없었다. 그녀는 자신을 도와줄 하나님이 간절히 필요한 사람이었고, 그런 자신의 필요를 그분께 숨기지 않는다.

다행히도, 주님은 정직한 마음에서 우러나오는 기도를 멸시하시지 않는다(시 51편 참조). 오히려 **반기신다.** 실제로, 정직한 기도 자리에서 하나님은 우리에게 (가슴 아픈 고통 가운데서도) 평안을 허락하신다. 한나를 비롯하여 고통 가운데 주님께 울부짖은 수많은 성경 인물의 삶에서 우리는 이 점을 볼 수 있다. 욥, 모세, 엘리야, 하박국을 포함한 모든 사람은 고통 가운데서 하나님을 만났다.

하지만 아마도 이를 가장 분명하게 보여 주는 것이 있다면 다윗 왕이 지은 시편들일 것이다. 그는 괴로움을 느끼며 끊임없이 주님께 울부짖는다. 하나님은 고통 가운데 있는 그를 만나 주신다.

> 내가 탄식함으로 피곤하여 밤마다 눈물로 내 침상을 띄우며 내 요를 적시나이다 내 눈이 근심으로 말미암아 쇠하며 내 모든 대적으로 말미암아 어두워졌나이다 악을 행하는 너희는 다 나를 떠나라 여호와께서 내 울음소리를 들으셨도다 여호와께서 내 간구를 들으셨음이여 여호와께서 내 기도를 받으시리로다(시 6:6-9).

우리가 눈물을 흘리며 슬퍼하는 중에도 주님은 우리 기도를 들으신다. 우리 기도를 받아 주신다.

> 나의 영혼아 잠잠히 하나님만 바라라 무릇 나의 소망이 그로부터 나오는도다 오직 그만이 나의 반석이시요 나의 구원이시요 나의 요새이시니 내가 흔들리지 아니하리로다 나의 구원과 영광이 하나님께 있음이여 내 힘의 반석과 피난처도 하나님께 있도다 백성들아 시시로 그를 의지하고 그의 앞에 마음을 토하라 하나님은 우리의 피난처시로다(시 62:5-8).

우리 기도가 슬픔과 괴로움뿐이더라도 하나님은 우리의 피난처시다(시 46:1 참조). 여호와께 울부짖은 한나처럼 우리도 하나님께 우리 마음을 마음껏 쏟아 낼 수 있다. 다윗 왕처럼 우리 영혼도 평안할 수 있다. 비록 눈물로 드리는 기도일지라도 기도를 통해 잠잠히 하나님만 바랄 수 있다.

오늘의 묵상

하나님은 당신이 깊은 슬픔을 겪을 때 고통과 눈물 가운데서 당신을 만나 주신다. 오늘 아무것도 주님께 숨기지 말고, 좋든 나쁘든 당신의 진짜 감정과 생각을 말씀드리라. 주님은 솔직한 감정을 멸시하시지 않고, 오히려 반기신다. 그분께 마음을 쏟아 놓을 때 당신 영혼은 그분 안에서 평안과 소망을 찾을 것이다.

19일

하나님의 때에 복종할 때 얻는 평안

평안히 가라 이스라엘의 하나님이
네가 기도하여 구한 것을 허락하시기를 원하노라(삼상 1:17).

함께 읽기 삼상 1:17-23

한나가 고개를 들어 제사장의 얼굴을 보았을 때 그의 얼굴에는 혐오감이 사라지고 다정한 기색이 감돌았다.

그는 손을 들어 한나를 축복했다. 제사장의 걸걸한 목소리가 한나의 귀에 천둥처럼 울렸다. "평안히 가시오. 이스라엘의 하나님이 당신의 기도를 들어주시길 바랍니다."

제사장의 말이 채 끝나기도 전에 한나는 눈물을 거두었다. "제사장님, 그런 말씀을 해 주시니 정말 고맙습니다." 오랫동안 느껴 보지 못했던 감정이 그녀를 가득 채웠다. 평안이었다. 제사장의 말이 한나의 내면에 있는 공허함을 간파했다. 이제 한나는 하나님이 자신을 돌아보셨다는 사실을 알았다.

햇살 같은 가벼움이 마음을 채웠다. 브닌나의 말도 이제 더는 상처가 되지 않았다. 한나는 주변을 돌아보며 엘가나를 찾았다. 앞으로 남은 삶에 무슨 일이 벌어지든, 하나님이 자신을 잊지 않으셨다는 사실을 뼛속 깊이 느낄 수 있었다.

2년 후.

"여보, 정말 같이 가지 않을 거요?" 엘가나가 6개월 된 아이에게 젖을 먹이고 있는 한나에게 다정한 눈길로 물었다.

한나는 사무엘의 뺨을 부드럽게 어루만졌다. 주님이 주신 이 아이가 얼마나 사랑스러운지 몰랐다. "아이가 젖을 떼면 내가 직접 그를 여호와의 집으로 데리고 가서 여호와께 바치고 평생 그곳에 있게 할게요." 하지만 아직은 때가 아니었다. "올해는 집에 있을게요."

남편이 말했다. "당신 생각에 좋을 대로 하시오. 아이가 젖을 뗄 때까지 기다리시오. 여호와의 뜻이 이루어지기를 바라겠소."

엘가나는 실로로 가는 여행을 준비하기 위해 방을 나갔다. 한나의 귀에 브닌나와 아이들이 음식과 제물을 준비하느라 분주한 소리가 들렸지만, 한나는 꿈쩍하지 않았다. 자신이 있어야 할 곳, 그녀의 아들 곁을 지켰다.

제사장이 기도해 준 이후 한나가 한 일은 일어나서 일상을 사는 것이었다. 누구나 언젠가는 그렇게 해야 할 순간이 온다. 신체적·정서적·정신적 고통이 우리를 집어삼킬 것 같은 때라도 계속해서 앞으로 나아가야 하는 것이다. 슬픔을 억지로 밀쳐 내거나 무시해야 한다는 뜻이 아니다. 하나님도 그러라고 요구하시지는 않는다. 우리에게 필요한 도움을 거부해야 한다는 뜻도 아니다. 좋은 의사와 상담가는 하나님이 이 세상에 허락하신 은혜의 일부다. 하지만 한나처럼 어느 시점엔가는 새롭게 시작해야 한다. 우리 꿈을 주님께 맡겨 드리고, 해야 할 일을 하면서 앞으로 나아가야 한다.

남편이 지하실 바닥에서 기도해 준 이후, 나도 그렇게 해야 했다. 남편은 다시 신학교 수업을 받으러 갔고, 조금 있으면 엘라가 낮잠에서 깰 시간이었다. 저녁 식사도 준비해야 했다. 물론 냉동 피자를 준비하고, 저녁에는 만화 영화를 보겠지만, 나는 내 삶이라는 무대에 계속 설 수밖에 없었다.

오븐을 틀고 종이 접시를 꺼냈다. 오늘 밤에는 설거지할 기운은 없을 것 같다. 눈물과 콧물로 범벅이 된 옷을 갈아입고 나서 딸아이를 침대에서 데려왔다. 소파에서 같이 책을 읽고, 오븐이 데워지자 피자를 집어넣고 타이머를 맞췄다. 두 눈은 퉁퉁 붓고 마음은 천근만근이었지만 어쨌든 해냈다. 그리고 내 영혼은 다시 한번 내 삶과 우리 가족을 향한 하나님의 계획에, 그분의 방식과 때에 복종했다. 할 일들을 하나하나 해 나가면서 둘째 아이에 대한 꿈을 그분 발밑에 내려놓았다.

하나님께 복종하는 삶은 이렇듯 쉽지 않다. 우리는 하나님이 그분의 방식대로, 그분의 때에 따라 역사하실 것을 신뢰하는 법을 배워야 한다. 그리고 그분을 기다리는 동안에도 일상을 살아가야 한다.

이후로 몇 달 동안 나는 그렇게 살았다. 둘째 아이를 갖고 싶다는 간절한 바람을 예수님께 맡겨 드리기로 했다. 그전에도 그렇게 하지 않았느냐고? 어느 정도는 그랬다. 계속 그렇게 기도하기는 했지만, **내** 생각이 최선이라고 여기며 가족계획이 내 생각대로 **되어야 한다**고 고집했다. 그렇게 되기를 기도했다. 내 염려와 불안(과 기도)은 이 상황을 다스리시는 하나님이 아니라 **내** 상황 판단에 근거했다.

내 관점을 내려놓고 그분을 신뢰하기로 결단해야 했다.

그렇게 하면서 비로소 그분의 평안을 경험하기 시작했다. 이런 변화가 내 안에서 필요했기 때문이다. 내 삶의 이 고통스러운 영역에서 주권자는 하나님이시며, 그분이 가장 좋은 일을 행하실 것을 믿기로 **날마다** 선택해야 했다. 믿기 힘든 날도 있었지만, 내 마음을 하나님 말씀에 복종시키고 그분을 따르면서 하나님을 신뢰하기로 선택할 수 있음을 깨달았다. 둘째 아이를 달라는 기도에 그분이 어떻게 응답하시든 상관없이 말이다.

주님을 기다리는 동안 우리는 모두 반드시 이 복종의 자리로 나아가야 한다. 눈물과 신음 뒤에, 고함과 상처 뒤에, 우리는 우리가 원하는 대로 기도 응답을 받지 못하더라도 예수님을 계속 따를지 결단해야 한다.

한나는 자녀를 달라는 기도가 이루어지기 전부터 그렇게 결단했다. 임신하지 못하여 괴롭고 고통스러운 중에도 그녀는 하나님을 멀리하지 않고 오히려 그분께 가까이 나아갔다. 하나님을 찾고 그분께 마음을 쏟아 놓았다. 이 모든 일을 하고 나서는 하나님을 믿고 앞으로 나아가기로 다짐했다. "그리고서 한나는 기쁜 마음으로 가서 음식을 먹고 다시는 수심에 싸이지 않았다"(삼상 1:18, 현대인의성경).

그리고 여호와께서는 "때가 이르매"(삼상 1:20), 즉 **그분 뜻에 따라** 가장 적절한 때에 한나에게 아들을 주셨다. 한나가 처음부터 기도한 때도, 한나가 원하거나 계획한 때도 아니었다. 하나님이 생각하시는 적절한 시기에, 그분의 방식으로 아들을 허락하셨다.

성전 밖에서 엘리 제사장과 함께 있던 때에 한나는 여호와께서 기도를 들으시고 그녀를 돌보아 주시는 것을 믿기로 했다. 하나님이 가장 좋은 것을 허락하신다는 사실을 신뢰하기로 했다. 그런 다음에는 자신의 삶을 성실하게 살아갔다. 그리고 때가 되자 하나님은 아들을 주셨다.

하지만 주의해야 한다. 이것은 여호와의 마술 공식 같은 것이 아니다. 우리가 자신의 꿈을 복종하는 자리에 이르면 자동으로 그 꿈이 이루어지리라고 생각해서는 안 된다. 믿음은 그렇게 작동하지 않는다. 수년, 심지어 수십 년 동안 자신의 바람대로 기도 응답을 받지 못하는 사람이 많을 것이다.* 어떤 사람들은 평생 같은 기도를 하기도 한다. 천국에 가서야, 응답받지 못한 듯 보이는 그런 기도의 목적을 알게 될 것이다.

하나님이 하나님이시다. 예수님은 주권적이시다. 하나님의 목적과 뜻은 그분만이 온전히 아신다. 그러나 하나님이 우리를 사랑하시기에 그것이 모두 선한 목적임을 알고 우리는 평안할 수 있다. "자기 아들을 아끼지 아니하시고 우리 모든 사람을 위하여 내주신 이가 어찌 그 아들과 함께 모든 것을 우리에게 주시지 아니하겠느냐"(롬 8:32).

우리 삶에 기도 응답을 허락하시는 시기를 주님이 통제하신다는 사실을 인정하고 그분께 순복할 때 평안이 임한다. 대부분의 사람이 눈물과 고통을 통해 어렵사리 그런 평안에 다다른다. 하지만 그리스도께서 십자가에서 눈물과 고통을 통해 평안에 이르셨기에, 우리도 그런 평안을 누릴 수 있다. 예수님이 아버지의 뜻에 복종하셔서 십자가에서 우리 죄를

---

* 이 주제에 대해 더 자세히 알기를 원한다면 다음 책을 보라. Ann Swindell, *Still Waiting: Hope for When God Doesn't Give You What You Want* (Tyndale, 2017).

담당하셨기에, 이제 우리도 우리를 받아 주신 사랑의 하나님 아버지께 우리 욕구를 맡겨 드릴 수 있다.

그리고 예수님처럼 우리도 하나님이 가장 좋은 일을 하실 것을 신뢰할 수 있다. 비록 죽음같이 느껴지더라도, 여호와께서는 부활을 이루어 가고 계신다.

오늘의 묵상

당신의 기도가 이루어지길 원하는 시기를 예수님께 온전히 맡겨 드려야 할 영역은 어디인가? 그분께 복종해야 하는데 스스로 붙잡고 있었던 것은 무엇인가? 당신의 욕구를 그분께 내려놓도록 결단하게 해 달라고 기도하라. 당신이 성실히 일상을 살아가면서 할 일을 해 나갈 때 그분의 평안으로 당신을 채워 주시기를 간구하라.

20일

찬양으로 얻는 평안

내 마음이 여호와로 말미암아 즐거워하며 내 뿔이 여호와로 말미암아 높아졌으며
내 입이 내 원수들을 향하여 크게 열렸으니
이는 내가 주의 구원으로 말미암아 기뻐함이니이다
여호와와 같이 거룩하신 이가 없으시니
이는 주밖에 다른 이가 없고 우리 하나님 같은 반석도 없으심이니이다(삼상 2:1-2).

함께 읽기 삼상 1:24-2:10

   한나는 거의 4년 전에 자신을 축복해 주었던 제사장이 있으리라 기대하며 성전 주변을 둘러보았다. 이제 그녀가 여호와께 약속을 지킬 차례였다. 사무엘은 성전에서 섬기게 될 것이다.
   한나는 아들 손을 꼭 쥐었다. 그녀는 사무엘을 사무치게 그리워하게 될 테지만, 사무엘이 성전에서 여호와를 섬겨야 한다는 것을 잘 알았다. 하나님이 아들을 허락하셨고, 이 아들은 하나님의 목적을 이루어 드리기 위해 태어났다. 아들을 달라고, 그리고 아들을 다시 하나님께 돌려드릴 힘을 달라고 기도한 수많은 밤이 이제 응답받고 있었다. 사무엘과 엘가나와 함께하는 지금은 평안함만 가득했다. 이것이 바로 사무엘의 삶을 향한 하나님의 계획이었다. 한나는 엘가나와 함께 작년 내내 이 이야기를 했다. 이제 세 살이 된 사무엘은 놀랍도록 총명한 아이였다.

한나가 몸을 숙여 아이의 눈을 똑바로 보았다. "사랑해, 아들아."

사무엘이 엄마를 보며 미소를 지었다. 아이의 갈색 눈동자에 활기가 돌았다. "저도 사랑해요, 엄마."

한나가 아이의 뺨에서 머리카락을 떼어 냈다. "오늘 무슨 일을 하는지도 잘 알지?"

"네, 저는 주님을 섬길 거예요."

한나가 고개를 끄덕였다. 이제 제사장을 찾기만 하면 되었다.

저기 있다! 그는 체격이 커서 눈에 잘 띄었다. 한나는 엘가나에게 그를 가리켜 보였다. 세 사람은 곧장 제사장 의복을 입은 그에게 다가갔다. 한나는 소리를 지르려다가 가까스로 참았다.

"제사장님, 저를 기억하시겠습니까? 저는 제사장님이 여기서 지켜보는 가운데 기도하던 여자입니다." 한나는 사무엘을 앞세우려다가 문득 그날의 기억이 떠올랐다. "아들 하나만 달라고 기도했더니 여호와께서 이 아이를 주셨습니다. 그래서 이 아이를 평생 여호와께 바칩니다."

제사장이 한나를 바라보았다. 그의 눈가에 주름이 더 늘어나 있었다. 그는 사무엘에게 싱긋 웃어 보이고는 한나와 엘가나에게도 미소를 지었다. "엘리 제사장입니다. 기억하다마다요. 결국 기도가 응답받았군요. 그렇죠? 애야, 네 이름이 뭐니?"

아이가 등을 곧게 펴고 대답했다. 나이에 걸맞지 않게 당당하고 자신감이 넘쳤다. "사무엘이에요."

아이를 바라보던 엘리가 눈이 휘둥그레지더니 사무엘의 머리에 떨리는 손을 올려놓았다. "하나님의 손이 이 아이와 함께하십니다." 엘리는 손을 올려놓자마자 바로 떼면서 천천히 고개를 끄덕거렸다. "이 아이를 제 아들처럼 돌보겠습니다. 원하는 때에 언제든 아이를 보러 오십시오."

한나는 사무엘의 소지품이 든 가방을 엘리에게 건넸다. 엘가나는 아들에게 입을 맞추면서 얼마나 그를 자랑스러워하는지 말해 주었다. 한나는 사무엘을 품에 안고 뜨거운 눈물을 흘렸다. 그녀는 아이 귀에 이렇게 속삭였다. "엄마는 너를 정말 사랑해. 나는 영원히 네 엄마란다. 아들아, 이제는 하나님을 따르렴. 엄마가 자주 보러 올게."

엄마를 꼭 껴안았던 사무엘이 이내 품에서 떨어졌다. 어떻게 설명해야 할지 모르겠지만, 한나도 사무엘과 마찬가지로 그가 여호와를 경배하기 위해 태어난 것을 잘 알았다. 연로한 제사장이 사무엘의 고사리손을 잡고 함께 성전으로 걸어 들어갔다. 한나는 더는 그들을 볼 수 없었다.

바로 그때 눈물과 함께 찬양이 쏟아져 나왔다. 한나의 수치를 거두어 주시고 아들을 허락하신 하나님은 얼마나 인자하신가! 하나님이 그녀를 기억하셨다!

내 마음이 여호와로 말미암아 즐거워하며 내 뿔이 여호와로 말미암아 높아졌으며 내 입이 내 원수들을 향하여 크게 열렸으니 이는 내가 주의 구원으로 말미암아 기뻐함이니이다 여호와와 같이 거룩하신 이가 없으시니 이는 주밖에 다른 이가 없고 우리 하나님 같은 반석도 없으심이니이다(삼상 2:1-2).

주다의 임신은 우리가 겪은 세 차례 유산과 똑같이 시작되었다. 임신

테스트기에 희미하게 보이는 두 줄. 그 분홍색 줄을 보고 희망과 두려움이 뒤섞인 미묘한 감정을 느꼈던 기억이 난다. 이 아이가 오래 살아남아서 건강하게 자랄 것이라는 희망이 들기도 했고, 이 소중한 생명도 다른 아이들처럼 금세 휩쓸려 사라질 것이라는 두려움이 몰려오기도 했다.

앞선 유산 경험 때문에 내 임신은 자동으로 고위험군에 속하게 되었다. 나는 곧바로 혈액 검사를 받았고, 갖가지 약을 먹으면서 면밀한 추적 관찰에 들어갔다.

가능한 한 빨리 초음파 검사를 받아야 한다고 해서 걱정이 되었다. 첫딸을 임신했을 때는 어쩌다 한 번 초음파 검사를 받았고, 얼마나 설렜는지 모른다. 그런데 이제는 자주 검사를 받아야 하니 마음이 불안했다.

내가 다니는 산부인과 병원은 집에서 45분 거리에 있었다. 남편과 나는 병원을 오갈 때 대부분 예배 음악을 들으면서 기도하곤 했다. 두근대는 가슴을 진정시키는 데 도움이 되는 유일한 방법이었다. 우리는 큰 소리로 찬양하고 기도하고 성경을 읽었다. 창밖으로 옥수수밭이 펼쳐지는 동안 나는 시편 139편을 크게 읽었다. 중반부에 다다르자 나도 모르게 흘러나오려는 눈물을 애써 참아야 했다.

주께서 내 내장을 지으시며 나의 모태에서 나를 만드셨나이다 내가 주께 감사하옴은 나를 지으심이 심히 기묘하심이라 주께서 하시는 일이 기이함을 내 영혼이 잘 아나이다 내가 은밀한 데서 지음을 받고 땅의 깊은 곳에서 기이하게 지음을 받은 때에 나의 형체가 주의 앞에 숨겨지지 못하였나이다 내 형질이 이루어지기 전에 주의 눈이 보셨으며 나를 위하여 정한 날이 하루도 되기 전에 주의 책에 다 기록이 되었나이다(시 139:13-16).

나는 이 아이가 이 땅에서 얼마나 오래 살지는 잘 모르지만, 내 자궁에 있는 이 작디작은 영혼에 대한 진리를 선포했다. 그러면서 내 마음은 주님을 찬양하고, 그분이 이 아이가 살아 숨 쉬는 모든 순간과 모든 날을 정하셨다는 것을 알기에 평안할 수 있었다. 이번 초음파에서 어떤 결과가 나오더라도 내 영혼은 하나님의 다스리심을 믿고 평안을 누릴 수 있었다.

∞

한나는 오랫동안 기다렸던 아들을 사랑했고, 이 사실은 의심의 여지가 없었다. 그런데 사무엘을 임신한 순간부터 그녀는 그 아이가 야훼의 소유라는 사실도 알았다. 실제로, 한나는 우리가 상상하기 힘들 정도로 깊이 이 현실을 경험했다. 한나는 하나님이 아들을 주시면, 그 아들이 성전에서 여호와를 섬기게 할 것이라고 약속했다. 그리고 하나님의 초월적인 은혜로 한나는 자신의 약속을 지켰다. 사무엘을 떠나보내 엘리 제사장과 함께 성전에서 주님을 섬기게 했다.

아들을 내주는 가슴 아픈 일을 하면서도 한나의 입에서는 기적처럼 찬양이 터져 나왔다! 한나의 기도는 예언적이다. 그 기도는 그녀의 속마음과 성령님의 말씀을 한데 엮고 있다.

한나의 마음은 여호와로 인해 "즐거워한다." 여호와의 거룩하심과 만물을 다스리시는 그분의 능력을 선포한다. 그분만이 우리의 생사를 주관하시며, 그분만이 우리를 낮추기도 하고 높이기도 하신다는 것을 안다. 그리고 자신이 무슨 말을 하는지 온전히 깨닫지도 못한 채 메시아, 곧 하나님의 "기름 부음을 받은 자"(삼상 2:10)를 가리킨다. 하지만 어떻게 한나는 아들(하나님이 응답하신 기도)을 포기하고 나서 여호와를 찬양할 수 있는가? 자신이 낳은 아들조차 자신이 아니라 궁극적으로는 하나님의 소유임을 그녀가 알았기 때문이다.

우리도 마찬가지다. 치유와 온전함, 자녀, 직업, 배우자 등 우리가 가장 바라던 것을 얻었을 때조차도 그 선물은 궁극적으로 우리 자신이 아니라 여호와의 영광을 위한 것이다. 이는 마치 선물을 주고는 변심한 사람처럼 하나님이 우리에게 그것을 돌려 달라고 요구하시기 때문이 아니다. 좋으신 아버지 하나님은 우리를 사랑하셔서 좋은 선물을 주신다(약 1:17 참조). 하지만 우리가 받은 모든 것은 그것이 우리 마음속에서 주님의 자리를 차지하는 우상이 되지 않도록, 궁극적으로 그분께 맡겨 드려야 한다.

하나님처럼 우리 마음을 만족시켜 주는 분은 없다. 한나는 그 사실을 알았다. 그래서 한나는 귀하디귀한 아들에게 작별 인사를 하면서도 진심으로 주님을 찬양할 수 있었다.

한나가 살던 시대에는 아들을 하나님이 그녀에게 허락하신 축복의 외적 상징, 곧 불임이라는 수치를 지워 주신 표지로 여겼다. 이를 기억할 때 그녀의 찬양은 더욱 아름답다. 사무엘이라는 축복을 '잃어버렸을' 때 또다시 저주받은 사람으로 보이지는 않을까 두려웠을 수도 있을 텐데, 한나는 오히려 하나님의 구원으로 말미암아 기쁘다고 선언한다(삼상 2:1). 한나는 하나님이 그녀를 돌아보시고 사랑하신다는 진리를 이미 경험했다. 남들에게 그것을 증명하기 위한 외적 표시 따위는 필요하지 않았다.

이것이 바로 한나가 평안할 수 있었던 이유다. 그녀는 하나님이 그녀와 함께하시고 그녀를 위하신다는 것을 안다.

주님 안에서 만족한다.

주님과 같이 우리 마음을 만족시켜 주실 분은 없다. 그분이 주신(혹은 주시지 않은) 선물 중에 어느 것도 사랑이나 의미나 평안에 대한 우리의 갈망을 채워 주지는 못한다. 궁극적으로 우리에게 기쁨을 주지 못한다. 물론 자녀와 배우자와 가정과 직업은 주님이 주시는 축복이고, 우리가 그것들을 간절히 바랄 때를 아신다. 그러나 그런 것들은 우리 영혼이 바라는 최선의 선물은 아니다.

우리가 가장 간절히 바라는 것은 바로 예수님이다.

그리스도 안에서만 우리 마음이 진정으로 만족할 수 있다.

당신이 원하거나 사랑하는 무언가를 포기해야 한다고 느낀다면, 하나님의 일하심을 신뢰하라. 한나처럼 우리도 우리가 간절히 바라던 것과 작별한 이후에도 여호와의 존재와 그분이 우리를 위해 하신 일을 찬양하기로 선택할 수 있다. 이 땅에서 우리가 소유한 복은 사라지지만, 여호와는 영원하시다. 주님이 당신을 살게 하시고 지키실 것이다. 그분의 임재가 당신의 위로와 평안이 될 것이다.

오늘의 묵상

여호와의 존재를 찬양하는 시간을 가지라. 모든 것을 빼앗긴 것처럼 느낄지라도, 당신에게는 하나님이 계신다. 그분이야말로 당신에게 필요한 모든 것이 되신다. 오늘 그분이 당신에게 만족을 주시고, 그분의 평안으로 당신을 채워 주실 수 있다.

5부.

마리아

알 수 없는 상황에서 누리는 평안
21~25일

21일

하나님의 뜻을 받아들일 때 찾아오는 평안

마리아가 이르되 주의 여종이오니
말씀대로 내게 이루어지이다(눅 1:38).

함께 읽기 눅 1:26-38

마리아는 절굿공이를 집어 들면서 조용한 아침나절을 잠시 즐겼다. 이제 곡식을 빻아 곱게 가루를 낼 참이었다. 어머니는 동생들을 데리고 마을 건너편에 있는 친척 집에 가셔서 마리아 혼자 남아 일하고 있었다. 집 안이 이렇게 조용한 날은 드물었다.

마리아는 절구질을 하면서 나지막이 시편을 불렀다. 적막한 집 안에 노래 가사가 울려 퍼졌다. 아버지는 평소처럼 장터에 나가셨다. 아마 요셉을 만났을 것이다. 마리아의 두 뺨이 발그레해졌다. 얼마 안 있으면 마리아는 좋은 사람의 아내가 되어 가정을 꾸릴 것이다. 마리아는 요셉과 약혼하게 되어 감사했다. 그는 부자는 아니어도 다정한 사람이었다.

갑자기 온 집 안이 빛으로 가득 차는 바람에 마리아의 눈앞이 잠시 캄캄해졌다. 부드럽고 따스한 불길이 마리아의 피부에 닿는 것 같았다. 눈이 빛에 적응하면서 무언가가 보였다. 이전에는 한 번도 보지 못한 어떤 존재가 방 안을 채웠다. 마리아는 털썩 무릎을 꿇고 말았다.

"은혜를 받은 처녀여, 기뻐해라." 맑고 순수한 고음의 목소리가 종소리처럼 울려 퍼지더니 마리아의 뼛속까지 가득 채우는 듯했다. "주님께서 너와 함께 계신다."

마리아는 잠시 주저하다가 고개를 들었다. 두 눈에 눈물이 고였다. 이 존재는 사람이 아니었다. 몸이 저절로 떨렸다. 그는 여호와의 사자였다. 하나님의 영광을 본 사람은 죽게 된다!

천사가 마리아의 생각을 읽기라도 한 듯 말했다. "마리아야, 무서워하지 마라. 너는 하나님의 은혜를 받았다." 천사의 두 눈은 강렬하면서도 부드러웠다. "네가 임신하여 아들을 낳을 것이니, 이름을 '예수'라고 해라. 그는 위대한 인물이 될 것이며 가장 높으신 하나님의 아들이라고 불릴 것이다. 주 하나님이 그의 조상 다윗의 보좌를 그에게 주실 것이니 그가 영원히 야곱의 집을 다스릴 것이며 그의 나라는 끝없이 계속될 것이다."

천사의 말이 무슨 뜻인지 몰라 어리둥절한 사이에도 마리아는 가슴이 뛰었다. 아들이라니? 그녀는 남자를 알지 못했다.

"저는 처녀인데 어떻게 이런 일이 있을 수 있겠습니까?" 마리아는 자기도 모르게 말이 튀어나왔다.

천사가 마리아를 보며 미소를 지었다. 흔들리는 잎사귀에서 빗방울이 떨어지듯이 그의 미소가 흩어졌다. "성령님이 네 위에 내려오시고 하나님의 능력이 너를 덮어 주실 것이다. 그러므로 태어나실 거룩한 분은 하나님의 아들이라고 불릴 것이다. 네 친척 엘리사벳을 보아라. 그녀는 아이를 낳지 못하는 여자로 알려졌으나 그처럼 늙은 나이에도 임신한 지 여섯 달이나 되었다!"

마리아는 숨이 턱 막혔다. 엘리사벳이? 그 나이에 임신했다고? 천사가 고개를 끄덕여 보였다. "하나님께는 불가능한 일이 없다."

두려움과 경이로움이라는 두 감정이 마리아의 마음을 사로잡았다. '어떻게 이런 일이? 내가 하나님의 아들의 어머니가 된다고? 그런데… 요셉은 어떻게 생각할까?' 하지만 방 안을 가득 채운 하나님의 임재가 마리아가 잠시 느낀 두려움을 덮어 버렸다. 거기에 평안이 자리했다. 전에는 느껴 보지 못한 심오한 기쁨이 그곳을 가득 채웠다.

마리아는 흙바닥에 계속 무릎을 꿇은 채 머리를 조아리며 대답했다. "저는 주의 종입니다. 말씀하신 대로 되기를 바랍니다."

고개를 들자 천사는 떠나가고 없었다.

알 수 없는 상황에서 주님을 신뢰하기란 여간 어려운 일이 아니다. 앞으로 무슨 일이 벌어질지 알 수 없을 때는 더더욱 그렇다. 불확실한 상황이나 감당할 수 없는 상황에 있을 때 평안함을 유지하기란 쉽지 않다.

남편이 해고되고 나서 몇 달 동안 마음의 평정을 유지하기가 쉽지 않았다. 다시 이사해야 한다는 두려움이 컸기 때문이다. 3년 반 사이에 이미 세 번이나 이사했기 때문에 움직이고 싶지 않다는 마음이 강했다. 아이들을 살던 곳에서 또다시 떠나게 하고 싶지 않았다. 나 또한 떠나고 싶지 않았다. 또다시 처음부터 시작해야 한다는 사실이 두렵기만 했다. 이사할 때마다 정서적으로 너무 지쳤다. 이삿짐을 싸야 한다는 생각만으로도 구역질이 났다.

그래서 남편은 가까운 동네에서만 일자리를 찾아보았다. 두어 달 동안 별 소득이 없자, 나는 마지못해 조금 양보하겠다고 했다. 우리가 사는 주를 벗어나지 않고 서로 운전해서 갈 수 있는 거리면 괜찮을 것 같았다.

그래 놓고도 나는 계속 가까운 곳을 알아보고 있었다. 마음속으로는 여기에 발을 꼭 붙이고 아무 데도 가지 **않을** 작정이었다.

그 무렵, 친구들이 미시간에서 누가 교회를 개척한다는 소식을 전했다. 나는 웃고 말았다. 남편은 우리가 거기까지 갈 가능성은 거의 없지만, 원한다면 남편의 이력서를 그 목사님께 전달해도 괜찮다고 말했다.

이력서를 보고 교회에서 전화가 왔고, 전화가 또 왔을 때는 줌 면접과 장로 면접으로 이어졌다. 미시간에 있는 이 교회는 남편을 청빙하는 데 관심이 있었다.

나는 양가감정을 느꼈다.

텍사스주 밖으로 이사해야 하는 일자리는 마음속으로 이미 거절한 터였다. 우리가 이곳을 떠나지 않고 아이들이 여기서 계속 생활할 수 있도록 하나님이 도와주시기를 기도하고 또 기도했다.

하지만 다른 대안들은 마치 시들어 가는 장미 이파리처럼 하나씩 떨어져 나갔다.

나는 새로운 제목으로 기도하기 시작했다. 하나님이 우리에게 원하시는 일에 순종할 수 있게 도와 달라고 기도했다. 이곳을 떠나고 싶지 않다는 마음보다 주님을 따르고자 하는 간절한 바람이 더 커졌다. 그래서 하나님이 우리를 미시간으로 부르고 계신다면, 즐거운 마음으로 갈 수 있기를 원했다.

학자들은 마리아가 가브리엘 천사에게서 자신의 인생을 180도 바꿔 놓을 소식을 들었을 때 그녀의 나이를 십 대로 추정한다. 천사가 어린 소녀에게 나타나 역사상 가장 믿기 힘든 이야기를 전하는 순간을 상상해 본다. 온 우주의 하나님이 마리아에게 세상의 소망을 배 속에 품으라고 말씀하셨다. 그것은 인간적으로 불가능한 일이었다.

마리아의 반응은 내게 놀라움과 충격을 안겨 준다.

흔들림 없는 쟁쟁한 목소리가 성경에 울려 퍼진다. "주의 여종이오니 말씀대로 내게 이루어지이다"(눅 1:38).

마리아의 대답은 온전히 **하나님**만 드러낸다. 자신의 바람이나 기대는 찾아볼 수 없다. 하나님이 어떤 분이시고 어떤 계획을 갖고 계신지를 이야기할 뿐이다.

이것은 경솔한 반응이 아니다. 마리아는 하나님이 자신에게 단순히 예수님을 잉태하는 것만 요구하고 계시지 않는다는 사실을 이해했을 것이다. 세상에서의 지위와 약혼자도 포기해야 한다고 요구하고 계셨다. 마리아의 배 속에서 생명이 자라고 있는데 누가 그의 정절을 믿어 줄 것인가?

천사 가브리엘이 찾아온 순간, 마리아는 하나님이 자신에게 이상한 복을 주고 계신다는 것을 깨닫는다. 이 복을 통해 마리아는 특별한 사람이 되는 동시에 의심의 눈초리를 받을 것이다. 괴로움뿐만 아니라 어쩌면 박해까지 받게 될 것이다.

하지만 이 어린 소녀는 나를 겸손하게 만든다. 마리아는 이 말씀이 불러올 모든 후폭풍에도 불구하고 하나님의 손길을 받아들인다.

마리아는 승낙한다.

그렇게 마리아는 하나님과 파트너가 되어 평화의 왕자요, 우리 구세주를 세상으로 안내한다.

∞

우리도 마리아처럼 하나님과 파트너가 되어 하늘나라를 세상에 안내하는 일에 날마다 하나님의 초대를 받는다.

하지만 그런 초대는 불확실한 상황을 통해 오는 경우가 많다. **결과를 확실히 알기 전에** 그분을 믿고 순종해야 하는 것이다.

내 경우에는 내 바람을 내려놓고 하나님의 부르심을 따라야 했다. 나는 텍사스를 떠나고 싶지 않았지만, 우리 가족이 미시간으로 가야 한다는 것이 점점 더 확실해졌다.

성경을 펼쳐서 마리아의 순종 이야기를 읽었다. 마리아는 자신의 순종이 일상에 어떤 변화를 불러올지 확실히 알지 못한 채 순종했다.

그녀의 신실함을 보면서 나는 행동(이삿짐 상자를 다시 꺼냈다)과 말(아무것도 모르면서 미시간에 대해 희망적이고 좋은 이야기를 했다)을 통해 하나님께 순종하는 선택을 할 수 있었다.

그리고 주님은 내 작은 순종 행위에 평안을 허락하셨다.

앞으로 어떻게 될지 모르는 건 여전히 마찬가지였다. 우리 딸이 새로운 도시에서 새로운 생활을 잘해 나갈 수 있을까? 일은 잘 풀릴까? 새 친구를 사귈 수 있을까? 장담할 수 없었다. 그러나 하나님께 순종하기로 하자 내 영혼은 하나님의 주권과 우리 가족을 향한 그분의 계획을 믿고 평안할 수 있었다.

하나님은 우리가 알지 못하는 상황에서 순종을 요구하신다. 그 순종이 새로운 일을 시작하는 것처럼 큰일일 수도 있고, 새 친구를 만드는 것처럼 작은 일일 수도 있다. 이웃에게 복음을 전하거나 평소보다 큰돈을 기부하는 일일 수도 있다. 아이를 입양하거나 자녀를 즐거이 사랑하는 일일 수도 있다. 하나님은 수많은 방법으로 그분을 신뢰하고 순종하라고 요청하신다. 우리에게는 그분께 다시 순종할 기회가 많다.

마리아처럼 우리도 주님께 순종하면서 그분의 평안을 경험하게 될 것이다. 하지만 대개는 환경 때문이 아니라 그 환경에서 우리와 **함께하시는** 하나님의 임재 때문에 평안할 것이다.

알 수 없는 환경에서도 전심으로 순종하라는 하나님의 초대를 받아들일 때, 우리는 하나님이 우리에게 필요한 모든 것을 주시고(마 6:33), 그분의 능력 안에서 앞으로 나아갈 수 있는 평안을 주신다는 것을 알게 될 것이다.

우리는 순종하기만 하면 된다.

오늘의 묵상

오늘 주님은 그분 뜻에 순종하라고 어떻게 당신을 초대하고 계시는가? 새로운 상황으로 나아갈 때 평안을 경험하려면, 당신은 어떤 영역에서 그분을 신뢰해야 하는가? 오늘 당신이 진심으로 순종할 수 있게 해 달라고 하나님께 간구하라!

22일

하나님의 도우심을 통한 평안

**요셉이 잠에서 깨어 일어나
주의 사자의 분부대로 행하여**(마 1:24).

함께 읽기 마 1:18-25

마리아는 마음을 굳게 먹었다. 요셉이 언제라도 집에 찾아와 파혼을 요구하거나 결혼을 요구할 수 있었다. 그가 어느 쪽으로 결심할까? 마리아는 불안감에 휩싸였다. '오, 주님, 저를 도와주세요. 주님의 아들을 저 홀로 키우고 싶지는 않습니다.'

지난주에 있었던 일들을 마음속으로 다시 떠올려 보았다.

나이 들어 아들을 낳은 친척 엘리사벳을 만나고 돌아온 마리아는 요셉을 보고 싶은 마음이 간절했다. 하지만 이제 마리아는 제법 임신한 티가 나서 옷 위로도 배가 불러온 것을 알아볼 수 있었다. 마리아를 본 요셉의 표정이 마치 산비탈의 돌덩이처럼 무너져 내렸다.

요셉은 어금니를 꽉 깨물었다. 그 전날 집에 돌아온 마리아를 보고 그녀의 아버지도 그랬다. 요셉도 마리아의 아버지와 똑같이 어떻게 된 일이

냐고 다그쳤다. 마리아는 부모님께 한 이야기를 약혼자에게도 똑같이 들려주었다. 천사가 전한 메시지를 똑똑하고 분명하게 전달했다.

돌처럼 굳어 있던 요셉의 얼굴에서 표정이 사라졌다. 마리아는 그가 무슨 생각을 하는지 알고 싶어 미칠 것 같았다.

요셉의 입에서 나온 말은 한마디뿐이었다. 그마저도 마리아보다는 마리아의 아버지에게 하는 말 같았다. "기도해 보겠습니다. 일주일만 시간을 주시면 어떻게 할지 결정해서 말씀드리겠습니다."

요셉에게는 두 가지 방법밖에 없다는 것을 마리아도 잘 알았다. 파혼하거나 아니면 결혼하거나. 파혼은 마리아의 명예를 더 망가뜨릴 것이다. 그녀에게 명예라는 게 아직 남아 있다면 말이다. 반대로 결혼은 요셉의 명예를 망가뜨릴 것이다. 그가 아이 아버지라고 인정하는 셈이 될 테니 말이다.

지난주 내내 마리아가 수천 번도 더 되뇌었던 기도가 또다시 마음속에 떠올랐다. '주님, 도와주세요. 요셉에게 진실을 알려 주세요.'

요셉의 그림자가 길어지더니 그가 문간에 모습을 드러냈다. 마리아는 약혼자를 곁눈질로 훔쳐보았지만, 아무런 표정도 읽을 수 없었다.

마리아의 아버지가 수심이 가득한 눈으로 요셉을 바라보며 고개를 끄덕였다. 마리아의 아버지는 마리아를 사랑하지만, 그녀의 이야기를 믿지 못하는 눈치였다. 누가 그런 이야기를 믿을 수 있겠는가? 마리아조차 임신한 사람이 자신이 아니었다면 천사의 말을 믿지 못했을 것이다.

요셉이 마리아의 아버지와 마리아에게 차례로 눈길을 주었다. 다정한 눈빛이었다. 그리고 그의 눈에 마리아가 전에는 보지 못했던 단호함이 엿보였다.

"어르신, 따님과 결혼하겠습니다." 요셉의 시선이 마리아에게 고정되었다. 마리아의 아버지는 참고 있던 숨을 한꺼번에 몰아쉬었다.

"요셉, 자네 생각이 확고한가?"

요셉이 마리아의 아버지를 바라보며 대답했다. "확실합니다, 아버님. 따님 말이 사실입니다." 요셉의 시선이 다시 한번 마리아를 향했다. 그의 얼굴에 듬직한 미소가 어렸다. "지난밤 꿈에 여호와의 천사가 나타났습니다. 마리아는 성령으로 우리 백성의 구세주를 임신했습니다."

마리아는 애써 울음을 참아 봤지만 자기도 모르는 사이에 두 눈에 눈물이 고였다. '오, 주님! 요셉에게 말씀해 주셨군요! 감사합니다!' 요셉이 마리아에게 손을 내밀었다. "이리 오시오, 마리아. 내 아내가 되어 주오."

마리아는 곧 남편이 될 요셉에게 한 걸음 다가섰다. 천사가 찾아온 날부터 내내 품고 있던 뜨거운 눈물이 흘러내렸다. 하나님이 그녀의 기도를 들어주셨다.

뭐라고 기도해야 할지조차 몰라 힘들었던 때가 있는가? 어긋난 관계를 바로잡아야 하는데 어디서부터 시작해야 할지 모를 때. 재정적으로 힘든데 어떻게 해결해야 할지 모를 때. 몸이 아픈데 진단명으로 보건대 기도가 과연 도움이 될지 알 수 없을 때…. 어떤 상황이든 간에, 옴짝달싹할 수 없을 정도로 큰 문제가 닥쳐서 하나님께 어떻게 도움을 청해야 할지조차 모를 수 있다.

가브리엘 천사가 다녀가고 나서 마리아는 하나님께 끊임없이 도움을 청했을 것이다. 하지만 어떤 **종류**의 도움이 필요한지 말로 설명하는 데 애를 먹었을 것이다. 마리아의 상황은 세계 역사상 유례를 찾아볼 수 없는 독특한 상황이었다. 아마도 그저 '주님, 도와주세요.'라고 기도할 수밖에 없었을 것이다.

때로 우리가 드릴 수 있는 기도도 그뿐일 때가 있다. 주님도 그런 우리 사정을 잘 아시고, 혼란스럽고 약한 우리를 대신하여 친히 간구해 주신다. "이와 같이 성령도 우리의 연약함을 도우시나니 우리는 마땅히 기도할 바를 알지 못하나 오직 성령이 말할 수 없는 탄식으로 우리를 위하여 친히 간구하시느니라"(롬 8:26).

"하나님, 도와주세요." 나도 이런 화살기도를 수없이 하늘에 쏘아 올렸다. 아들이 매우 아팠을 때 "하나님, 도와주세요." 사랑하는 사람을 잃고 깊은 슬픔에 빠졌을 때 "하나님, 도와주세요." 남편이 해고되고 모든 게 힘들었을 때도 "하나님, 도와주세요."라는 기도밖에 나오지 않을 때가 있었다. 할 말을 찾지 못할 때, 기도할 힘이나 희망이 없을 때 마음속에서 "도와주세요."라는 말이 나왔다.

하나님은 그분의 자녀가 드리는 모든 기도에 응답하시듯이, 이 기도에도 응답하신다. 지금 당장은 눈에 보이지 않을 수도 있지만, 주님은 항상 우리 편에서 일하고 계신다. 늘 우리를 위해 중보하고 계신다(히 7:25; 롬 8:34 참조).

그리고 다른 사람들의 손길을 통해서도 하나님의 도우심을 경험할 때가 많다. 음식을 나누어 주고, 함께 대화하고, 함께 눈물 흘리며 공감해 주는 이들을 통해서 우리를 도우시는 것이다. 하나님은 그분의 몸, 곧 그리스도의 몸을 사용하셔서 가장 도움이 필요한 이들을 도우신다. 아들이 아플 때 우리를 도와준 의사들이 있었다. 유산을 겪었을 때 우리와 함께 기도해 주고 음식을 가져다준 친구들이 있었다. '목회자들의 희망'(The Pastor's Hope Network)*이라는 처음 들어 본 단체를 통해 그리스도의 도우심을 체험하기도 했다. '목회자들의 희망'은 해고당하거나 사임을 강요받은 목회자들을 돕는 사역 단체다. 정서적 지원에서부터 상담료 지원, 이력서 검토와 재정 상담까지, 디애나와 그녀의 팀은 남편의 실직 이후에 우리에게 엄청난 도움을 주었다.

그런(그리고 일일이 다 언급할 수 없을 정도로 많은) 상황에서 우리는 "하나님, 도와주세요."라는 단순한 기도를 올려드렸다. 그리고 하나님 백성의 사랑과 친절을 통해 그렇게 힘겨운 시기마다 평안을 누렸다.

∞

구세주를 맞이하기 위해 어린 미혼모가 된 마리아는 의지할 곳이 없었다. 하지만 하나님의 도우심을 믿고 수도 없이 그분의 도우심을 간구했을 때 하나님이 다른 사람들을 통해 돌보시는 것을 알 수 있었다.

하나님은 계속해서 그렇게 역사하신다. 하나님 백성을 사용하셔서 그분 백성을 돌보게 하신다. 하나님의 자녀들이, 상처받은 사람들이 평안을 찾도록 도와줄 길을 가리키게 하신다.

요셉이 여러 면에서 마리아에게 그런 역할을 했다. 하나님은 꿈을 통해 요셉에게 예수님의 수태 과정을 말씀해 주셨고, 그는 그 말씀을 믿었

---

* Pastorshope.net

했을 것이다. 하지만 어떤 **종류**의 도움이 필요한지 말로 설명하는 데 애를 먹었을 것이다. 마리아의 상황은 세계 역사상 유례를 찾아볼 수 없는 독특한 상황이었다. 아마도 그저 '주님, 도와주세요.'라고 기도할 수밖에 없었을 것이다.

때로 우리가 드릴 수 있는 기도도 그뿐일 때가 있다. 주님도 그런 우리 사정을 잘 아시고, 혼란스럽고 약한 우리를 대신하여 친히 간구해 주신다. "이와 같이 성령도 우리의 연약함을 도우시나니 우리는 마땅히 기도할 바를 알지 못하나 오직 성령이 말할 수 없는 탄식으로 우리를 위하여 친히 간구하시느니라"(롬 8:26).

"하나님, 도와주세요." 나도 이런 화살기도를 수없이 하늘에 쏘아 올렸다. 아들이 매우 아팠을 때 "하나님, 도와주세요." 사랑하는 사람을 잃고 깊은 슬픔에 빠졌을 때 "하나님, 도와주세요." 남편이 해고되고 모든 게 힘들었을 때도 "하나님, 도와주세요."라는 기도밖에 나오지 않을 때가 있었다. 할 말을 찾지 못할 때, 기도할 힘이나 희망이 없을 때 마음속에서 "도와주세요."라는 말이 나왔다.

하나님은 그분의 자녀가 드리는 모든 기도에 응답하시듯이, 이 기도에도 응답하신다. 지금 당장은 눈에 보이지 않을 수도 있지만, 주님은 항상 우리 편에서 일하고 계신다. 늘 우리를 위해 중보하고 계신다(히 7:25; 롬 8:34 참조).

그리고 다른 사람들의 손길을 통해서도 하나님의 도우심을 경험할 때가 많다. 음식을 나누어 주고, 함께 대화하고, 함께 눈물 흘리며 공감해 주는 이들을 통해서 우리를 도우시는 것이다. 하나님은 그분의 몸, 곧 그리스도의 몸을 사용하셔서 가장 도움이 필요한 이들을 도우신다. 아들이 아플 때 우리를 도와준 의사들이 있었다. 유산을 겪었을 때 우리와 함께 기도해 주고 음식을 가져다준 친구들이 있었다. '목회자들의 희망'(The Pastor's Hope Network)*이라는 처음 들어 본 단체를 통해 그리스도의 도우심을 체험하기도 했다. '목회자들의 희망'은 해고당하거나 사임을 강요받은 목회자들을 돕는 사역 단체다. 정서적 지원에서부터 상담료 지원, 이력서 검토와 재정 상담까지, 디애나와 그녀의 팀은 남편의 실직 이후에 우리에게 엄청난 도움을 주었다.

그런(그리고 일일이 다 언급할 수 없을 정도로 많은) 상황에서 우리는 "하나님, 도와주세요."라는 단순한 기도를 올려드렸다. 그리고 하나님 백성의 사랑과 친절을 통해 그렇게 힘겨운 시기마다 평안을 누렸다.

∞

구세주를 맞이하기 위해 어린 미혼모가 된 마리아는 의지할 곳이 없었다. 하지만 하나님의 도우심을 믿고 수도 없이 그분의 도우심을 간구했을 때 하나님이 다른 사람들을 통해 돌보시는 것을 알 수 있었다.

하나님은 계속해서 그렇게 역사하신다. 하나님 백성을 사용하셔서 그분 백성을 돌보게 하신다. 하나님의 자녀들이, 상처받은 사람들이 평안을 찾도록 도와줄 길을 가리키게 하신다.

요셉이 여러 면에서 마리아에게 그런 역할을 했다. 하나님은 꿈을 통해 요셉에게 예수님의 수태 과정을 말씀해 주셨고, 그는 그 말씀을 믿었

---

* Pastorshope.net

다. 마리아를 집에 데려와 아내로 맞이하여, 마리아가 홀로 감당했을지도 모르는 짐을 함께 나누었다. 혼인하지 않은 여자가 아이를 가졌을 때 받았을 수치심? 요셉은 마리아를 아내로 맞아 그 수치심을 없애 주었다. 홀로 아이를 키워야 한다는 두려움? 요셉은 마리아와 결혼하여 그 부담을 없애 주었다. 새로운 삶을 헤쳐 나가야 한다는 염려? 마리아를 신부로 받아들이기로 한 요셉은 평안을 가져다주었다.

실제로 요셉은 "의로운 사람"이었다(마 1:19). 말씀대로 했을 때 남들 눈에 어떻게 비칠지를 생각하기보다는 하나님을 신뢰하고 그분께 순종한 사람이었다.

요셉은 이 순종의 의를 통해 마리아와의 관계뿐 아니라 온 세상에 평안의 길을 닦았다. 그가 하나님(과 마리아)을 믿었기에 결혼 생활에 평안이 찾아왔다. 그가 예수님을 키우는 일에 기꺼이 동참하려고 했기에 평화의 왕자가 세상에 나올 수 있었다.

힘들 때는 주저하지 말고 "주님, 도와주세요."라고 간단히 기도하라. 그 다음에는? 눈을 크게 뜨고 하나님의 위로와 도우심을 찾아보라. "감사함으로 깨어 있으라"(골 4:2). 당신이 기대한 사람이나 생각한 방식은 아닐지도 모르지만, 하나님은 **항상** 우리를 돕고 계신다. 마리아는 알 수 없는 미래에 대한 두려움을 하나님께 내려놓아야 했다. 그랬을 때 하나님이 요셉을 통해 도우셨다. 요셉은 마리아와 함께하는 삶에 대한 염려를 하나님께 내려놓아야 했다. 그랬을 때 하나님은 꿈을 통해 그를 도우셔서 그의 행동에 필요한 확신을 주셨다. 마리아와 요셉처럼 하나님의 자녀인 우리도 도움이 필요한 때에 그분의 도우심을 받을 것이다. "하나님은 우리의 피난처시요 힘이시니 환난 중에 만날 큰 도움이시라"(시 46:1).

오늘의 묵상

하나님은 끊임없이 그분의 자녀를 돕고 계신다. 그런 하나님이 그분의 손과 발이 되어 다른 사람들을 도우라고 당신을 초청하신다. 이번 주에 당신은 누구를 도울 수 있겠는가? 이야기를 들어주어야 하거나 따뜻한 음식이 필요한 지인이 있는가?
당신에게 평안이 필요한 상황인데 하나님의 도우심을 경험하지 못하고 있다고 느낀다면, 시편 46편 1-3절과 로마서 8장 28절을 묵상하라. 하나님이 당신 삶에서 역사하고 계신다. 주님의 도우심을 새롭게 볼 수 있는 눈을 주시길 간구하라.

23일

예상치 못한 조율을 통해 오는 평안

첫아들을 낳아 강보로 싸서 구유에 뉘었으니
이는 여관에 있을 곳이 없음이러라(눅 2:7).

함께 읽기 눅 2:1-7

마리아는 옷을 꽉 부여잡고 숨을 쉬어 보려 했다. 미친 사람처럼 베들레헴 길거리를 뛰어다니는 요셉을 더는 따라갈 수가 없었다. 마리아는 사람들로 넘쳐 나는 수많은 여관 중 어느 한 곳에서 벽에 기대어 있었다. 인구 조사 때문에 벌집 속 벌들처럼 온 동네에 여행객이 득실거렸다.

마리아는 신음을 참으면서 진통이 가시기를 기다렸다. 출산 예정일까지 적어도 두 주는 남았다고 생각했는데, 아이가 나오려는 것이 틀림없었다. 여기서? 가족과 고향에서 멀리 떨어진 이곳에서? 마리아는 울음이 터져 나올 것만 같았지만, 마치 빛줄기처럼 온몸을 관통하는 힘에 온 정신을 집중했다.

'요셉은 어디 간 거야?' 요셉이 자리를 비운 10분 남짓한 시간이 몇 시간처럼 느껴졌다. 이 마을에 요셉의 친척들이 살긴 하지만, 그들의 집도 이미 꽉 찬 상황이었다. 두 사람은(곧 셋이 될 것이다) 머물 곳이 없었다.

요셉이 다가오고 있었다. 지는 해가 그의 눈에 반사되어 보였다. "마리아, 괜찮아요? 잘 곳을 찾긴 했는데, 미안하지만…"

마리아는 요셉의 손을 붙잡고 허리를 펴 보려 했다. "그냥 어서 가요."

요셉은 마리아를 안다시피 하여 마리아가 모르는 어느 집으로 데려갔다. 또다시 진통이 밀려온 마리아는 주저앉고 싶은 것을 가까스로 참느라 어금니를 앙다물었다. 요셉은 마리아를 붙잡고 진통이 가라앉을 때까지 기다렸다.

마리아는 가정집으로 올라가는 계단을 올려다보았다. "저 집에서…" 마리아가 한숨을 돌리면서 물었다. "우리를 받아 준대요?"

요셉이 눈에 고인 눈물을 감추느라 고개를 떨구었다. "여보, 아래쪽이에요."

'가축을 키우는 곳?'

"미안해요, 마리아. 남은 곳이 여기뿐이네요."

마리아가 고개를 가로저었다. '하나님, 도대체 어찌 된 영문인가요? 당나귀들 틈에서 주님의 아들이 태어나기를 바라시는 건 아니죠?'

몸이 으스러질 것 같은 진통이 온몸에 번지자 목구멍에서 괴로운 신음이 터져 나왔다. 요셉은 마리아를 일으켜 세워서 어두컴컴한 아래쪽으로 향했다. 예수님이 곧 세상에 나오실 시간이 되었다.

딸이 태어나고 6개월이 지난 11월이었다. 남편이 원인 불명의 메스꺼

움과 두통을 호소하기 시작했다. 무슨 영문인지 몰라서 몹시 혼란스럽고 무서웠다. 통증이 심해서 여러 번 응급실에 가기도 했다. 바이러스성 뇌막염 같다는 의사도 있었고, 성인 편두통 같다는 의사도 있었다. 또 다른 의사는 원인을 알 수 없는 질환이라고 주장하기도 했다. 똑 부러진 진단을 내린 의사는 없었다.

비슷한 시기에 나도 갑작스레 현기증을 앓기 시작했다. 어지럼증이 심해서 아이를 안고 있기가 불안했고, 3초 이상 똑바로 서 있지 못할 때도 있었다. 병원에 갔더니 의사는 어지럼증의 원인을 알 수 없으니 증상이 사라질 때까지 기다려 보라고만 했다.

의사를 만나고 돌아오는 주차장에서 눈물이 났다. '하나님, 도대체 이게 무슨 일이죠? 저희를 도와줄 사람은 아무도 없나요? 주님이 도와주셔야죠!'

아이를 낳고 얼마 안 되어서 둘 다 정신이 나간 게 아닌가 하는 생각이 들었다. 수면 부족 때문에 있지도 않은 증상을 만들어 낸 건 아닐까? 이성을 잃어버린 게 아닐까?

이렇게 절박한 기도를 드리고 나서 얼마 안 있어, 하루 사이에 두 통의 전화를 받았다. 양가 어머니의 전화였다. 두 분은 서로 말씀을 나눈 것도 아닌데, 우리에게 일산화탄소 수치를 확인해 보라고 각각 말씀하셨다.

친정어머니께는 우리 집에 일산화탄소 측정기가 두 개 있는데 한 번도 울린 적이 없다고 말씀드렸다. 하지만 시어머니가 전화로 똑같은 질문을 하시자, 나는 인터넷에서 일산화탄소 중독 부작용을 찾아보았다. 어지럼증, 극심한 두통, 구토 같은 증상을 읽으면서 팔에 소름이 돋았다.

곧장 환기 장치 전문가에게 연락했다. 보일러가 몇 군데 망가져 있어서 우리 집 일산화탄소 수치가 주차장에서 법적으로 허용되는 수치보다 더 높게 나왔다. 미세한 수준의 일산화탄소 중독을 겪고 있어서 그렇게 아팠던 것이다.

남편은 상태가 심각해서 한동안 산소 치료까지 받았다. 자칫 최악의 사태로 치달을 뻔했다. 일산화탄소 중독이 치명적 수준에 이르기 전에 하나님이 여러 사건을 조율하셔서 우리 생명을 구해 주셨다. 우리의 신체 반응을 사용하시고, 마음을 다한 기도를 들으시고, 양가 어머니께 초자연적 통찰을 허락하셨다. 하나님의 주권적 계획 가운데 이 모든 일이 어우러져 우리를 도왔다. 당시에는 전혀 도움이라고 생각하지 못했지만, 우리가 겪은 증상은 우리 집에 스며든 치명적 중독을 발견하게 한 유일한 방법이었다.

가축이 먹고 자는 곳에서 예수님을 낳은 마리아는 몹시 심란했을 것 같다. 가축에 둘러싸여 출산하고 싶은 여자가 어디 있겠는가(더군다나 온 세상의 왕을 낳게 된 여성이라면 말이다). 마리아가 자신이 처한 상황에 그저 의구심만 품었을지, 아니면 예수님의 탄생에 대한 하나님의 계획을 놓치지는 않았을까 염려했을지 궁금하다. 아무리 생각해 봐도 고향과 가족, 그리고 모든 지인과 멀리 떨어진 곳에서 예수님이 태어난 것이 하나님의 가장 좋은 계획은 **확실히** 아니었을 테니 말이다. 하나님은 마리아가 가축들이 뒹구는 건초 더미에서 구세주를 맞이하기를 원하지는 않으셨을 것이다.

그러나 하나님은 마리아와 요셉이 당시에는 온전히 알 수 없었던 것을 아셨다. 하나님은 두 사람의 고향이 아닌 베들레헴에서 예수님이 태어나신 것은 선지자들의 예언을 성취하는 일임을 아셨다. 하나님은 농민들 사이에서 요란하지 않게 그리스도가 탄생하신 것은 그리스도의 겸손한 임재를 선포하는 일임을 아셨다. 하나님은 구세주가 이 땅에 오신 소식이 (왕이나 중요한 사람들이 아니라) 근처에 있던 목자들에게 선포된 것은 구세주께서 그분을 영접하는 **모든** 사람을 위해 오셨다는 표징임을 아셨다.

마리아가 모든 지인과 동떨어진 채(그리고 아마도 자신이 예수님의 탄생에 대해 기대한 것과도 전혀 다르게) 베들레헴에서 겪은 이 험난한 상황은 하나님이 마리아의 유익과 그리스도의 영광을 위해 조율하신 일이다. 인구 조사 때문에 고향을 떠났기 때문에, 마리아와 요셉은 그들이 있어야 할 곳에 있게 되었다. 집과 여관이 가득 차서 누추한 곳을 찾았고, 덕분에 우주의 왕은 백성의 필요와 그들의 엉망진창인 상태를 외면하지 않게 되셨다. 마리아가 이해하지 못한 세부 사항 하나하나에 복음을 세상에 전파하기 위한 목적이 있었다.

성경은 예수님이 탄생하시고 목자들이 경배하러 찾아오고 나서 "마리아는 이 모든 말을 마음에 새기어 생각하니라"(눅 2:19)라고 말한다. 처음에는 혼란스러웠을 상황이 이제는 마리아의 마음에 "새겨졌다." 마리아는 하나님이 함께하시며, 이 모든 일이 그분의 계획 가운데 있음을 깨닫고 안심했다.

도무지 이해되지 않거나 염려스럽고 불안한 환경에 처할 때면, 하나님이 모든 일을 주관하신다는 사실을 기억하라. 하나님은 당신의 유익과 그분의 영광을 위해 당신 삶의 모든 사건을 조율하고 계신다. 그분의 일하심을 마음에 새길 수 있게 해 주시길 하나님께 간구하라. 영혼의 평안을 누리라. 온 세상의 왕이 당신과 함께 계시며, 그분의 계획이 당신 삶의 가장 적절한 때에 이루어질 것이다.

오늘의 묵상

하나님이 당신의 삶을 세심하게 조율하고 계신다. 그러니 영혼의 평안을 누리라. 마리아와 요셉을 돌보신 하나님이 당신 삶에서도 일하고 계신다. 당신이 하나님을 더 많이 신뢰하는 법을 배우는 동안 그분의 선하신 일하심을 마음에 새길 수 있게 해 달라고 기도하라.

24일

최악의 상황에서 만나는 평안

예수께서 자기의 어머니와 사랑하시는 제자가 곁에 서 있는 것을 보시고
자기 어머니께 말씀하시되 여자여 보소서 아들이니이다 하시고
또 그 제자에게 이르시되 보라 네 어머니라 하신대
그때부터 그 제자가 자기 집에 모시니라(요 19:26-27).

함께 읽기 요 19:25-30

마리아는 눈을 감고 아들이 건강하고 온전했을 때의 모습을 떠올려 보았다. 예수님은 산과 광야에서, 호수와 성전 뜰에서 사람들을 가르치셨다. 마리아는 예수님이 이 땅에 하나님 나라의 왕으로 오셨다고 믿었다. 예수님을 잉태하면서 그 사실을 알 수 있었다. 아장아장 걸어 다니던 시절, 예수님은 나이에 걸맞지 않은 품위와 통찰을 보여 주셨다. 좀 더 자라서는 다른 사람들에게 많은 친절을 베푸셨다. 그분은 지혜로우시고, 토라에 대한 열정이 가득하셨다. 지난 3년간 마리아는 예수님 안에서 하나님 나라가 확장되는 것을 보았다. 하나님 나라는 예수님 말씀에 귀 기울이는 모든 이에게 생수의 샘과도 같다. 예수님의 존재는 하나님의 임재 그 자체였다. 그분은 메시아였다.

그런데 지금은 어찌 된 일인가? 마리아의 아들 그리스도가 고문을 받

고 십자가에 못 박히다니? '하나님! 우리 기도를 들으시고 우리를 불쌍히 여겨 주소서!'

　너무나 슬픔이 깊었던 마리아는 이러다 아들과 함께 죽을지도 모른다는 두려움이 들었다. 목구멍까지 차오른 분노를 꾹꾹 누른 채 몸을 추슬렀다. 오늘만 벌써 두 번째 헛구역질이 올라왔지만, 죽어 가는 아들을 곁에서 지키기로 마음을 다잡았다. '오, 하나님! 이것이 진정 당신 뜻이란 말입니까?'

　눈물이 뺨을 타고 흘러내렸지만, 눈앞에 보이는 끔찍한 장면에 숨을 죽이고 울었다. 예수, 마리아의 예수, 그녀의 귀한 아들이 형언할 수 없는 고통을 받으며 죽어 가고 있었다. 그분의 머리와 등, 손과 발에서 피가 흘러내렸다. 어떻게 저 몸에서 아직도 나올 것이 있는지 마리아는 당황스러웠다. 기진맥진한 그분의 얼굴이 아마포처럼 창백했다.

　아들을 안아 보고 싶은 간절한 마음에 마리아는 십자가에 달린 예수님께 팔을 뻗었다. 하지만 안을 수는 없었다. 누구와도 나눌 수 없는 그분만의 고통이 보였다. 아니, 느껴졌다.

　'주님! 당신의 자녀를 불쌍히 여겨 주소서! 그가 이 땅을 다스리고 하나님 나라의 주인이 되리라고 말씀하지 않으셨습니까. 그런데 지금 그가 피를 흘리며 죽어 가고 있습니다!'

　마리아는 울부짖으며 기도했다. 하지만 현실을 이해해 보려고 애썼다. 자기 아들이 왕좌와는 동떨어진 곳에서 죽어 가고 있었다. 힘겹게 호흡을 이어 가느라 가슴이 오르락내리락 떨리고 있었다. 이 모습을 지켜보는 사이, 근래에 예수님이 전하신 말씀이 머릿속에 조각조각 떠올랐다.

　"회개하라 천국이 가까이 왔느니라."

"천국은 침노를 당하나니."

"심령이 가난한 자는 복이 있나니 천국이 그들의 것임이요."

마리아는 고통과 각오로 얼룩진 사랑하는 아들의 얼굴을 살펴보았다. 문득 이런 생각이 떠올랐다. '그는 자신이 지금 무슨 일을 하고 있는지 알고 있어.'

바로 그때 예수님이 힘겹게 두 눈을 뜨고 마리아에게 고갯짓하시더니, 그 옆에 서 있던 요한을 바라보셨다. 예수님의 지치고 마른 목소리가 마리아에게는 축복처럼 들렸다.

"그가 어머니의 아들입니다." 힘겹게 말을 꺼내느라 고통으로 그의 온몸이 떨렸다. 그다음에는 요한에게 말씀하셨다. "보라, 네 어머니시다." 예수님은 다시 마리아 쪽으로 고개를 끄덕이셨다. 요한이 마리아의 손을 붙잡았다. 그러면서도 그는 예수님에게서 눈을 떼지 못했다. "네, 랍비님. 제 어머니로 모시겠습니다." 마리아가 요한의 손을 꼭 붙잡고 그에게 속삭였다. "고맙네, 아들."

이 순간까지도 예수님은 마리아를 돌보고 계셨다. 마리아가 예수님을 얼마나 사랑했는가!

살면서 최악의 상황을 걱정하는 일은 흔하다. 대부분의 사람은 자신이 가장 두려워하는 것을 그리 어렵지 않게 떠올릴 수 있다. 그것이 배우자나 자녀를 잃는 일, 집이나 직장을 잃는 일, 신체적인 고통이나 질병일 수도 있다.

내 친구 중에는 암으로 자녀를 잃거나 배우자를 일찍 떠나보낸 친구들이 있다. 배우자가 바람을 피우거나 불신 때문에 파경에 이른 친구들도 있다. 화재로 집과 재산을 몽땅 잃은 친구들도 있다. 나는 우리 부모님이 다른 사람에게 배신당해 공동체를 잃어버린 일을 고스란히 목격하기도 했다. 우리 부부는 유산과 실직, 우울증을 겪었다. 이런 상황들은 우리 인생 가까이에서 일어나는 일이다. 당신은 당신이 아는 사람들은 물론, 당신만의 상처와 상실을 이야기할 수 있을 것이다.

누구나 살면서 큰 고통과 어려움을 만난다. 죄와 타락, 죽음의 손아귀에서 벗어날 수 있는 사람은 없다.

그러나 최악의 상황이 우리나 우리가 사랑하는 이들에게 벌어질 때, **바로 그때조차** 하나님은 그분이 무슨 일을 하고 계시는지 아신다. 이 말은 하나님이 우리가 겪는 악이나 고통, 어둠을 만드셨다는 뜻이 아니다. 그분은 온전히 선하신 분이다.

그는 반석이시니 그가 하신 일이 완전하고 그의 모든 길이 정의롭고 진실하고 거짓이 없으신 하나님이시니 공의로우시고 바르시도다(신 32:4).

사람이 시험을 받을 때에 내가 하나님께 시험을 받는다 하지 말지니 하나님은 악에게 시험을 받지도 아니하시고 친히 아무도 시험하지 아니하시느니라(약 1:13).

하나님은 공의로우시고 바르시다. 신실하시고 완전하시다. 그분은 아무도 시험하지 않으신다. 그분은 악을 만드시지 않았다. 무슨 일이 생기든 하나님이 여전히 통제하고 계신다. 그리고 어떻게 당신의 가장 큰 고통을 없애 주실지 알고 계신다.

십자가조차 구원하실 수 있는 하나님이 당신의 모든 슬픔과 고통을 구원해 주실 수 있고, 구원해 주실 것이다.

마리아는 이 세상 그 누구도 경험해 보지 못한 방식으로 그 사실을 몸소 경험했다. 예수님의 어머니이자 그분의 신실한 제자 중 하나인 마리아는 그분을 누구보다 친밀하게 사랑했다. 친어머니만큼 자식을 잘 아는 사람이 또 있을까? 마리아는 예수님의 상처에 입을 맞추고 그분을 팔에 안아 달랬다. 예수님의 성장을 지켜보며 자신을 낮추어 그분에게서 배웠다. 마리아는 신실하고 믿음이 강한 여인이었지만, 상상하기 힘든 일이 벌어졌다. 아들이 짓지도 않은 죄 때문에 죽임을 당한 것이다.

엄청난 고통이 그녀를 짓눌렀다.

하나님은 예수님을 십자가에서 구해 주시지 않았다. 하늘에서는 아무런 개입이 없는 것 같았다. 마리아는 그 험한 십자가에서 아들이 죽어 가는 모습을 지켜봐야 했다. 예수님이 죽어 가는 동안, 하나님이 주신(예수님이 태어나시기 전에 천사가 전해 준) 그 모든 꿈과 소망과 약속이 눈앞에서 산산조각 나는 것만 같았다.

마리아의 눈에는 절망밖에 보이지 않았다.

그러나 예수님은 죽어 가면서도 어머니를 돌보시고 공경하셨다. 나이 들어 가는 어머니에게 그녀를 사랑하고 보살펴 줄 가정이 필요하리라는 것을 아셨다. 예수님은 요한에게 어머니를 모셔 주길 부탁하셨고, 요한은 그 부탁을 따랐다. 마리아가 최악의 상황을 맞았을 때도 예수님은 그녀를 보살피셨다. 그녀를 혼자 두지 않으셨다.

최악의 상황(그게 어떤 상황이 되었든)을 겪고 있다면 마리아를 기억하라. 그녀에게는 절망밖에 보이지 않았지만, **예수님은 그분이 무슨 일을 하고 계시는지 잘 아셨음**을 기억하라. 마리아는 몰랐지만, 예수님은 아셨다.

마리아가 아직은 이해하지 못하는 계획이 작동 중이었다. 하나님은 최악의 상황을 구속하셔서, 불과 사흘 후에 그리스도의 부활을 통해 세계 역사상 가장 큰 승리를 이루실 것이다. **최악의** 상황이 **최선의** 상황이 될 것이다. 죄와 죽음이 영원히 패할 것이다.

당신이 맞은 최악의 상황은 사흘 만에 반전되지 않을 수도 있다. 이 땅에서는 완전히 바뀌지 않을지도 모른다. 하지만 그때마다 마리아를 기억하라. 예수님은 죽어 가는 동안에도 마리아에게 가정을 주시고 그녀를 돌보셨다. 마리아를 신경 쓰고 계셨다. 당신에게도 마찬가지다. 그분은 당신을 신경 쓰고 계신다. 매 순간 당신을 꼭 안고 사랑하신다. 인생 최악의 날에도, 하나님은 당신을 바라보시고 보살피고 계신다. 다음 순간까지 버티는 데 필요한 평안과 위로를 주고 계신다.

그리스도께서 십자가에서 죽으시고 부활하셔서 이미 이루신 일 때문에, 이 땅에서 당신이 경험하는 최악의 날도 언젠가는 구속될 것이다. 이 땅에서든 하늘에서든 반드시 그렇게 될 것이다. 그리스도가 다시 오셔서 만물을 새롭게 하실 때, 당신이 겪은 그 모든 고통과 상처와 참상이 치유되고 온전해지고 회복될 것이다(계 21:5 참조). 하나도 빠짐없이 모두 그렇게 될 것이다.

이 사실을 알고 마음에 평안을 얻으라. 이 땅에서 생길 수 있는 최악의 상황이 그리스도 안에서, 그리스도를 통해 구속될 것이다. 하나님이 당신을 사랑하시며 꼭 붙들고 계신다. 마리아에게 그러셨듯, 하나님은 당신이 고통 가운데 있을 때 당신을 돌보시고 당신의 모든 필요를 공급하실 것이다. 당신은 절대 혼자가 아니다.

오늘의 묵상

최악의 상황이 두려울 때(혹은 닥쳤을 때), 하나님은 그분이 무슨 일을 하고 계시는지 아신다는 것을 기억하라. 이 사실을 알고 평안을 누릴 수 있기를 기도하라. 그분이 이미 십자가에서 최악의 죄와 고난을 짊어지셨다는 것을 알 때 평안이 찾아온다. 요한복음 19장을 읽고, 그분이 당신을 사랑하셔서 어떤 고난을 견디셨는지 묵상하라. 하나님은 당신을 떠나지도 않으시고 버리지도 않으신다(신 31:6; 히 13:5 참조). 당신이 시험당할 때 이를 기억하며 그분을 신뢰할 수 있기를 기도하라.

25일

새로운 현실에서 누리는 평안

여자들과 예수의 어머니 마리아와 예수의 아우들과 더불어 마음을 같이하여 오로지 기도에 힘쓰더라(행 1:14).

함께 읽기 행 1:1-14

마리아는 놀라서 방 안을 둘러보았다. 두 달 전만 해도, 사람들이 함께 모여서 마리아의 죽은 아들을 애도하며 눈물을 흘렸다. 그들은 모든 것이 다 사라졌다고 생각했다. 예수님의 모든 약속이 허사로 돌아갔다고 느꼈다.

하지만 그들이 틀렸다! 도마가 최근에 만든, 주님에 대한 믿음의 찬양이 방에 울려 퍼지자 마리아는 그때로 생각이 흘러가는 듯했다. 그날들을 떠올리면 가슴이 벅차올랐다. 예수님은 말씀대로 부활하셨다! 마리아는 예수님을 껴안고 기쁨의 눈물을 흘렸다. 이제 예수님은 하늘로 올라가셨다. 사람들은 그분을 함께 예배했다. 죽음을 물리치고 사흘 뒤에 무덤에서 부활하신 주 예수님을 찬양했다.

마리아의 두 눈에 감사의 눈물이 고였다. 마리아는 다른 제자들과 함께 찬양과 감사를 올려 드렸다. "하나님, 주님의 일하심이 제게 너무도 놀랍습니다. 제가 이곳에 있게 해 주셔서 감사합니다. 예수님의 전 생애를 가장 가까이에서 보게 해 주셔서 감사합니다. 메시아를 보내 주셔서 감사합니다!"

마리아가 품었던 메시아는 정말로 그들을 찾아오셔서 구원해 주셨다! 마리아는 예수님이 하나님의 아들이시라는 사실을 단 한 번도 의심하지 않았다. 예수님은 이 땅에 오신 그분의 목적을 지난 몇 주간 더욱 확고히 보여 주셨다. 마리아가 한때 생각했던 것과 달리, 예수님은 세상 왕국을 세우려고 이 땅에 오신 것이 아니었다. 그분께는 다른 계획이 있었다. 제자들은 예수님이 성취하신 예언과 그분이 하신 말씀을 되새기면서 내내 그 이야기를 했다. 예수님은 하늘나라를 세우시고 구원을 주시기 위해 이 땅에 오셨다. 그분은 세상 모든 사람의 죄를 위해 죽으셨고, 우리가 야훼께 갈 수 있는 길을 다시 내셨다.

마리아는 하나님의 임재를 손에 잡힐 듯 느끼고는 숨이 멎을 것만 같았다. 다락방에서 모일 때마다 이런 순간이 자주 찾아왔다. 오래전 가브리엘 천사가 찾아온 때가 생각났다. 마리아는 가까이 계신 하나님을 자기 손으로 잡을 수 있을 것만 같아서 팔을 내밀어 보았다. 하지만 마음만 불타오를 뿐 그분을 결코 만질 수는 없었다.

예수님은 메시아, 즉 그리스도셨다! 예수님은 진정 승리하셨고, 하늘 보좌에 계시다가 다시 오실 것이다. '주님, 얼른 다시 오시면 좋겠어요. 하지만 어떤 상황에서든 주님을 믿습니다.'

마리아는 그 어느 때보다 예수님을 온전히 신뢰했다. 예수님은 마리아의 아들이셨지만 그녀의 주님이시기도 했다. 이제 마리아는 예수님의 신실한 제자였다. 그것이 어떤 의미인지 마리아는 확실히는 알지 못했다. 뭐가 바뀌어야 하는지도 잘 몰랐다. 하지만 그녀는 이 한 가지는 확실히 알았다. 무슨 일이 생기든, 그녀는 예수님의 제자로서 그분을 영원히 따를 셈이었다. 그분이 다시 오시기를 기도하는 동안에도 그분을 따를 것이었다.

∽

살면서 갑자기 새로운 현실에 맞닥뜨렸던 때를 떠올려 보라. 뜻밖의 진단을 받거나 사랑하는 사람을 잃고 나서, 혹은 배우자나 자녀, 상사가 내린 결정 때문에 당신의 세상이 달라졌을 것이다. 새로운 일자리를 얻거나 낯선 도시로 이사했을 수도 있다. 아니면 꿈이 깨지거나 외적 정체성의 일부를 잃은 후 미묘한(그러나 결코 사소하지 않은) 변화를 겪었을 수도 있다.

예수님이 죄를 물리치시고 죽은 자들 가운데서 살아나셨을 때 마리아는 새로운 현실에 맞닥뜨렸다. 이제 예수님은 단순히 마리아의 아들인 유명한 랍비가 아니셨다. 부활은 그분이 메시아이자 하늘의 왕이심을 확실히 증명했다. 성경은 마리아가 늘 예수님을 믿고 그분의 가르침을 따랐다고 암시하지만(눅 8:19-21), 예수님의 부활은 마리아뿐 아니라 온 세상에 새로운 현실을 불러왔다. 상황이 완전히 달라졌다.

마리아가 발견한 새로운 현실에서 그녀의 주 역할은 그리스도의 제자로 살아가는 것으로 바뀌었다. 그것이 어떤 의미인지 그녀는 아직 잘 몰랐다. 죽음을 이기신 예수님의 부활과 승리는 누구에게나 새로운 현실이었다! 마리아는 이런 변화를 염려하고 두려워하며 새로운 삶을 거부할 수도 있었지만, 성경은 마리아가 앞으로 나아가며 이 새로운 부르심에 전적으로 헌신했음을 우리에게 보여 준다.

실제로 마리아는 예수님의 승천 이후 그분을 따른 초기 제자 중에서도 핵심 인물이었다(행 1:14 참조). 오순절에 성령님이 임하셔서 신자들이 방언을 말했을 때 마리아도 틀림없이 그들 가운데 있었을 것이다(행 2:1-4 참조). 그리고 남은 생애 동안 그녀는 계속해서 그리스도를 따랐을 것이다.

마리아는 극적으로 현실이 변화되었지만 계속해서 예수님을 자기 삶의 중심에 모셨다.

마리아는 우리가 따라야 할 본보기를 보여 준다. 우리는 삶의 다양한 시기를 겪으면서 새로운 현실을 맞닥뜨린다. 같은 상황을 두고도 사람마다 스트레스 강도가 다를 수 있다.

엄마라는 역할은 내게 너무 큰 변화였다. 삶이 180도 달라졌다. 결혼 후 7년 동안 아이가 없다가 부모가 되었다. 변화를 예상하지 못한 건 아니지만 그 폭이 너무 컸다. 내 주변에는 눈 깜짝할 사이에 엄마가 된 친구들도 있었다. 그 친구들은 두려움이나 어려움 없이 수월하게 엄마라는 새로운 역할에 녹아든 것만 같았다. 하지만 나는 엉망진창이었다. 아이는 한없이 예뻤지만, 엄마라는 역할에 갇혔다. 그 요구 사항에 억눌린 듯한 감정과 싸워야만 했다. 초보 엄마 시절에는 평안을 느끼기란 아득히 먼 일 같았다.

그림에도 나는 선택할 수 있었다. 그리스도를 내 삶의 중심에 둘 것인가, 두지 않을 것인가? 이 새로운 현실 가운데서 그분을 선택할 것인가, 아니면 다른 것들이 내 삶을 차지하게 내버려둘 것인가?

나는 할 수만 있으면 그리스도를 선택하려고 애썼다. 갓난아이를 돌보던 시절에는 아침에 눈을 뜨자마자 성경을 읽으려고 애썼다. 하지만 오후 5-6시가 되도록 성경을 펼치지도 못할 때가 많았다. 그래서 시간은 상관없이 어찌 되었든 날마다 성경을 읽기로 했다. 말씀을 읽는 순간만큼은 마음속에 평안이 넘쳐흘렀다. 그때를 제외한 나머지 시간은 아이의 수면과 수유, 산후 회복을 위해 고군분투하느라 눈물의 연속이었다. 그러나 말씀을 펴고 성경의 진리로 마음을 새롭게 할 때면, 내 삶의 변화에도 불구하고 변하지 않는 진리에 뿌리를 내린 것 같아 마음이 든든했다.

진리이신 그리스도께 뿌리를 내린 것, 이것이 바로 마리아의 선택이었다. 부활(과 초대교회에 대한 박해)로 인해 그녀가 아는 세상이 완전히 바뀌어버렸지만, 그녀는 예배와 기도에 몰두했다. 아직 신약성경이 기록되지 않았지만, 그녀와 제자들은 그리스도의 말씀을 스스로 되새기고, 그분의 말씀과 그분을 가리킨 구약성경의 예언으로 서로를 격려했다. 급격한 변화 속에서도 그들의 마음은 하나님 안에서 평안을 찾았다.

오늘 어떤 변화를 맞닥뜨리든, 당신은 그리스도의 진리에 뿌리를 내리기로 선택할 수 있다. 그리스도의 말씀을 전하라. 그리스도를 찬양하라. 그리고 기도하라. 혼자 기도하기도 하고, 다른 신자들과 함께 기도하기도 하라. 숨을 쉬는 한 이 세상의 현실은 끊임없이 바뀐다. 그러나 그리스도는 변하지 않으신다. 그리스도는 진리이시다. 그분을 의지하면, 무슨 일이 닥쳐도 우리에게 필요한 평안을 얻을 수 있다. 마리아가 그랬듯이 말이다.

오늘의 묵상

끊임없이 변하는 세상에서 그리스도는 튼튼하고 견고하시다(히 6:19 참조). 변함없으시고 신실하시다. 예수님이 세상을 떠나신 새로운 현실에서도 계속해서 그분을 따르기로 했던 마리아처럼, 우리도 새로운 상황을 맞닥뜨렸을 때 계속해서 그분을 따르기로 선택할 수 있다. 성령님이 신자인 우리와 영원히 함께하시기 때문이다! 당신 앞에 무슨 일이 기다리고 있든, 오늘도 그리스도의 말씀에 푹 잠겨서 그분의 선하시고 변함없으신 성품 가운데 영혼의 쉼을 얻기를 기도한다.

6부.
제자들

쉽지 않은 관계에서의 평안
26-30일

26일

친구와 원수 사이에서 누리는 평안

밝으매 그 제자들을 부르사
그중에서 열둘을 택하여 사도라 칭하셨으니(눅 6:13).

함께 읽기 눅 6:12-16

안드레는 움찔했다. 이래서는 뭐가 되려나 싶었다. 안드레 옆에는 형 시몬이 있었다(그는 나중에 예수님에게서 '베드로'라는 이름으로 불렸다).

안드레는 거기 모인 사람들을 둘러보았다. 동료 어부 야고보와 요한은 긴장이 감도는 분위기를 애써 무시하면서 서로 대화를 나누고 있었다. 바다에서는 서로 경쟁하는 사이였지만, 적어도 안드레가 아는 사람들이었다. 몇몇은 처음 보는 얼굴들이었다. 그중에 키가 큰 남자는 어디선가 본 기억이 있지만 이름은 몰랐다.

원하든 원치 않든 마태를 모르는 사람은 없었다. 그는 세리였다. 안드레는 마태가 꼿꼿하게 고개를 들고 있지만 땀방울이 그의 귀를 타고 흘러내리는 것을 알아차렸다. 마태는 잔뜩 긴장한 상태였다. 안드레는 그를 탓할 생각은 없었다. 마태를 좋아하는 사람은 아무도 없었다. 그중에서도 열심당원 시몬은 더더욱 그랬다. 열심당원 아닌가! 세리와 열심당원을 붙여 놓는 건 미친 짓이나 마찬가지였다. 안드레는 예수님이 무슨 생각을 하시는지 도통 알 수가 없었다.

안드레는 무심결에 뒤로 슬쩍 물러섰다. 열심당원 시몬은 위험한 인물이었다. 겉옷 아래 단검을 숨겨 놓았을지도 모른다. 그가 로마에 동조하는 사람을 **정말로** 죽였다는 소리는 들어 본 적이 없다. 하지만 일부 열심당원들은 단검을 소지했고, 그들의 정치적 감정이 진지하다는 것은 누구나 아는 바였다. 열심당원들은 진지함을 **빼면** 시체나 마찬가지였다. 그들은 로마 통치에 대한 반감과 로마와 화해하려는 동료 유대인들에 대한 혐오의 감정을 소리 높여 표현했다. 그들에게 로마는 가증스러움 그 자체였으며, 로마에 협력하거나 동조하는 이들도 똑같이 나쁜 사람들이었다.

마태와 열심당원은 원수지간이었다. 두 사람이 그 무리에서 아무리 멀찍이 떨어져 있더라도, 둘 사이의 분노는 확연히 드러났다.

안드레는 예수님을 바라보았다. 모두 랍비가 입을 열기만을 기다리고 있었다. 안드레는 자기도 모르게 크게 한숨을 내쉬었다.

안드레에게 눈길이 쏠렸다. 형이 곁눈질을 했다.

예수님이 미소를 지으면서 말씀하셨다. "안드레, 자네 괜찮은가?"

안드레는 무슨 말을 해야 할지 몰라 발을 동동 구르며 어깨를 으쓱했다.

예수님은 열두 제자와 한 명 한 명 눈을 맞추셨다. 예수님과 눈이 마주친 안드레는 심장 박동이 느려지고 호흡이 안정되는 것을 느꼈다. 랍비의 눈에서 슬쩍 슬픔이 엿보였지만 이내 사라진 듯했다.

예수님이 말씀하셨다. "친구들이여, 너희는 내 제자다. 너희는 이제 좋은 소식을 널리 전하는 사도가 될 것이다. 너희는 **모두** 내 제자다. 너희는

모두 여기 속했다. 내 말을 이해하겠는가?"

안드레는 고개를 끄덕이면서 주변을 둘러보았다. 다른 사람들도 다 똑같이 고개를 끄덕거리고 있었다.

예수님도 고개를 끄덕이셨다. "좋다."

∞

나는 씩씩대면서 소파에 걸터앉았다. "엘리가 오늘 밤 소그룹에 안 왔으면 좋겠다고 기도하면 잘못일까?"

친구 메건이 나를 흘겨보았다. "당연하지, 앤. 그건 좀 심하다. 하나님이 엘리를 사랑하시니까 우리도 엘리를 사랑해야지. 안 그래?"

내가 민망해하며 말했다. "나도 알아! 그런데 엘리는 좀 이상하단 말이야." 나는 벌써 어색함이 느껴져서 어깨를 으쓱했다. "좋은 사람이긴 한데, 엘리가 모임에 오면 사회적 인식 문제 같은 걸 많이 안내해 줘야 하고… 그리고 또… 아무튼 엘리가 없는 게 더 편해." 말을 하면 할수록 혀가 꼬이는 것 같았다.

메건이 눈썹을 치켜들면서 말했다. "앤, 진심이야? 나도 엘리가 까다롭다는 건 인정해. 하지만 교회가 안전한 장소가 되지 못한다면 엘리가 세상에서 갈 곳이 어디 있겠어?"

나는 소파 위로 무릎을 세워 올리면서 말했다. "미안해. 엘리는 나에게 사랑하기 너무 힘든 사람이야."

∞

당신에게도 엘리 같은 사람이 있을 것이다. 당신을 힘들게 하지만 쉽게 뿌리칠 수는 없는 사람. 그 사람이 가족이나 친구일 수도 있고, 같은 교회에 다니는 교인일 수도 있다. 회사 동료나 아이의 같은 학교 학부모, 아이가 다니는 축구팀 감독이 그런 사람일 수도 있다. 누가 되었든 우리 모두에게는 엘리 같은 사람(솔직해지자면 그것도 여러 사람)이 있다.

때로 이 사람들은 불친절하거나 무뚝뚝해서 우리를 힘들게 한다. 심기를 불편하게 하기도 한다. 이런 사람들과 함께 있으면 기분이 이상하고 평정심을 잃기 쉽다.

예수님이 맨 처음 제자들을 한자리에 모으셨을 때 **엄청난** 마찰(과 평정심의 상실)이 있었으리라 상상할 수 있다. 그러나 예수님이 제자들을 부르시기 전에 그들이 친구였는지 원수였는지, 가문끼리 사이가 좋았는지 안 좋았는지는 정확히 알 수 없다. 어쩌면 모든 제자가 마태를 외면했을지도 모른다. 어쩌면 야고보와 요한의 아버지 세베대가 도마의 아버지와 싸웠을지도 모른다. 그러나 예수님이 부르시기 전에 그들끼리 어떤 관계였든, 예수님이 그들의 이름을 부르시자 모든 것이 달라졌다. 그들은 최초의 소그룹이었다. 그들은 서로 선택한 사이가 아니었다.

예수님은 그분의 목적과 계획에 따라 제자들을 부르셨다. 제자들은 자신이 나머지 제자들을 좋아하는지 좋아하지 않는지에 대해 할 말이 없었다. 예수님이 이 땅에서 하고 계신 일에 동참하고자 한다면, 그들은 예수님뿐만 아니라 다른 제자들과도 함께 공동체 가운데서 사는 법을 배워야 했다. 그리스도뿐만 아니라 그들끼리도 **평화롭게** 지내는 법을 배워야 했다.

우리를 힘들게 하는 사람들과도 평화롭게 지내는 것. 이것은 우리의 소명이기도 하다. 이 말은 모든 힘든 관계가 갑자기 무지갯빛으로 변한다거나, 우리를 망가뜨리는 관계를 계속 유지해야 한다는 뜻이 아니다. 이 말은 우리도 제자들처럼 스스로 선택하지 않은 관계 속에서도 평온한 영혼을 소유하는 법을 배울 수 있다는 뜻이다. 특히나 하나님의 가족 가운데서 말이다.

우리를 힘들게 하는 대상이 말을 안 듣는 자녀든, 까다로운 시집 식구든, 짜증 나는 소그룹 구성원이든, 하나님이 그분의 목적을 위해 우리 삶을 이루어 가신다는 확신이 있기에 그들 곁에서도 우리 영혼이 평온할 수 있다. 다른 신자들과의 관계 때문에 염려될 때 우리는 "그리스도께서 하나님께 영광을 돌리기 위해 우리를 받아 주신 것처럼 [우리]도 서로 따뜻이 맞아들[일]" 수 있게 도와 달라고 하나님께 간구할 수 있다(롬 15:7, 현대인의성경). 우리를 화나게 하는 사람들, 특히 우리의 엘리 같은 사람들과 소통할 때 평안을 달라고 성령님께 간구할 수 있다.

하나님은 그분의 계획과 목적에 따라 우리 삶에 사람을 보내기도 하시고 데려가기도 하신다. 우리를 힘들게 하는 모든 관계를 피할 수는 없으나, 그리스도와 동행하면서 다른 사람들과 평화롭게 사는 법을 배울 수는 있다. 안심하라! 세리와 열심당원이 원수지간에서 사이좋은 동료 제자가 될 수 있다면, 살면서 힘든 관계를 만난 우리 모두에게도 희망이 있다.

오늘의 묵상

당신이 맺는 모든 관계 가운데 하나님의 평안을 누릴 수 있다. 얼마나 좋은 소식인가! 특별히 힘든 관계가 있다면 주님 앞에 내려놓으라. 당신의 '엘리'를 어떻게 사랑으로 대할 수 있을지, 그 사람과 관계를 맺을 때 어떻게 당신 영혼이 하나님 안에서 평안할 수 있을지 보여 달라고 간구하라. 제자들을 하나 되게 하셔서 세상을 바꾸신 하나님이, 당신이 맺는 모든 관계 가운데서도 역사하고 계신다!

27일

다른 사람들이 떠날 때 평안하기

주여 영생의 말씀이 주께 있사오니 우리가 누구에게로 가오리이까 우리가 주는 하나님의 거룩하신 자이신 줄 믿고 알았사옵나이다(요 6:68-69).

함께 읽기 요 6:60-69

베드로는 등골이 서늘해졌다. '안 됩니다. 안 돼요, 안 돼. 누가 예수님 입 좀 제발 막아 줘요!'

정말 놀라운 24시간이었다. 예수님이 보리떡 다섯 개와 물고기 두 마리로 수천 명을 먹이셨다! 음식이 끊이지 않고 계속 나왔다! 그 상황을 알아차리고 베드로의 심장이 얼마나 세게 뛰었던지, 음식을 나눠 주는 게 아니라 길거리를 달리는 듯한 느낌이었다. '난생처음으로 제대로 된 편에 줄을 섰구나. 실패자들이 아니라 진정한 지도자와 함께하게 되었어!' 기적을 베푸는 이 랍비는 사람을 끌어모았다. **이대로만** 나간다면, 예수님의 정치적·사회적 권력은 점점 더 커질 수밖에 없었다. 베드로의 눈에는 확실히 보였다!

목격자가 열두 제자뿐이긴 했지만, 지난밤 예수님은 물 위를 걸으셨다.

정말로 물 **위를** 걸으셨다. 베드로도 자기 두 눈으로 똑똑히 목격하지 않았다면, 절대 믿지 않았을 것이다. 하지만 정말 그런 기적이 벌어졌고, 베드로는 예수님이 하나님께 기름 부음 받은 분임을 더 확신하게 되었다.

그런데 이게 뭔가? 지금 예수님이 일을 다 망치고 계셨다! 자신이 "생명의 떡"이라고 계속 말씀하시는 바람에 사람들이 동요하기 시작했다. 베드로는 예수님이 **말씀을 중단하시기를** 바라는 마음으로, 그분을 보며 계속 절묘한 표정을 지어 보였다. 하지만 예수님은 오히려 목소리를 더 높이셨다. "내 살을 먹고 내 피를 마시는 사람은 영원한 생명을 가졌다. 마지막 날에 내가 그를 다시 살릴 것이다." 군중 속에서 충격과 분노의 함성이 터져 나왔고, 베드로는 그 자리에 주저앉았다. 제자들이 이제 막 인기를 얻으려는 찰나에 예수님이 일을 그르치고 계셨다.

한 시간 뒤, 대다수 군중이 흩어지고 나서 예수님은 스스로 제자라고 여기는 이들과 대화를 나누셨다. 그들은 작은 집단이 아니며, 의심하는 군중보다 친밀한 사람들이었다. "내 말이 너희 귀에 거슬리느냐?" 예수님은 애정과 확신이 담긴 눈으로 그들을 바라보셨다. "내가 너희에게 한 말은 영적인 생명에 관한 것이다. 그러나 너희 중에는 믿지 않는 사람들이 있다." 이 말씀을 듣고 많은 제자가 고통스러운 표정을 지었다. 당황하며 안절부절못했다. 예수님이 크게 한숨을 내쉬셨다. "그러므로 내가 너희에게 아버지께서 오게 해 주시지 않으면 아무도 나에게 올 수 없다고 이미 말했다."

베드로는 남은 제자 대다수가 고개를 저으며 떠나가는 모습을 지켜보았다. 그들은 삼삼오오 무리를 지어 예수님께 등을 돌렸다. 베드로는 그들이 다시는 돌아오지 않을 것을 직감했다.

예수님이 열두 제자가 모여 있는 쪽으로 걸어오셨다. 그분은 그들을 보며 아무렇지 않게 말씀하셨다. "너희도 떠나고 싶으냐?"

한참 동안 침묵이 흐르다가 베드로가 목을 가다듬었다. 그들의 랍비는 기적을 행하셨다. 병자를 고치시고, 사람들을 먹이시고, 물 위를 걸으셨다. 그분은 단순히 사람이 아니라 그리스도셨다! '그런데 왜, 도대체 왜 이런 이상한 말씀을 하시는 걸까? 왜 이런 말씀으로 사람들을 밀어내시는 걸까?' 하지만 달리 갈 데도 없었다.

베드로가 나머지 제자들을 대표해 진실을 말했다. "주님, 우리가 누구에게로 가겠습니까? 주님께는 영원한 생명의 말씀이 있습니다. 우리는 주님이 하나님의 거룩하신 아들이라는 것을 믿고 알게 되었습니다."

남편이 해고된 이후 우리를 가장 고통스럽게 한 것은 친구들이 하나둘씩 등을 돌린 일이었다. 함께 소그룹을 했던 자매는 곧장 나를 무시하고 투명 인간 취급했다. 우리를 초대해서 아이들끼리 같이 어울려 놀게 하고, 문자로 안부를 전하며, 우리가 아플 때 음식을 가져다준 친구였다. 이제는 문자도, 전화도, 초대도, 소그룹도 없다. 다 끝났다.

또 다른 자매는 하나님이 더는 나와 친구를 하지 말라고 말씀하셨다는 내용의 문자를 보냈다. 우리 교회 다른 친구들은 마트에서 나를 보면 눈길을 피하고 등을 돌렸다.

이런 고통스러운 상처는(너무 많아서 일일이 언급할 수조차 없다) 내가 모르는 사람이나 그리스도를 믿지 않는 사람들이 아니라 그리스도 안에 있는 자매들과 나 사이에 벌어진 일이었다. 그들은 내가 공들여 관계를 맺고 사역한 사람들이었다. 하지만 그들이 나와 친하게 지낸 이유는 우리 남편이 목회자이고 그에 따른 권력이 있었기 때문이라는 것을 (비싼 대가를 치르고) 알게 되었다. 남편이 해고되자 목회자의 권력과 특권이 사라졌고, 우리 우정도 사라져 버렸다.

이렇듯 관계가 깨지자 나 자신과 친구로서의 가치에 의문을 품게 되었고, 마음의 평안을 잃어버렸다. 친구 관계에서 불안을 느끼고 방황하면서 얼마나 크게 상처를 받았는지 모른다.

베드로와 나머지 열한 제자는 예수님의 기적과 가르침을 통해 그분의 명성이 커 가고, 그분을 따르는 사람들이 늘어나는 것을 목격했다. 예수님께는 한 번에 수천 명씩 큰 무리를 통솔하는 능력이 있으셨다. 예수님이 점점 더 유명해지자 그분을 따르는 사람들이 더 많아졌다.

하지만 예수님이 자신이 "생명의 떡"이요, "내 살을 먹고 내 피를 마[셔야]" 한다고 말씀하시기 시작하자 말씀을 듣던 사람들은 기분이 상했다. 성경은 "그[예수님]의 제자 중에서 많은 사람이 떠나가고 다시 그와 함께 다니지 아니하더라"라고 말한다(요 6:66).

나는 예수님이 사람들의 배신을 슬퍼하셨을 것 같다고 생각한다. 예수님 곁을 지킨 열두 제자는 그런 상황을 지켜보면서 분노하고 상처받았을 것이다. 제자들은 예수님이 하나님의 거룩하신 아들이라고 믿었고, 예수님이 사람들을 밀어내지 않으시길 바랐다. 제자들이 꿈꾸던 예수님의 명성은 예수님이 말씀하실수록 점점 더 멀어져만 갔다.

하지만 그리스도께서는 듣기 힘든 진리를 전하실 때조차 꿋꿋하게 말씀하셨다.

그리고 인간관계에 대한 진실이 있다면, 떠날 친구는 떠나게 되어 있다는 것이다. 그들은 우리가 그리스도 안에서 변하거나 성장한 모습을 좋아하지 않을 것이다. 그리스도를 따르기로 한 결정이 그들을 불편하게 하고 우리와 멀어지게 할 것이다. 친구가 떠나는 것은 가슴 아픈 일이지만, 그것은 제자들도 잘 아는 경험이었다. 그들은 친구들이 자신과 주님을 떠나는 모습을 지켜보는 것이 어떤 심정인지 잘 알았다.

그러나 제자들은 그리스도 곁에 머물기로 올바른 결정을 내렸다. 베드로가 선언했듯이, 그리스도는 생명의 말씀이시다! 하나님의 거룩하신 아들이시다! 메시아시다! 친구들이 떠나가더라도 그분 곁에 머무는 것이 풍성한 생명과 소망의 길이다. 평안에 이르는 길이다.

오늘의 묵상

외롭다고 느끼거나 당신을 떠난 친구들 때문에 슬프다면, 주님의 위로를 구하라. 주님은 친구를 잃는 기분이 어떤지 너무나 잘 아신다. 그분은 고통 중에 있는 당신에게 평온한 영혼을 주실 수 있다. 당신이 그리스도 곁에 머무는 동안 생명의 말씀을 깨닫고, 당신을 가장 사랑하시는 분과의 관계에서 평안을 경험하게 될 것이기 때문이다.

28일

교만을 버리고 겸손할 때 누리는 평안

예수께서 앉으사 열두 제자를 불러서 이르시되
누구든지 첫째가 되고자 하면 뭇사람의 끝이 되며
뭇사람을 섬기는 자가 되어야 하리라 하시고(막 9:35).

함께 읽기 막 9:33-37

"바돌로매, 진짜야? 도대체 무슨 근거로 네가 여기서 가장 큰 사람이라는 거야?" 도마가 눈을 크게 뜨고 물었다.

바돌로매는 옷매무시를 다듬으면서 앞만 쳐다보았다. "내 말은 사실이 그런데 굳이 설명할 필요가 있느냐는 뜻이야." 바돌로매는 예수님을 흘끔 쳐다보았다. 그분은 나머지 일행보다 몇 걸음 앞서가고 계셨다. 거기까지 말소리가 들리지는 않을 터였다. 제자들 일행은 가버나움으로 가는 길이었다.

도마가 질문을 던졌다. "다대오, 너는 어떻게 생각해? 여기서 누가 제일 큰 사람인 것 같아?"

생각에 잠긴 다대오는 대답하기 전에 잠시 뜸을 들였다. "베드로나 야고보, 아니면 요한이 아닐까." 그가 어깨를 으쓱했다. "랍비가 어디 가실 때마다 그들을 항상 데리고 다니시잖아."

다대오의 말이 일리가 있었지만, 도마는 겉으로는 절대 인정하지 않았다. 도마는 능글맞게 웃고 있는 베드로를 훑어보았다. 야고보와 요한은 자중하는 듯 둘 다 미소만 슬쩍 짓고 있었다.

도마가 끙 소리를 내며 주변을 둘러보았다. 마태는 아무 말도 하지 않고 오른손에 낀 금반지만 빙글빙글 돌리고 있었다. '마태, 자네는 자네 생각보다 티가 많이 난다고.'

두어 시간 후, 제자들이 예수님의 지인 집에 모여 잠잘 준비를 하는데 주님이 그들을 둘러보셨다.

예수님의 눈길이 도마에 닿았다. 조금 날카로운 표정이셨다. "너희가 오는 도중에 서로 논쟁한 것이 무엇이냐?"

도마의 폐에서 숨이 다 빠져나가는 듯했다. '다 아시는구나.' 배 속에 돌 하나가 쿵 하고 떨어지는 것만 같았다. '우리가 무슨 이야기를 했는지 아셔.' 도마는 허리를 숙이고 신발 끈을 다시 맸다. '도대체 무슨 생각으로 그런 질문을 하시는 거지?' 그의 귓불이 빨개졌다.

예수님이 자리에 앉으셨다. "다 같이 앉자." 나지막한 목소리였다. 도마는 많이 움직일 필요가 없었다. 조금이라도 더 몸을 낮출 수 있다면 그렇게 하고도 남았을 것이다.

"누구든지 으뜸이 되고 싶은 사람은 모든 사람의 끝이 되고 모든 사람의 종이 되어야 한다." 예수님이 돌아서서 한 아이를 부르셨다. 제자들이 묵고 있던 집의 막내아들이었다. 많아야 서너 살 정도 되어 보이는 아이가 예수님께 얼른 뛰어왔다. 도마는 제자 일행이 문지방을 넘은 순간부터 아이가 예수님을 지켜보고 있었던 것을 알아차렸다. 예수님은 마치 아들이라도 되는 것처럼 아이를 꼭 안아 주셨다. 이 아이에게 보내는 그분의 미소는 도마가 지금까지 본 중에 가장 따뜻한 미소였다. 도마는 소년을 질투하고 있었다.

아이가 스스럼없이 예수님 무릎에 앉았다. 예수님이 제자들에게 계속해서 말씀하시는 동안, 아이는 예수님의 가슴에 머리를 묻고 있었다.

"누구든지 내 이름으로 이런 어린아이 하나를 영접하면 곧 나를 영접하는 것이며 누구든지 나를 영접하면 나를 영접하는 것이 아니라 바로 나를 보내신 분을 영접하는 것이다."

도마는 부끄러워서 두 손으로 얼굴을 감쌌다. 이 집에서 가장 어린 아이가 예수님의 무릎에서 영예의 자리를 차지하고 있었다. 예수님은 권위를 주장하지 않으시고, 거기 모인 사람 중에 가장 작은 자와 시간을 보내고 계셨다. 다정하게 그 아이를 사랑하고 섬기고 보살피고 계셨다.

'그런데 나는 가장 큰 자가 되고 싶어 했어.' 도마의 두 눈에 눈물이 고였다. 차마 입을 열지 못한 채 자신의 교만을 용서해 달라고 마음속으로 울부짖었다. 도마가 고개를 들자 예수님은 벌써 그를 보고 웃고 계셨다.

남편이 해고당한 이후, 나는 우리 결혼 생활이 나의 스트레스에 잡아먹히고 있는 것만 같았다. "왜 이 가정의 부담을 떠안아야 하는 사람이 나인 것처럼 느껴지죠?"

"여보, 그러지 말아요. 하나님만이 그 부담을…."

"하지만 그렇게 느껴지는걸요!" 나는 불같이 화가 나서 남편을 쏘아붙였다. "당신이 3년간 신학교를 다닐 때 누가 일해서 우리 가족을 먹여 살

렸나요?" 나는 양손으로 나를 가리키며 말했다. "바로 나예요! 그때 얼마나 힘들고 걱정이 많았는지 알기나 해요?"

남편이 고개를 저으면서 말했다. "그건 당신이 져야 할 짐이 아니에요."

"그런데 사실이 그렇잖아요!" 나는 한숨을 깊이 내쉬었다. "당신이 일을 그만둔 이후로 누가 우리 가족을 부양했냐고요!" 이번에도 나를 가리키면서 뭐라고 말하려는 찰나, 남편이 폭발하고 말았다.

"여보, 제발! 우리를 보살펴 주신 건 **하나님**이라고요!" 가족을 부양하는 문제와 옛 상처에 관해 이야기하다 말고 남편이 식탁에서 벌떡 일어섰다. "우리를 부양해 주신 분은 **항상** 하나님이셨어요. 당신이 일해 주는 것은 고맙게 생각하지만, 우리 가족을 먹여 살리는 건 당신이 **아니에요**." 그가 한숨을 내쉬었다. "나도 아니고요."

"나는 당신이 가족을 부양해 줬으면 **좋겠어요**!" 어깨에 잔뜩 긴장을 느낀 나는 고개를 뒤로 젖힌 채 천장을 바라보았다. 내 목소리는 차분했다. "나는 이 짐을 지고 싶지 않아요. 이제 지쳤다고요." 지난 수년간 반복해 온 말을 똑같이 되뇌었다.

남편이 고개를 저었다. "나도 지치긴 마찬가지예요." 남편은 다시 자리에 앉더니 식탁 위로 허공을 바라보았다. "여보, 당신이 그 짐을 지지 않아도 괜찮아요. 하지만 나는 그 짐을 거두어 줄 수 없어요. 내가 어찌할 수 있는 게 아니에요. 그 짐은 주님께 맡겨야 해요."

제자들은 누가 가장 위대한지 논쟁하면서 예수님이 그 이야기를 듣지 못하시리라고 생각한 게 틀림없다. 예수님이 무슨 일로 논쟁했는지 물으시자, 제자들은 잠잠했다. 부끄러워서 입을 꾹 다물었다. 제자들은 주님 앞에 서자마자, 하나님의 거룩하신 아들 앞에서 위대함에 대해 왈가왈부하는 것은 말도 안 되는 일임을 깨달았다. 가장 크신 **그분**이 으뜸이 되고자 하면 다른 사람을 **섬겨야** 한다고 말씀하고 계셨다. 제자들이 완전히 잘못 알고 있었던 것이다.

식탁에서 남편과 갑론을박하던 나도 마찬가지였다. 마음 한구석에는 남편이 일하지 않을 때 **내가** 가족을 부양하는 힘든 일을 도맡고 있다는 사실을 남편에게 반복해서 확인해 주고 싶은 악한 마음이 있었다. 그래서 **내가** 스트레스도, 걱정도, 피로도 더 많은 게 당연하다고 말하고 싶었다. 근래에 나는 걸핏하면 성질을 부리고 쉽게 화를 냈다. 나는 남편이 내가 집안에서 맡은 역할 때문에 받는 불안과 스트레스를 눈감아 주었으면 했다.

일하는 여자라는 '위대함' 덕분에 스트레스를 받고 짜증을 낼 권리가 있다는 것을 증명하고 싶었다.

그런데 나도 제자들처럼 주님의 임재 앞에서 금세 겸허해졌다. 우리를 부양해 주신 분은 항상 하나님이셨고, 지금도 그렇다는 것이 사실이기 때문이다. 우리에게 필요한 모든 것을 그분이 주신다(마 6:33; 7:9-11). 나 혼자 우리 가족의 부양자 역할을 떠안았다고 느끼는 것은 성경적이지 않은 생각이었다. 교만이었다. 그것은 마치 내가 온 우주의 하나님에게서 가장 진실하고 위대한 공급자 역할을 빼앗을 수 있다는 것과 같았다.

예수님만이 가장 위대하신 분이다. 예수님은 섬김과 사랑, 공급과 돌보심, 온유와 정의와 자비가 가장 크신 분이다. 그분만이 왕이시다.

오늘 당신이 권력이나 돈, 관계, 일 때문에 불안해하고 어쩔 줄 몰라 하고 있다면, 절대 당신 몫이 아닌 정서적 역할을 떠맡았기 때문인지도 모른다. 우리는 자신을 위대한 자(방 안에서 가장 중요한 사람)로 보고, 우리가 완전히 주님께 의존하는 존재라는 사실을 잊어버리기 쉽다.

오늘 당신의 걱정을 주님 앞에 내려놓고, 자신을 실제보다 더 큰 자로 보았던 모든 방식을 회개하라. 하나님이 위대하신 분이요, 그분의 자녀인 우리는 그분 품에서 안전하다는 사실을 알면 평안을 누린다. 예수님 무릎에 앉아서 그분 가슴에 머리를 묻고 있었던 아이처럼, 아무것도 드릴 게 없더라도 그분 곁에서 평안할 수 있다.

오늘의 묵상

예수님의 제자들은 예수님과 함께 살면서도, 가장 위대한 사람이 누구인지를 두고 논쟁했다. 우리에게도 우리 자신을 실제보다 낫게 여기는 부분이 있기 마련이다. 오늘 당신 삶에서 그 부분은 무엇인가? 로마서 12장 3절을 읽고, 당신 마음에서 가짜 위대함을 없애 달라고 하나님께 간구하라. 그리고 그분이 당신을 받아들이시고 그분의 평안을 주실 준비가 되어 있음을 신뢰하라.

29일

우리 마음속 평안으로 다른 사람을 용서하기

그때에 베드로가 나아와 이르되
주여 형제가 내게 죄를 범하면 몇 번이나 용서하여 주리이까 일곱 번까지 하오리이까
예수께서 이르시되 네게 이르노니
일곱 번뿐 아니라 일곱 번을 일흔 번까지라도 할지니라(마 18:21-22).

함께 읽기 마 18:21-35

베드로는 앙다문 입을 풀려 했지만 마음대로 되지 않았다. 예수님 말씀이 허를 찔렀다. "형제가 네게 죄를 짓거든 너는 그와 단둘이 만나 잘못을 타일러라. 그가 네 말을 들으면 너는 네 형제를 얻은 것이다."

랍비의 가르침을 듣고 나자 베드로는 오전에 있었던 일이 떠올랐다. 마음속이 뒤숭숭했다.

그날 아침, 마태와 시몬 사이에 또다시 논쟁이 붙었다. 매번 반복되는 똑같은 논쟁이었다. 마태는 자신이 세리로 일할 때 로마인들을 위해 일하기로 한 것에 관해 설명했고, 시몬은 그런 그에게 민족의 반역자라고 고함을 쳤다.

베드로가 야고보를 보면서 말했다. "내 생각에는 둘 다 미쳤어."

야고보가 눈썹을 치켜세웠다. "미친 건 시몬이지. 시몬이 포기를 못 하

는 거야. 이제 마태는 더는 세리가 아니라고. 우리 모두 예수님을 따르기 위해 전에 하던 일은 그만두었잖아."

베드로가 놀라서 물었다. "뭐라고? 진짜 문제는 마태지. 그는 우리 원수에게서 돈 몇 푼 벌겠다고 우리를(자기 민족을) 팔아넘겼어! 도대체 어떻게 시몬이 문제라고 생각할 수 있는 거야? 물론 시몬이 열심당원이기는 하지만 적어도 그는 옳은 편에 섰다고!"

"옳은 편이라니?" 야고보가 비웃었다. "지금쯤이면 우리 민족조차 **우리 편**이 아니라는 게 확실해졌을 것 같은데." 그가 어깨를 으쓱해 보였다. "그 사람들은 예수님께 모여들 때만큼이나 신속하게 그분을 떠나갔어. 우리 랍비님은 혼자 남았다고." 그는 가까이에 계신 예수님 쪽으로 고갯짓을 해 보였다. "예수님 편을 제외하고 이제 아무 편도 없는 거야."

"그건 아니지!" 마치 파도가 멀리 퍼져 나가듯 분노가 걷잡을 수 없이 커지자 베드로가 벌떡 일어섰다. "예수님은 **우리** 백성 편이셔! 우리에게도 난생처음 소망이 생겼다고! 어떻게 감히 네가 그분이 우리 편이 아니라고 말할 수 있어?"

베드로는 귀에 핏대가 서는 바람에 야고보의 말이 거의 들리지 않았다. "자네가 틀렸어."

"아냐, 내 말이 맞아." 베드로가 소리를 지르다시피 하는 통에 나머지 제자들의 눈길이 쏠렸다.

베드로는 그렇게 말하고 나서 밖으로 나가 분을 삭이려 했지만 소용없었다. 이제 예수님의 가르침을 듣고 있자니, 야고보에게 용서를 구해야 할 뿐 아니라 자신도 야고보를 용서해야 한다는 것을 알겠다. 그런 생각을 하니 마음속에 질문이 떠올랐다. 용서에도 한계가 있을까? 원한을 품기 전에 몇 번까지 용서해 주어야 할까?

베드로가 예수님께 다가갔다. "주님, 형제가 내게 죄를 지었을 때 몇 번이나 용서해야 합니까? 일곱 번까지면 되겠습니까?" 그는 이 대안을 제시하면서 이미 충분하다고 느꼈다. 대부분의 다른 랍비들은 세 번까지 용서해 주어야 한다고 말했기 때문이다.* 일곱 번이면 그 두 배가 넘지 않는가!

예수님이 눈살을 찌푸리며 베드로를 바라보시고는 야고보와 다른 제자들을 고갯짓으로 가리키셨다. "베드로야, 일곱 번이 아니란다." 그분은 입가에 희미한 미소를 지으며 고개를 가로저으셨다. "일곱 번만 아니라 일흔 번씩 일곱 번이라도 용서해라!"

베드로는 너무 놀라 넘어질 뻔했다. 예수님 말씀은 형제를 용서하는 데는 **끝이 없다**는 뜻이었기 때문이다.

남편이 목회를 그만두자, 관계를 끊고 연락을 하지 않는 교인들이 있었다. 그중에 벳시라는 자매도 있었다. 다른 교인들과도 그랬듯, 공개적인 장소에서 그 자매를 다시 만나면 어떻게 해야 할지 고민이 되었다. 실제로는 그렇지 않은데 서로 아무렇지도 않은 듯 행동해야 하는 상황이 될까 봐 염려스러웠다.

---

* 더글러스 숀 오도넬(Douglas Sean O'Donnell)은 '프리칭 더 워드'(Preaching the Word) 강해 시리즈 마태복음 편에서 대다수 유대인 랍비가 아모스 1장과 2장에 근거해 이 숫자를 선택했다고 언급한다. [Douglas Sean O'Donnell, *Matthew: All Authority in Heaven and on Earth*, Series Ed. Kent Hughes (Wheaton, IL: Crossway, 201), 521.]

그러던 어느 날, 그녀가 뜬금없이 문자를 보내서 같이 점심을 먹을 수 있느냐고 물었다. 나는 만나자고 해 놓고서도 약속한 날이 다가올수록 점점 더 속이 울렁거렸다. 도대체 무슨 말을 해야 할까? 그쪽에서는 뭐라고 말할까? 우리 인생에서 가장 힘들었던 시간에 우리를 무시한 그녀가 더는 안전한 사람으로 느껴지지 않았다. 전처럼 마음 문을 열고 속 깊은 이야기를 나눌 수 없을 것 같았다.

더군다나, 그녀가 나를 만나면 지난 석 달 동안 아무 일도 없었던 것처럼 행동할지, 아니면 내게 사과하고 싶을지 알 수 없었다. 나는 기도하고 또 기도했다. 하나님이 내 마음에 평정을 허락하시고 대화를 잘 이끌어 갈 수 있게 도와주시기를 간구했다.

그녀가 무슨 말을 하든 하지 않든, 용서하는 마음으로 그녀를 만나러 가야겠다고 생각했다.

주님과 함께 미리 영적 내면 작업을 마쳤는데도, 점심 식사 자리가 무척 긴장되었다. 손바닥에서 땀이 났다. 음식이 잘 넘어가지 않았다.

처음 한 시간 동안은 잡다한 이야기를 나누었다. 벳시는 아주 편안하게 수다를 떠는 것처럼 보였지만, 내 속은 엉망진창이었다.

그만 가 봐야겠다고 말하려는데, 그녀가 불쑥 말을 꺼냈다.

"제, 제가 한동안 연락을 못 드렸네요. 생각은 많이 했어요. 친구가 정말 필요하셨을 텐데… 제가 먼저 연락을 드렸어야 하는데… 그러지 못했네요. 죄송합니다."

나는 그녀의 시선을 피하려고 허공을 바라보았다. "친구가 정말 필요했어요." 깊은 한숨이 절로 나왔다. "거의 모든 교인이 저희에게 등을 돌렸죠. 외로웠답니다."

벳시가 고개를 끄덕였다. 설명을 덧붙이지도, 더는 다른 말을 하지도 않았다.

나는 내가 해야 할 말과 할 일을 알면서도 애써 묵인하며 자리에 앉아 있었다. 그녀를 용서할 수 있게 해 달라고 (다시 한번) 속으로 기도하는 동안, 주변 손님들이 내는 소음이 침묵을 누그러뜨려 주었다. 골방에서 혼자 기도할 때보다 눈앞에 상대가 있으니 훨씬 더 힘들었다.

벳시를 보면서 우리 두 사람에게 너무나도 필요하지만 너무나도 하기 힘든 말을 꺼냈다. "자매님을 용서합니다."

나는 전에는 느껴 보지 못한 평안 가운데 식사 자리를 떠날 수 있었다. 우리 관계가 갑자기 회복되어서가 아니라 내게 준 상처를 바로잡아야 한다는 부담감에서 벳시를 놓아주었기 때문이다.

그 이후로는, 벳시를 다시 보게 되지는 않을까 불안해하지 않았다. 다음번에는 무슨 이야기를 나누어야 할지 더는 걱정하지 않았다. 우리 관계가 예전 같을 수는 없겠지만, 나는 그녀를 용서했고 하나님이 만사를 다스리심을 알기에 내 영혼은 평안을 누릴 수 있었다. 벳시를 용서함으로써 내 몫은 다 했다. 나머지는 하나님께 달렸다.

예수님이 베드로에게 하신 말씀은 파격적이었다. 다른 사람을 용서하는 것은 한도가 정해진 일이 아니라 마음의 태도라는 것이다. 예수님은 베드로가 아직 제대로 이해하지 못한 것이 무엇인지 아셨다. 다른 사람에게 저지르는 모든 죄는 궁극적으로 하나님께 저지르는 죄라는 사실이다.

예수님은 죽음과 부활을 통해 자신이 그 모든 죄를 영단번에 해결하실 것을 아셨다.

그러나 베드로가 예수님께 '용서의 한도'를 여쭈었던 그날, 나는 베드로가 예수님에게서 마음의 변화가 필요한 답을 찾고 있지는 않았으리라고 생각한다. 베드로는 그저 옳게 보이고 싶었을 것이다. 그는 상대를 완전히 포기하기 전에 얼마나 오래 그의 죄를 참아 주어야 하는지 알고자 했다.

베드로의 어리석은 질문에, 그리스도께서 다행히 현명한 답을 해 주셨다. 그리스도는 우리에게 끊임없이, 도에 지나치게 용서하라고 요구하신다. 우리는 예수님의 용서법을 따라야 한다. 그 방식은 다른 사람들이 우리에게 잘못한 것에 근거하지 않고, 우리를 먼저 용서하신 하나님께 근거한다.

우리에게 상처 준 사람을 용서하기란 너무나도 힘든 일이다. 하나님이 우리가 용서하도록 도와주실 때, 그리고 우리 자신이 끊임없이 용서가 필요한 존재임을 기억할 때 우리도 용서할 수 있다.

어떤 관계에서든, 평화를 유지하며 살고자 한다면 용서가 필요할 것이다. 용서하지 않으면 우리 관계는 분노와 쓰라림만 가득할 것이다. 오늘 당신에게 상처 준 사람을 용서하지 못해 힘들어하고 있는가? 기쁜 소식이 있다. 당신이 그들을 용서하도록 주님이 도와주기를 원하신다. 우리는 스스로 용서할 힘을 낼 수 없지만, 하나님이 우리에게 **기꺼이** 용서하려는 마음을 주시도록 기도할 수 있다. 우리에게 상처 준 사람들을 용서하게 해 달라고 기도하고, 우리를 위해 이미 모든 상처와 죄를 가져가신 그리스도를 바라보게 해 달라고 기도할 수 있다.

그러면 우리는 "일곱 번만 아니라 일흔 번씩 일곱 번이라도", 그러니까 490번이 아니라 필요한 만큼 얼마든지 용서할 수 있을 것이다.

오늘의 묵상

오늘 당신이 용서해야 할 사람은 누구인가? 그 사람에게 품은 분노나 괴로움에서 벗어나게 도와주시고, 상처를 내려놓을 수 있는 마음을 주시기를 주님께 간구하라. 그렇게 할 수 있도록 계속해서 간구하는 동안 주님이 당신을 도우실 것이다.

30일

기분이 상한 사람들 사이에서 평안하기

인자가 온 것은 섬김을 받으려 함이 아니라 도리어 섬기려 하고
자기 목숨을 많은 사람의 대속물로 주려 함이니라(막 10:45).

함께 읽기 막 10:35-45

"말도 안 돼!" 베드로가 씩씩대며 말했다. "어떻게 감히 야고보와 요한이 영예로운 자리를 요구했다는 말인가!" 베드로는 이 형제가 예수님께 무엇을 요구했는지 듣고 머리를 식히려고 밖에 나가 산책하던 중이었다. 그런데 마음이 가라앉기는커녕 더 화가 났다.

도대체 자기들이 다른 사람보다 얼마나 더 잘났다고 생각하기에 야고보와 요한은 주님의 영광스러운 나라에서 주님 좌우편에 앉게 해 달라고 요청했을까? 베드로는 믿기지 않았다. '참 뻔뻔하기도 하지!' 예수님이 특별한 때에 함께 데리고 다니신 사람은 둘만이 아니었다. 예수님이 따로 불러내신 제자 중에는 베드로도 꼭 끼어 있었다. 어디 그뿐인가. 예수님이 새로 이름을 주신 제자는 야고보나 요한이 아니라 바로 베드로였다. 베드로가 자신이 뼛속 깊이 아는 것(예수님이 진정한 메시아요, 하나님의 아들이시

라는 사실)을 고백했을 때, 주님이 그의 이름을 시몬에서 베드로로 바꾸어 주셨다.

'영예로운 자리를 요구할 자격이 있는 사람이 있다면, 그건 바로 나라고.' 베드로가 씩씩거리며 다른 제자들이 있던 곳으로 돌아왔다. 야고보와 요한만 나머지 아홉과 따로 떨어져 있었다. 의도적으로 둘을 따돌리고 있는 게 틀림없었다.

베드로가 홍 하고 콧소리를 냈다. '제대로 본때를 보여 줘야겠어.'

예수님이 가까이 다가오시자, 제자들은 모두 말없이 자세를 바로 했다.

"이리 오너라, 내 형제들아." 열두 제자는 예수님 주변으로 둥그렇게 모여 섰다. 예수님은 제자들을 한 명 한 명 바라보면서 말씀하셨다. "너희가 아는 대로 세상의 통치자들은 백성을 권력으로 지배하고, 고관들은 세도를 부린다."

베드로가 고개를 끄덕거렸다. 다들 잘 아는 이야기였다. 하지만 이 이야기가 야고보와 요한이 받아야 할 질책과 무슨 상관이 있단 말인가?

"그러나 너희는 그럴 수 없다. 너희 중에 누구든지 크게 되고 싶은 사람은 남을 섬기는 사람이 되어야 하고, 으뜸이 되고 싶은 사람은 모든 사람의 종이 되어야 한다." 예수님은 잠시 하늘을 바라보시더니 다시 말씀을 이으셨다. "나는 섬김을 받으러 온 것이 아니라 섬기러 왔으며, 많은 사람의 죗값을 치르기 위해 내 생명마저 주려고 왔다."

둥글게 모여 선 제자들이 예수님의 말씀에 고개를 끄덕이면서 야고보와 요한을 힐끗 쳐다보았다. 둘 다 뉘우치는 듯했다. 해 질 무렵이면 다들 껴안고 화해할 것 같은 분위기였다. 하지만 베드로는 아직 그럴 수 없었다. 아직은.

그는 크게 되고 싶었다! 그는 다른 무엇보다 위대함을 갈망했다. 그런데 여기 계신 주님은 크게 되려면 권력이나 지위를 손에 넣는 것이 아니라 다른 사람을 섬겨야 한다고 말씀하셨다.

'아이코.' 솔직히 말하자면, 베드로는 야고보와 요한이 자기보다 먼저 예수님께 그 질문을 던질 생각을 했다는 게 화가 났다. 그는 영원히 주님 곁에 있기를 원했고, 제자 중에 그럴 권리가 있는 사람은 누구보다 자신이라고 느꼈다.

베드로는 자만심이 그의 가슴에 물리적 타격을 가한 것만 같아서 두 눈이 휘둥그레졌다. 예수님이 섬기러 오셨다는데 어떻게 베드로가 무언가를 누릴 자격이 있겠는가? 그는 고개를 푹 숙였다. 그의 자만심이 야고보와 요한에 대한 분노와 함께 눈 녹듯 사라졌다. '주님, 저를 도와주십시오.' 베드로가 기도했다. '제가 권력을 갈망하기보다 섬김을 더 원하게 도와주십시오. 진정 큰 자가 될 수 있게 도와주십시오.'

다른 사람 때문에 기분이 상한 적이 있는가?

오래전 다른 교회를 다닐 때 여성 수련회 준비를 도운 적이 있다. 수련회 주제 및 장소, 식사, 행사장 장식, 강사 등 세부 사항을 정하기 위해 성도들과 함께 기도하고 논의했다. 나는 여성들을 위한 행사와 집회에서 강연하는 것을 좋아해서, 교회에서 내게 이번 수련회의 강연을 요청해 주기를 기대하고 있었다.

한번은 준비 모임 중에 내가 강사 후보로 물망에 올랐고, 다들 좋아하는 분위기여서 나도 신이 났다. 하지만 두어 주 후, 교회는 나 대신 다른 사람을 강사로 확정했다.

나 외에도 다른 강사 후보가 여럿 있었다는 걸 알면서도 처음에는 마음이 상했다. 이후로 몇 주 동안 그 상처는 점점 더 커져서 분노와 불쾌함을 느끼는 지경에 이르렀다. '도대체 왜 나를 제치고 다른 강사를 뽑았단 말인가? 그 강사는 나보다 어리고 경험도 적다고!'

마음속에 들끓는 이런저런 생각을 두고 기도하는 동안, 주님은 내 상처와 분노의 배후에 영적 교만이 숨겨져 있음을 보여 주셨다. 물론 거절당한 일 때문에 화가 날 수는 있다. 하지만 나는 내게 **당연히 권리가 있다고** 느꼈기 때문에 더 화가 난 것이었다. 나는 내가 훌륭하고 영적으로 위대한 사람이니 강사로 초대되어 그에 합당한 보상을 받아야 한다고 생각했다. 강연을 맡긴 다른 사람보다 내가 더 영적으로 성숙하다고 여겼다. 성령님이 추악한 내 죄를 거두어 가시자, 내가 나 자신을 그 사람보다 낫다고 생각했던 것을 확실히 알 수 있었다.

야고보와 요한도 비슷한 것을 요구하고 있었다. 자신들이 인지한 영적 위치에 근거하여 권력과 지위를 달라고 했다. 예수님과 가까운 사이였던 그들은 자신들이 그분 옆의 영광스러운 자리를 차지할 만하다고 느끼면서 영적 교만을 드러냈다. 이 형제의 대화 내용을 알게 된 나머지 제자들은 기분이 상했다. 이 역시 **자신들의** 영적 교만 때문이다.

'어떻게 그들이 감히!' 혹은 '도대체 그들은 자신을 뭐라고 생각하기에?'라는 생각이 든다면, 우리는 거울을 들여다보면서 **우리 자신을** 어떻게 생각하는지 재고해야 한다. 다른 사람에게 기분이 상할 때는 우리가 자신을 실제보다 더 중요한 사람으로 보기 때문인 경우가 많다. 그래서 성경은 이렇게 경고한다. "마땅히 생각할 그 이상의 생각을 품지 말고 오직 하나님께서 각 사람에게 나누어 주신 믿음의 분량대로 지혜롭게 생각하라"(롬 12:3).

진실하고 올바른 자아상(구세주가 절실히 필요한 죄인)을 가질 때 다른 사람들에게 느끼는 불쾌함이 사라질 것이다. 우리 죄에 대해 은혜와 용서가 필요하듯이, 그들도 그들 죄에 대해 은혜와 용서가 필요하다. 하나님 나라에서는 예수님이 왕이시다. 우리는 십자가 아래에서 모두 동등하며 다른 어떤 계급도 없다.

예수님은 기분이 상한 사람들 사이에 평안을 불러오신다. 우리에게 상대를 보지 말고 그분을 우리 기준으로 바라보라고 요구하시기 때문이다. 그리스도를 기준으로 삼으면, 모든 사람이 기준 미달이다. 사람들이 우리에게 저지른 모든 죄는 궁극적으로 예수님께 저지른 죄다. 다른 사람들이 부족한 이유는 우리를 실망하게 해서가 아니라 그리스도를 실망하시게 해서다. 그렇다면 우리는 교만할 이유도, 그들을 원망할 이유도 없다.

자신의 영적 교만을 인정하고 회개하며, 섬김을 통해 겸손하게 하나님과 다른 사람들에게 나아갈 때 평안이 찾아온다. 이것이 진정한 위대함이다.

오늘의 묵상

오늘 당신이 회개해야 할 영적 교만과 기분 상한 일은 무엇인가? 주님께 올바른 자아상(자신의 선행이 아니라 은혜로 구원받은 죄인)을 갖게 해 달라고 간구하라. 그리고 당신을 구원하신 분이 당신을 사랑하고 소중히 여기신다는 것을 알고 평안을 누리라.

7부.

막달라 마리아

놓아주는 평안
31-35일

31일

자유가 가져오는 평안

열두 제자가 함께하였고 또한 악귀를 쫓아내심과 병 고침을 받은 어떤 여자들 곧 일곱 귀신이 나간 자 막달라인이라 하는 마리아와(눅 8:1-2).

함께 읽기 눅 8:1-2

막달라 마리아는 예수님을 둘러싼 이들을 바라보았다. 예수님을 포함하여 그중 몇은 새 옷이 필요해 보였다. 쉴 틈 없이 여기저기 다니느라 옷이 많이 낡았다. 마리아는 치마 아래쪽으로 오른쪽 무릎을 문지르고 스카프를 다시 매만졌다. 랍비 앞에 앉아서 그분 말씀을 듣고 배울 수 있다니 얼마나 감사한지 몰랐다. 그러면서 지친 다리도 쉴 수 있었.

마리아는 이런 여행에 익숙하지 않았지만, 제자로서 예수님을 따르는 것을 인생 가장 큰 특권으로 여겼다. 솔직히 말해서, 그녀는 자신이 지난 몇 달간 누린 평안이라는 것에 전혀 익숙하지 않았다.

진정한 평안.

오랜 세월 마리아의 삶은 어둠에 싸여 있었다. 너무 오랫동안 그것을 잊고 살았다. 언제 처음 자신의 고통이 시작되었는지는 모르겠지만, 아주

어렸을 때부터라는 것만 기억했다. 한밤중에 끝이 보이지 않는 공포를 느끼며 잠에서 깨기 시작한 것이 아홉 살인가 열 살 때부터였다. 기분 나쁜 장면들이 빠른 속도로 마리아의 머릿속을 스쳐 지나갔다.

꿈속에서 본 장면 때문에 두려움에 시달렸다. 그 두려움은 깨어 있는 시간에도 그녀를 놓아주지 않았다. 생각이 분산되어 발음이 분명하지 않았고, 시선은 멍하니 먼 곳을 향했다. 보는 것마다 느끼는 것마다 모두 겁에 질렸다. 때로는 피부가 허물을 벗는 듯하고, 사지가 사방으로 찢겨 나가는 느낌이었다. 깊은 곳에서부터 짐승처럼 터져 나오는 절규를 멈출 수가 없었다. 아무것도 마음대로 되지 않았다.

공포라는 끝없는 대양에서 벗어나지 못한 채 세월이 흘렀다. 그렇게 이십 대가 되었을 무렵에는 그녀 곁에 아무도 없었다. 그녀는 낮과 밤의 경계가 희미해지고 거의 잠을 이루지 못했다. 머리는 산발이었고, 근육은 통증으로 경련을 일으켰다. 얼마나 오랫동안 이러고 살았을까? 더는 살아갈 이유가 있을까?

그런데 몇 달 전, 한 남자가 마리아의 집을 찾아왔다. 마리아는 그에게서 빛의 기운을 느꼈다. 호기심과 동시에 공포심마저 들었다.

그의 입에서 나온 말은 아주 간단했다. "악한 귀신들아, 여자에게서 나와라."

마리아는 자기 몸에서 악한 존재가 서서히 빠져나가는 것을 느꼈다. '하나, 둘, 셋…' 청력과 시력이 또렷해진 것을 벌써 느낄 수 있었다. '넷, 다섯…' 마음이 차분해지고 안정되었다. '여섯.' 손 떨림이 멈추었다. '일곱.' 이제 예전의 자신으로 돌아간 것 같았다.

마리아 앞에서 미소를 지어 보이는 그 남자는 눈에 인정과 자비가 가득

해 보였다. "막달라인 마리아, 이제 당신은 자유요. 와서 나를 따르시오."

막달라 마리아는 뺨을 축축하게 적시는 눈물을 부드럽게 닦아 냈다. 자신을 해방해 준 이는 나사렛 예수였다. 마리아는 오랫동안 고통에 시달리면서 날마다 간절히 평안을 바랐다. 예수님은 마리아에게 이 평안을 가져다주셨다. 마리아는 전심으로 그분을 따르기로 하고 그날 곧장 집을 나섰다. 그리고 절대 뒤돌아보지 않았다.

이제 마리아는 예수님이 하나님 나라와 그분을 따르는 대가에 대해 말씀하시는 것에 귀 기울였다. 그분의 제자가 되기 위해 어떤 대가를 치르든지 그녀는 기꺼이 감당할 준비가 되어 있었다.

막달라인 마리아(또는 막달라 마리아)에 대해서는 알려진 것이 그리 많지 않다. 그리스도께서 마리아를 해방해 주신 것은 확실하지만, 예수님을 만나기 전에 마리아가 어떻게 살았는지에 대해서는 성경에 기록된 것이 거의 없다. 성경은 예수님이 악귀를 내쫓으신 사건을 여러 차례 언급하는데, 누가복음 8장에서는 예수님의 사역을 후원한 여인들을 특별히 언급한다. 예수님은 그 여인들이 악귀와 질병에서 벗어나게 해 주셨다. 막달라 마리아는 그중에서도 아주 극단적인 악귀로 고통받은 여인이었다. 누가는 마리아에게서 일곱 귀신이 나갔다고 분명히 설명한다. 그녀는 극심한 괴로움에 시달리며 견디기 힘든 고통과 고립 속에 살았을 것이다.

그러나 이런 극단적 상황에 빠진 마리아조차도 예수님의 구원의 능력에서 멀리 떨어져 있지 않았다. 예수님께는 **모든** 권세가 있다. 성경은 예

수님께 내쫓긴 악귀가 즉시 그분께 순종하는 모습을 분명히 보여 준다
(두 군데만 예를 들면, 막 5:1-13; 9:14-29 참조). 예수님과 마리아의 만남이 성경에
기록되어 있지는 않지만, 큰 차이는 없었을 것이다. 모든 악귀가 우주의
왕 예수님께 순종한다. 예수님이 막달라 마리아를 해방하셨을 때, 그녀
는 자신을 괴롭히던 악귀로부터 진정으로 **자유로워졌다**. 난생처음 진정한
평안을 경험했다.

마리아가 예수님의 충성스러운 제자가 된 것은 어찌 보면 당연한 일이
었다. 마리아는 예수님을 따르면서 그분께 물질적 필요를 공급하는 일을
도왔고, 예수님이 십자가에서 돌아가실 때는 끝까지 그분 곁을 지켰다(막
15:40-47 참조).

악귀에 사로잡혔던 과거가 신실하게 예수님을 따르고자 하는 마리아의
의지를 막을 수는 없었다. 마리아의 삶에서 그리스도가 주신 평안과 자
유는 너무나 큰 의미가 있었다. 마리아는 그에 대한 감사를 예배와 순종,
사랑으로 표현했다.

막달라 마리아가 예수님을 사랑하고 그분께 순종한 모습은 우리 모두
따라야 할 본보기다. 우리 또한 그리스도 안에서 진정한 자유와 평안을
얻었기 때문이다. 일곱 귀신이 나간 사람은 흔치 않겠지만, 그리스도가
당신을 구원하시고 구속하셨다면 당신도 자유를 **얻었다**. 어둠이 아니라
예수님께 속하여 당신도 평안을 **얻었다**. "그가 우리를 흑암의 권세에서
건져내사 그의 사랑의 아들의 나라로 옮기셨으니 그 아들 안에서 우리가
속량 곧 죄 사함을 얻었도다"(골 1:13-14).

예수님이 구원하시지 못할 만큼 깊은 어둠에 빠진 사람은 없다. 예수님
이 해방하시지 못할 만큼 많은 짐을 짊어진 사람은 없다. 예수님의 위로

를 받지 못할 만큼 큰 문제에 휩싸인 사람은 없다. 예수님의 평안을 누리지 못할 만큼 큰 두려움을 느끼는 사람은 없다. 예수님은 막달라 마리아를 구원하셨다. 그녀에게 자유와 평안을 허락하셨다. 그렇다면 예수님은 당신에게도 똑같이 역사하실 수 있다. **바로 지금** 그렇게 하실 수 있다. 만유의 왕이신 그분이 오늘 당신을 도우실 것이다.

오늘의 묵상

당신이 예수님을 믿는 신자라면, 막달라 마리아를 해방하신 주님이 당신의 주님도 되신다. 당신 내면에 어둠이나 속박으로 깨지고 억압된 부분이 있는가? 그렇다면 당신을 해방해 달라고 그리스도께 간구하라. 당신이 아직 신자가 아니며 억압으로 괴로워하고 있다면, 회개하고 그리스도를 믿으라. 자유를 주시고 평안으로 당신을 채워 주시기를 그리스도께 기도하라. 왕이신 그분께는 능치 못한 일이 없으시다! 예레미야 32장 27절과 마가복음 10장 27절을 읽고 마음에 새기라.

32일

꿈을 포기할 때 찾아오는 평안

예수를 섬기며 갈릴리에서부터 따라온 많은 여자가 거기 있어
멀리서 바라보고 있으니
그중에는 막달라 마리아와 또 야고보와 요셉의 어머니 마리아와
또 세베대의 아들들의 어머니도 있더라(마 27:55-56).

함께 읽기 마 27:45-56

예수님의 마지막 날이 막달라 마리아에게 얼마나 큰 충격이었던지, 그녀는 더는 흘릴 눈물이 없었다. 공허한 상실감만 남았다.

예수님이 떠나셨다. 너무나 갑작스러운 일이었다! 일주일 전만 해도 길거리에서 나귀를 타고 예루살렘에 들어오시는 그분을 보고 많은 사람이 환호했다. 그런데 지금은? 골고다를 올려다보니 헝겊 인형처럼 축 처진 그분 몸이 아직도 십자가에 못 박혀 매달려 있다. 그분의 죽음은 그 어떤 죽음보다 끔찍했다. 처음부터 끝까지 배신과 거짓말, 은폐와 비겁이 난무했다.

마리아의 친구이자 야고보와 요한의 어머니인 살로메가 마리아의 품에서 꿈쩍도 하지 않고 눈물을 흘리고 있었다. 이 여인들은 낮에는 예수님의 십자가 근처에 있었지만, 군중이 점점 더 흥분하고 분노하자 십자가에

서 멀리 밀려났다. 가까이에서 예수님의 고난을 지켜보는 게 나은지, 멀리 떨어져서 그분의 시선을 피하는 게 나은지 막달라 마리아는 도무지 알 수가 없었다.

그러나 이제는 다 소용없는 일이었다. 마리아의 주님, 마리아의 랍비, 마리아를 해방하시고 이전에는 경험하지 못했던 평안을 허락하신 주님이 이제 돌아가시고 없었다.

막달라 마리아는 숨을 깊이 들이마시고 살로메의 귓가에 속삭였다. "살로메, 여기서 벗어나야 해요. 그만 갑시다." 살로메는 고개를 끄덕였지만 차마 발이 떨어지지 않았다.

마리아는 다리가 돌처럼 굳어 버린 듯했지만 애써 자리를 털고 일어섰다. 함께 온 다른 여인 몇몇에게 살로메를 맡겼다. 여인들은 하나같이 눈언저리가 빨갰고, 아무 소망이 없는 듯한 눈빛이었다.

정말 그랬다.

막달라 마리아는 살로메를 사람들에게 인도하고 나서 다시 십자가 쪽을 바라보았다. 그녀는 도저히 예수님 곁을 떠나지 못할 것 같았다.

하지만 이제는 좀 앉아서 쉬어야 했다. 몸이 더는 감당하지 못했다. 여전히 십자가에 매달려 계신 예수님의 모습이 마리아의 시선에 들어왔다. 예수님 덕분에 고통에서 벗어난 이후, 그녀는 예수님의 제자가 되어 그분을 따르는 삶을 살았다. 예수님을 만나기 전에는 어둠과 고통뿐이었지만, 그분 곁에 있으면 빛과 생명과 평안이 있었다. 영원히 예수님을 따르는 것이 마리아의 유일한 꿈이었다. 그런데 이제는 어찌해야 할까? 어디로 가야 할까?

눈물이 주체할 수 없이 계속해서 흘러내렸다. 막달라 마리아는 제자

무리를 떠난 삶은 상상조차 할 수 없었다. 그들을 떠나서는 그녀의 삶에 공동체란 것이, 목적이란 것이 없었다. 예수님과 보낸 몇 달이 마리아의 일생에서 가장 좋은 시간이었다. 난생처음 소망과 평안을 느꼈던 때다. 그녀는 미래를 생각하며 꿈에 부풀어 있었다. 예수님을 따르는 한, 무슨 일이 닥쳐도 염려할 필요가 없었기 때문이다. 그러나 이제 예수님이 떠나셨으니 그녀의 꿈도 그분과 함께 사라져 버렸다.

마리아는 어떻게 앞으로 나아갈 수 있을까? 이제 어떻게 살아야 하는 걸까?

∞

누구나 살면서 꿈이 깨지는 순간을 맞닥뜨린다. 직업상의 꿈이 무너졌을 수도 있고, 미래에 대한 꿈을 잃어버렸을 수도 있다. 사랑하는 사람이 세상을 떠났거나, 인생 계획이 엉망진창이 되었을 수도 있다. 약속받은 기회가 실현되지 않았거나, 의지하던 친구에게 배신당했을 수도 있다. 무슨 꿈이 되었든, 꿈이 깨지면 우리는 망연자실하고 혼란스러워한다. 놀라서 어쩔 줄 몰라 하고 앞으로 어떻게 살아야 할지 자신이 없어진다.

우리 집은 증조할아버지 때부터 한곳에 살았다. 그래서 나도 어느 한곳에 오래도록 뿌리를 내리고 가정을 이루는 것이 늘 꿈이었다. 물론 세계를 다니면서 견문을 넓히는 것도 좋았다. 하지만 그 밑바탕에는 집으로 돌아온다는 안정감이 있어야 했다. 내 어린 시절이 그랬고, 나는 그게 좋았다. 우리 아이들에게 이보다 더 좋은 경험은 없으리라고 여겼다.

그런데 그 꿈은 수없이 깨졌다. 딸이 두 살 때는 신학교에 진학하는 남편을 위해 이사했다. 딸이 세 살 되던 무렵에는 연이은 유산으로 내가 우울감에 시달리는 바람에 친정 가까이로 이사했다. 다섯 살 때는 남편이 새로운 교회로 부름을 받아 이사했고, 여섯 살 때는 남편이 해고당하고 하나님이 새 일을 주셔서 또다시 이사했다. 5년이 채 안 되는 기간에 네 차례 이사라니. 이삿짐 상자만 봐도 신물이 났다.

이사할 때마다 안정감이라는 꿈이 사라지는 것 같아 힘들었다. 어딘가에 정착하고 싶은데 계속 옮겨 다녀야 했다. 물론 이사 때문에 삶이 완전히 산산조각 난 것은 아니다. 하지만 정서적으로 진이 빠지고 사람들과의 관계가 망가졌다. 사는 곳을 옮길 때마다 내 평안은 아슬하게 느껴졌다. 어떻게 맨땅에서 다시 시작해야 할지 막막하기만 했다. 엄청난 압박과 외로움, 단절감을 느낄 때가 많았다. 병원도, 마트도, 도서관도 다 새로 찾아야 했지만, 더 근본적인 질문이 떠올랐다. 어떻게 다시 친구를 사귀고 신뢰를 쌓을 수 있을까? 어디서 편안함을 느낄 수 있을까? 어디서 소속감을 얻을 수 있을까?

안정감을 얻는 것이 내 유일한 꿈은 아니었지만, 나는 몇 번이고 그 꿈을 포기해야 했다. 그리고 그때마다 큰 상실감을 느꼈다.

막달라 마리아는 진정 그날 십자가에서 **모든 것**을 잃어버렸다고 믿었다. 마리아가 미래에 품은 모든 소망은, 그녀를 구원하시고 소망을 주신 예수 그리스도와 떼려야 뗄 수 없는 관계였다. 그분이 돌아가시자, 마리아는 그녀의 모든 소망이 그분과 함께 사라져 버린 것만 같았다.

그런데 마리아가 모르는 것이 있었다. 이제 곧 그리스도께서 눈부신 영광으로 죽음을 물리치실 것이다. 그러나 그때조차도 마리아는 자기 일생의 꿈을 놓아주어야 할 것이다. 아마도 마리아는 육신으로 계신 예수님을 영원히 따르면서 그분을 따르는 다른 사람들과 함께 제자로서 배우고 성장하고 싶었을 것이다. 그보다 더 영광스러운 일이 어디 있겠는가?

예수님이 돌아오시기는 했지만, 마리아의 기대와는 달랐다. 그분은 제자들과 언제나 함께하겠다고 약속하셨지만, 육신을 입으신 상태로는 아니었다. 더는 이스라엘 곳곳을 다니시지 않고, 더는 산에서 가르치시지 않을 것이다. 얼마 안 되는 떡과 물고기로 수천 명을 먹이시지도 않을 것이다. 그리스도께서는 성령님을 주신다고 약속하셨는데, 이는 그리스도의 육신이 함께하시는 것이 아니라 성령님이 제자들 마음속에서 그들과 함께하시리라는 것이었다(요 14:16-17 참조).

마리아는 예수님이 주시는 새로운 삶을 받아들이기 위해 **자신이 생각했던** 평생의 꿈을 포기해야 했다. 살과 피가 아니라 영과 진리로 살아가야 했다(요 4:24 참조). 예수님은 그분이 제자들과 함께 계시는 것보다 성령님이 그들에게 내주하시는 것이 더 낫다고 말씀하셨다.

그러나 내가 너희에게 실상을 말하노니 내가 떠나가는 것이 너희에게 유익이라 내가 떠나가지 아니하면 보혜사가 너희에게로 오시지 아니할 것이요 가면 내가 그를 너희에게로 보내리니 그가 와서 죄에 대하여, 의에 대하여, 심판에 대하여 세상을 책망하시리라(요 16:7-8).

성령님이라는 선물은 모든 신자에게 가장 큰 선물이 될 것이다. 그리스도께서 그들과 항상 함께하시니 말이다! 하지만 처음에는 그렇게 보이지 않았을 수 있다. 예수님의 육신이 사라지는 것은 그들에게 고통스럽고 힘든 일이었을 것이다. 다른 제자들처럼 막달라 마리아도 그리스도께서 주시려는 삶을 (최선의 방식으로) 받아들이기 위해 **자신이 생각했던** 꿈을 포기해야 했을 것이다.

우리가 예수님을 위해 꿈을 포기하고 원하는 것을 내려놓아야 할 때마다 슬픔이 있을 것이다. 그러나 그 포기의 다른 한편에는, 우리를 향한 주님의 계획을 받아들이는 데서 비롯되는 평안과 위로가 있다. 우리가 선택하지 않은 상황 가운데서도 영혼의 안식을 누릴 수 있다.

나는 이렇게 이사를 많이 다니는 삶을 한 번도 원한 적이 없었지만, 주님은 유목민 같은 우리 삶을 사용하셔서 안정감에 대한 내 개념을 바꾸어 주셨다. 이 안정감은 물리적 장소가 아니라 영적 실재에서 비롯되었다. 내 머리를 누일 곳과는 상관없이 내 안정감은 그리스도 안에 있다는 것을 전에는 몰랐으나 이제는 안다. 내 삶에서 깨져 버린 꿈이 나를 그렇게 이끌었다. 예수님은 모든 일에서 내 안정감이 되신다.

오늘 당신이 주님 앞에 포기해야 할 꿈이 있다면 용기를 내라. 당신이 이 땅에서 무엇을 잃든 간에, 그 상실이 아무리 고통스럽더라도, 그것은 그리스도의 공급과 임재 그리고 당신을 향한 그분의 계획 가운데 평안을 찾을 기회가 된다. 우리를 향한 그분의 꿈이 우리 자신의 꿈보다 낫다.

오늘의 묵상

오늘 이렇게 기도해 보라. "주님, 제 인생의 꿈이 깨질 때 주님을 신뢰할 수 있게 도와주십시오. 저를 향한 주님의 계획을 제가 온전히 이해하지는 못합니다. 주님이 제게 주시는 것이 저의 꿈보다 훨씬 더 낫다는 것을 믿으며 오늘 주님의 평안을 간구합니다."

33일

섬김을 통한 평안

요셉이 세마포를 사서 예수를 내려다가 그것으로 싸서
바위 속에 판 무덤에 넣어 두고 돌을 굴려 무덤 문에 놓으매
막달라 마리아와 요세의 어머니 마리아가 예수 둔 곳을 보더라(막 15:46-47).

함께 읽기 눅 23:50-56; 막 15:46-47

막달라 마리아는 다른 여인 한 명과 함께 십자가로 조금씩 가까이 다가갔다. 사람들이 예수님 시신을 어떻게 하는지 지켜보려고 기다리고 있었다. 전통을 따르자면, 매장을 위한 준비가 필요했다. 하지만 시간이 별로 없었다. 일몰이 가까웠고, 해가 지면 안식일이었다. 안식일에는 아무 일도 할 수 없으므로 예수님의 시신을 돌보지 못한다. 두렵고 불안한 마음에 목구멍이 조여 왔다. 마리아의 주님은 아직도 십자가에 매달려 계셨다. 주님의 귀한 얼굴과 다리에 피가 말라붙기 시작했다. 마리아는 너무나도 큰 무력감을 느꼈다! 여인인 마리아가 의지할 곳은 아무 데도 없었다. 주님께 마땅한 매장 절차가 가능할지 확신할 수 없었다. 그래서 달리 어찌할 바를 모른 채 기도만 할 뿐이었다.

태양은 이미 하늘에서 3분의 2를 지나고 있었다. 마리아는 입술을 깨

물었다. '주님을 밤새도록 십자가에 매달려 계시게 할 수는 없어! 그런 가증스러운 일이 있어서는 안 된다고!'

마리아의 오른편에서 움직임이 포착되었다. 그녀는 두 사내가 결의에 찬 모습으로 십자가로 서서히 다가가는 것을 보았다. 처음 보는 사람들이었지만, 잘 차려입고 권위가 느껴지는 것으로 보아 중요한 인물인 듯했다. 그들은 경비병에게 다가가서 잠시 대화를 나누더니 예수님 시신에 근접할 수 있는 허가를 받은 것 같았다.

막달라 마리아의 심장이 두근거렸다. '저 사람들이 어떻게 하려는 거지? 우리 주님을 소중히 다루어야 하는데…. 주님의 시신을 매장할 준비를 제대로 해야 하는데!' 마리아는 그들을 계속 지켜보았다. 그들이 주님의 시신을 가져갈 것 같았는데, 굉장히 조심하는 분위기였다. '아, 저들도 주님을 사랑하는 이들인가?' 그들이 그 끔찍한 십자가에서 온화하고도 부드러운 손길로 주님을 내리는 모습을 지켜보는데 눈물이 앞을 가렸다.

그들은 예수님을 어린아이 안 듯 조심스럽게 안았다. 마리아가 친구 손을 꼭 쥐면서 말했다. "저 사람들을 따라가자. 저들이 우리 주님을 어디에 모시는지 알아야겠어."

두 여인은 멀찍이서 그들을 따라갔다. 가까운 동산에 도착한 두 남자는 무덤 안쪽에 예수님을 내려놓고 향품을 부은 수의로 주님의 몸을 감싸 급히 매장을 준비했다. 무덤 건너편에 있는 마리아에게까지 몰약 냄새가 났다. 밤이 다가오고 있었다. 시간이 얼마 없었다. 두 남자는 손이 더욱 빨라졌다. 마리아는 예수님을 제대로 장사 지내려면 더 많은 절차가 필요하다는 것을 알았다. 물론 그들을 원망하는 것은 아니었다. 마리아이 주님이 살아 계실 수 없다면, 그녀는 돌아가신 주님까지 섬길 각오가 되어 있었다.

막달라 마리아에게 목적이 생겼다. 적어도 앞으로 두어 날 동안 할 일을 깨달았다. 이제 주님의 시신이 어디 있는지 알았으니 다시 돌아와서 주님께 합당한 장사를 치러 드릴 작정이었다. 유대 풍습을 따라 주님의 시신을 깨끗이 씻기고 기름을 부을 것이다.

두 남자가 돌을 굴려 무덤 입구를 막자, 마리아는 친구 손을 붙잡고 황급히 돌아갔다. 남은 하루 동안 주님을 위해 향품과 향유를 준비해야 했다.

∞

단 몇 시간 만에 막달라 마리아의 삶이 매우 작고 좁아져 버렸다. 자신이 생각했던 그녀의 전 존재는 이제 끝장이었다.

예수님은 돌아가셨고, 마리아는 그분이 죽음을 물리치고 다시 오신다는 사실을 아직 알지 못했다. 하지만 마리아가 아는 것이 있었는데, 예수님의 명예에 걸맞게 그분을 제대로 장사 지내야 한다는 것이었다. 그리고 마리아는 그렇게 할 작정이었다. 막달라 마리아와 그녀의 친구는 슬프고 고통스러웠지만, 그래도 예수님을 섬기는 일을 하기로 했다. 이제 마리아에게는 계속 살아가야 할 이유가 생겼다.

성경에 나오는 이 짧은 순간에 마리아가 우리에게 보여 주는 본보기는 아름다우면서도 심오하다. 고통 가운데서도 다른 사람들과 함께 예수님을 섬기면 목적과 평안이 생긴다.

나는 슬픔을 겪으면서 여러 차례 이 진리를 경험했다. 물론 처음에는 어설펐다. 유산을 겪고 나서 슬픔을 주체하지 못할 때, 나는 내면으로 파고드는 경향이 있었다. 당연히 마음이 무너지는 듯했고, 깊은 슬픔을 느꼈다. 하지만 교회 공동체나 친구들을 곁에 둘 방법을 찾기보다는 오히려 그들을 멀리했다. 다른 사람들 앞에서 내 슬픔을 어떻게 다룰 수 있을지 몰랐기 때문이다. 더는 상처받고 싶지 않았다. 하지만 고립을 선택한 것이 더 큰 고통과 슬픔을 가져올 줄은 몰랐다. 사람들을 멀리하기보다 오히려 그들에게 다가갔다면, 그중 상당 부분은 피할 수 있었을 것이다.

막달라 마리아는 슬픔과 공동체, 슬픔과 섬김은 상호 배타적이지 않다는 사실을 우리에게 보여 준다. 오히려 마리아는 슬픔 **가운데서** 다른 사람들과 함께 예수님을 섬긴다. 마리아와 그녀의 친구가 향품을 준비하면서 함께 우는 장면이 상상된다. 그들은 자신들이 만든 향유를 눈물과 함께 뿌렸을 것이다. 재료를 섞고 부수고 저으면서 예수님과 그분의 말씀에 관해 이야기했을 것이다. 하지만 예수님 이야기를 하면서 그분을 기억하고 함께 눈물을 흘리는 행위가 곧 치유와 평안으로 향하는 길이 되었다.

나는 남편이 해고되고 나서 마음이 상해 있을 때 슬프지만 섬겨야겠다는 생각이 들었다. 아직은 상처가 남아 있었다. 큰일을 도모하거나 큰 손길을 내밀지는 못했다. 그래도 작게나마 섬길 방법을 찾았다. 딸이 다니는 학교에서 스승의 날 행사를 맡아, 우리 아이들을 열정적으로 사랑해 주는 선생님들을 기억하고 감사하는 시간을 가졌다. 자녀를 입양하려는 친구를 위해 소박한 모금 행사도 기획했다. 더는 고립을 자초하지 않았다. 우리가 출석하기 시작한 새 교회의 소그룹을 방문해서 그리스도의 백성과 어울렸다. 이 모두가 거창하고 꾸준한 섬김이나 공동체 활동은 아니었다. 새로운 사역을 시작하거나 새 친구를 잔뜩 사귈 정서적 에너지는 없었다. 하지만 내가 할 수 있는 일을 하면서, **안**으로 침잠하기보다는 **밖**으로 손을 내밀었다.

그러자 마음도, 기분도 놀랍게 달라졌다. 비록 작은 행동이었지만 봉사를 통해 그리스도를 섬기면서 슬픔이 평안으로 바뀌었다. 그리스도의 몸에 우리를 사랑하고 도와주는 다른 많은 지체가 있으며 나도 그들을 도울 수 있다는 사실을 새로운 시선으로 보게 되면서 내 영혼이 편안해지기 시작했다.

성경은 우리에게 이 진리를 강조한다.

찬송하리로다 그는 우리 주 예수 그리스도의 하나님이시요 자비의 아버지시요 모든 위로의 하나님이시며 우리의 모든 환난 중에서 우리를 위로하사 우리로 하여금 하나님께 받는 위로로써 모든 환난 중에 있는 자들을 능히 위로하게 하시는 이시로다(고후 1:3-4).

어려운 시험 중에도 우리가 섬길 때 하나님의 위로가 우리를 감싸고 그분의 평안이 우리를 붙드는 것을 알게 될 것이다. 내 말은 그분의 위로와 평안을 얻으려면 **반드시** 섬겨야 한다는 뜻이 아니다. 다른 사람을 섬길 수 없고 섬겨서도 안 된다는 사실을 인정하며 오히려 그리스도의 몸의 섬김을 받아야 할 때가 있기 마련이다.

하지만 우리가 그렇게 할 수 있을 때 고통 가운데서 다른 사람들을 섬기면 오히려 그 고통을 치유하는 데 도움이 된다는 것이 하나님 나라의 아름다운 현실이다. 고군분투하면서 다른 사람들을 섬기면 오히려 그 문제에 평안이 임하는 데 도움이 된다. 그리스도의 사람들을 섬기는 것이 곧 그리스도를 섬기는 것이기 때문이다. 주님이 우리를 위로하실 때 우리는 다른 사람들을 위로할 수 있고, 그들이 다시 우리를 위로해 줄 수 있다. 예수님의 임재를 통해 그리스도의 몸이 치유되고, 사람들을 통해 그분의 평안이 역사한다.

오늘의 묵상

지금 당장 당신은 어디서 섬길 수 있겠는가? 슬픔을 겪고 있더라도, 작게나마 다른 사람들을 섬길 수 있게 해 달라고 주님께 간구하라. 다른 사람들의 필요를 돌보다 보면, 놀랍게도 자신의 고통에서 벗어나 다른 사람들의 상황을 보게 되고, 우리 가운데 있는 그리스도의 임재와 평안에 집중하게 된다.

34일

부활을 통한 평안

예수께서 이르시되 여자여 어찌하여 울며 누구를 찾느냐 하시니
마리아는 그가 동산지기인 줄 알고 이르되
주여 당신이 옮겼거든 어디 두었는지 내게 이르소서
그리하면 내가 가져가리이다 예수께서 마리아야 하시거늘
마리아가 돌이켜 히브리 말로 랍오니 하니 (이는 선생님이라는 말이라)(요 20:15-16).

함께 읽기 요 20:1-16

막달라 마리아는 눈물이 흘러내리지 않도록 손바닥으로 눈을 힘껏 눌렀다. 생각해야 했다. 베드로와 요한은 이미 다녀간 뒤였다. 두 사람은 예수님 시신이 사라졌다는 사실에 마리아만큼이나 어리둥절해했다. 마리아의 주님은 도대체 어디에 계실까? 누가 그분을 데려갔을까?

주님의 몸을 제대로 장사 지낼 수 있게 준비하는 것. 마리아가 주님을 위해 할 일은 그것밖에 남아 있지 않았다. 안식일에는 아무 일도 할 수 없기에 마리아는 머릿속으로 할 일들을 정리하고 있다가 다른 여인들과 함께 오늘 아침 일찍 일어나 나머지 필요한 향품을 사러 왔다. 그런데 무덤에 도착해 보니 돌이 이미 옆으로 옮겨져 있었다. 무거운 돌을 어떻게 옮길지 고민하고 있었는데 그런 일이 일어났다. 무덤이 비어 있고 경비병도 없었다. 마리아는 겁에 질려 베드로와 요한에게 달려갔다. 베드로와

요한은 무덤에 왔다가 다시 돌아갔다. 다른 여인들도 다녀갔다. 하지만 마리아는 도저히 무덤을 떠날 수가 없었다. 이곳이 예수님이 머무신 마지막 장소였기에 마리아는 어디로 가야 할지, 어떻게 해야 할지 종잡을 수 없었다. 빈 무덤 앞에 서서 눈물만 흘리고 있었다.

슬픔을 주체하지 못하고 마리아가 주저앉으면서 무덤 내부를 멍하니 바라보았다. 흰옷을 입은 두 천사를 보고 마리아의 눈이 휘둥그레졌다. 그들은 예수님이 누우셨던 자리에 앉아 있었다.

"여자여, 왜 우느냐?"

마리아는 울다가 너무 놀라서 제대로 말을 잇지 못했다. "누가… 누가 내 주님을 가져갔는데 어디에 두었는지 모르겠습니다."

뒤쪽에서 소리가 들려서 돌아보니 한 남자가 서 있었다. 햇빛이 강해서 검은 윤곽만 보였다. 그 사람도 똑같은 질문을 했다. "여자여, 왜 우느냐? 누구를 찾느냐?" 한없이 부드러운 음성이었다.

마리아는 그가 동산 관리인인 줄 알았다. "여보세요, 당신이 그분을 가져갔으면 어디에 두었는지 말씀해 주세요. 내가 모셔 가겠습니다."

잠시 후 눈이 빛에 적응하자 어딘가 익숙한 얼굴이 마리아의 시야에 들어왔다. 그분이 마리아를 보며 미소 지으셨다. "마리아야!"

마리아는 너무 놀란 나머지 심장이 벌렁거리고 숨이 막힐 지경이었다. "선생님!"

전혀 기대하지 못한 상황에서, 뜻밖의 시간이나 장소에서 사랑하는 사람을 만난 적이 있는가? 나는 아버지가 나를 깜짝 방문한 그날 오후를 잊지 못할 것 같다. 당시 대학에 다니던 나는 힘든 학기를 보내고 있었다. 그 주는 특히 더 힘들었는데 갑자기 아버지가 캠퍼스에 오셨다. 나를 보러 오겠다거나 오고 있다는 말씀도 없이 기숙사 앞에 나타나셔서는 나를 크게 안아 주셨다.

아버지를 보고 얼마나 큰 안도감과 위로를 느꼈는지 모른다. 나의 아버지, 나를 사랑하시고 보살펴 주시는 아버지가 내 곁에 계셨다. 아버지와 함께라면, 아무 문제 없는 척, 아무렇지 않은 척하지 않아도 괜찮았다. 긴장을 풀고 얼마든지 속마음을 나눌 수 있었다.

그리고 정말 그렇게 했다. 아버지는 전날 밤 전화기 너머로 들리는 내 목소리에서, 내가 압박감을 느끼고 있다는 것을 책 보듯 훤히 꿰뚫으셨다. 시간이 없어 오래 계시지는 못했지만, 시카고 교외까지 차를 몰고 오셔서 나를 안아 주시고, 저녁을 사 주시고, 이야기를 들어주시고, 내가 사랑받고 있다는 사실을 확인해 주셨다. 아버지가 오시리라고는 상상도 못 했던 그 수요일 오후에 아버지와 함께한 선물 같은 시간은 평생 소중히 간직할 추억이다.

그 일요일 아침, 막달라 마리아도 다시 사신 예수님을 보리라고는 상상도 못 했을 것이다. 불과 며칠 전에 예수님 몸에서 붉은 피가 쏟아져 나오는 모습을 보았고, 그분의 고통을 코앞에서 지켜보았다. 예수님은 **돌아가셨다**. 그런데 그날 아침 일찍, 예수님이 마리아 앞에 나타나셔서 그녀의 이름을 불러 주셨다! 마리아는 부활하신 그리스도를 처음으로 목격한 사람이었다. 그녀는 이루 말할 수 없는 충격과 경이로움을 느꼈을 것이다.

충격이 서서히 가라앉으면서 마리아가 느꼈을 평안을 상상할 수 있겠는가? 예수님이 계시니 모든 잘못이 바로잡힐 것이다. 예수님이 아직 살아 계시니 마리아의 소망이 사라진 것이 아니다! 마리아가 꿈꾸던 미래도 사라지지 않았다. 주님이 여기 함께 계셨다!

이것이 바로 예수님의 부활이 우리에게 줄 수 있는 평안이다. 부활은 우리에게 소망이 사라지지 않았다는 확신, 그리스도를 통해 모든 잘못이 바로잡히리라는 확신을 준다. 우리 죄를 대신해 십자가에서 죽으신 그리스도의 희생 덕분에, 죽음을 물리치신 그분의 부활 덕분에, 그분의 승리가 가져다준 평안과 그분과 함께하는 영생의 소망이 우리에게 임한다.

> 내가 들으니 보좌에서 큰 음성이 나서 이르되 보라 하나님의 장막이 사람들과 함께 있으매 하나님이 그들과 함께 계시리니 그들은 하나님의 백성이 되고 하나님은 친히 그들과 함께 계셔서 모든 눈물을 그 눈에서 닦아 주시니 다시는 사망이 없고 애통하는 것이나 곡하는 것이나 아픈 것이 다시 있지 아니하리니 처음 것들이 다 지나갔음이러라 보좌에 앉으신 이가 이르시되 보라 내가 만물을 새롭게 하노라 하시고(계 21:3-5).

그리스도 안에 있으면 다시는 죽음과 고통과 눈물이 없을 것이다. 그분은 만물을 새롭게 하신다. 그 일요일 아침, 막달라 마리아는 부활하신 그리스도를 만났고, 이는 주님을 믿는 이들에게 주님의 영원한 평안과 소망이 있다는 것을 인간으로서 처음으로 엿볼 수 있었던 순간이었다.

그리스도께서 죽음과 고통과 슬픔을 영원히 물리치셨다. 우리는 이 땅에서 시험을 만나지만, 그 모두가 사라지고 예수님의 선하심과 영광만이 존재할 그날이 다가오고 있다. 이 사실에 위로를 얻자! 그리스도께서 만물을, 심지어 죽은 것들까지 새롭게 하신다는 사실을 알고 평안을 누리자.

오늘의 묵상

부활의 진리와 소망이 지금 당신 삶에 어떤 영향을 미칠 수 있겠는가? 예수님을 믿는 신자인 당신에게 그분의 영원한 평안과 소망이 있다. 그리스도의 부활을 생각해 보라. 그분의 임재 가운데 우리를 영원히 기다리는 영광을 묵상하라. 오늘 당신이 맞닥뜨린 상황이 어떻든지 그 아름다운 진리를 통해 평안을 누리라.

35일

새 생명을 받은 평안

예수께서 이르시되 나를 붙들지 말라 내가 아직 아버지께로 올라가지 아니하였노라
너는 내 형제들에게 가서 이르되
내가 내 아버지 곧 너희 아버지, 내 하나님 곧 너희 하나님께로 올라간다 하라 하시니
막달라 마리아가 가서 제자들에게 내가 주를 보았다 하고
또 주께서 자기에게 이렇게 말씀하셨다 이르니라(요 20:17-18).

함께 읽기 요 20:11-18

마리아가 만난 분은 예수님이셨다! 마리아는 예수님이 사라지시기라도 할까 봐 그분 발목을 팔로 감싸안았다. 슬픔의 눈물이 기쁨의 눈물로 바뀌었고, 벅찬 감격으로 가슴이 터질 것만 같았다.

예수님이 마리아의 머리를 다정하게 쓰다듬으셨다. "나를 만지지 마라. 내가 아직 아버지께 올라가지 않았다. 너는 내 형제들에게 가서 내 아버지도 되고 그들의 아버지도 되시며 내 하나님도 되고 그들의 하나님도 되시는 분에게로 내가 올라간다고 전해라."

마리아는 눈물을 거두고 미소를 지으며 예수님을 올려다보았다. 그분 눈에 사랑이 가득하고 그분 얼굴이 영광으로 빛나셨다. 마리아는 주님을 보내 드리고 싶지 않았지만, 그분이 여기 오래 계실 수 없다는 것을 잘 알았다. 조만간 주님은 만물의 아버지, 곧 그들의 아버지 하나님께 올라

가실 것이다. 예수님이 다시 사셨다. 하지만 상황이 전과 같지는 않을 것이다.

그래도 마리아는 두렵지 않았다. 주님이 계신 이곳에 두려움이 설 자리는 없었다. 평안만 느낄 뿐이었다. 그들 모두에게 주님의 부활이 어떤 의미인지 알기에 평안과 흥분을 느꼈다. 아직은 그 의미를 온전히 다 알지는 못했지만, 그녀 앞에 있는 분이 단순한 인간이 아니시라는 것은 알았다. 그분은 주님이셨다!

막달라 마리아는 한 번 더 주님의 발목을 껴안고는, 명령에 순종하여 일어났다. "네, 선생님! 너무 기뻐요! 형제들에게 가서 전할게요." 마리아는 제자들이 모이는 장소로 달려가면서 주님이 아직 계시는지 확인하려고 몇 번이나 뒤돌아보았다. 마리아가 세 번째 돌아보았을 때 주님은 자리를 뜨셨다.

막달라 마리아가 껑충껑충 뛰면서 다락방으로 올라갔다. 슬픔에 지친 사람들이 쭈그려 앉아 있었다. 마리아는 쉴 틈도 없이 소리쳤다. "내가 주님을 보았어요!" 사람들이 고개를 들자 그녀는 계속해서 말했다. "주님이 다시 사셨어요! 여러분과 저처럼 살아 계신다고요. 주님이 이렇게 전하라고 하셨어요. '내 아버지도 되고 그들의 아버지도 되시며 내 하나님도 되고 그들의 하나님도 되시는 분에게로 내가 올라간다.'라고요."

∽

막달라 마리아는 부활하신 그리스도를 처음으로 목격한 사람이었다 (막 16:9 참조). 상상해 보라. 부활하신 예수님을 처음 목격하고 그분과 대화하는 영광이 그녀에게만 허락되었다. 예수님을 믿고 따르고 사랑한 여인, 예수님이 돌아가시는 과정 내내, 그리고 그분이 돌아가신 후에도 그분께 헌신했던 여인에게 말이다.

마리아는 당연히 주님을 붙잡고 싶었지만(누군들 그렇지 않았겠는가?), 제자들에게 부활의 소식을 전하라는 그분 말씀에 신속하게 순종했다. 제자들은 처음에 마리아의 말을 선뜻 믿지 못했다(막 16:11 참조). 나중에 예수님이 그들 가운데 나타나셔서 마리아가 전한 소식을 확증해 주셨다. 그날 저녁 예수님이 제자들에게 나타나셨을 때 맨 처음 하신 말씀은 바로 이것이었다. "너희에게 평강이 있을지어다"(요 20:19).

부활하신 예수님이 막달라 마리아에게 나타나(셔서 부활의 소식을 전하라고 하)신 이후 제자들에게 가장 먼저 하신 말씀이 **평안**이었다. 그분을 따르는 이들에게 평안을 주시는 것, 이것이 예수님이 이 땅에 오신 이유다. 그날 아침 무덤 앞에서 마리아는 주님의 임재 가운데 평안을 느꼈다. 그날 저녁 (충격이 잦아들고 나서) 예수님이 나타나셨을 때 제자들도 그 평안을 느꼈다. 하지만 이 평안은 단순한 느낌이나 감정에 지나치지 않았다. 예수님이 죽음과 부활을 통해 성취하신 평안, 하나님만이 주실 수 있는 평안이었다. 이제 그리스도를 따르는 모든 사람은 하나님과 평안을 누릴 수 있다. 더는 증오도, 죄로 인한 분리도 없다. 예수님이 십자가에서 영단번에 죗값을 치르셨기에, 이제 모든 신자는 하나님 아버지와 평안을 누리게 되었다. 역사상 가장 좋은 소식이 아닐 수 없다.

그리스도가 부활하셨다는 소식을 다른 사람들에게 전했을 때, 막달라 마리아는 이 평안이 임했다고 선언한 첫 사람이 되는 영광을 얻었다. 마리아는 남은 평생 계속해서 이 역할을 감당했을 것이다. 이는 예수님께 순종하여, 부활 소식을 들어야 할 이들에게 그 소식을 전하는 것이 무엇인지 보여 주는 본보기가 된다. 그리고 지금 우리도 이 영광스러운 역할을 감당한다. 우리는 그리스도께서 성취하신 하나님과의 평안을 선언하는 사람들이다.

이 평안은 오늘뿐 아니라 항상 하나님 안에서 영혼이 안식한다는 뜻이다. 그리스도를 구세주로 영접하여 얻는 평안을 아직 경험하지 못한 사람이라면, 죄를 회개하고 그분을 믿음으로써 바로 지금 그분의 영원한 평안을 누릴 수 있다. 주님은 당신을 죄에서 구원하시고, 당신에게 그분과 함께하는 영생의 약속을 주시기를 간절히 원하신다. 회개하고 구세주 예수님의 복음을 믿으라!

이미 주 예수님을 알고 사랑하는 사람이라면, 끔찍한 죽음과 기적 같은 부활을 통해 그분이 당신에게 주신 놀라운 평안의 선물을 기억해 보라. 그리스도가 우리를 대신하여 이루신 일(우리 힘으로는 절대 얻을 수 없는 구원) 때문에 우리가 **하나님과 평안을 누릴 수** 있다.

그러므로 우리가 믿음으로 의롭다 하심을 받았으니 우리 주 예수 그리스도로 말미암아 하나님과 화평을 누리자 또한 그로 말미암아 우리가 믿음으로 서 있는 이 은혜에 들어감을 얻었으며 하나님의 영광을 바라고 즐거워하느니라(롬 5:1-2).

오늘의 묵상

오늘 당신이 그리스도의 평안을 누리려면 어떻게 해야 하겠는가? 어쩌면 난생처음 주님을 믿어야 할지도 모르겠다. 만약 그렇다면, 그리스도인 친구에게 이야기하고 예수님과 함께하는 평생의 여정을 시작해 보라. 이미 그리스도를 믿는 사람이라면, 예수님이 당신을 위해 성취하신 '하나님과의 평안'이라는 놀라운 선물에 대해 묵상하라.

8부.

바울

새로운 정체성에서 오는 평안
36-40일

36일

당신의 세상이 뒤집혔을 때 오는 평안

사울이 길을 가다가 다메섹에 가까이 이르더니
홀연히 하늘로부터 빛이 그를 둘러 비추는지라
땅에 엎드러져 들으매 소리가 있어 이르시되
사울아 사울아 네가 어찌하여 나를 박해하느냐 하시거늘
대답하되 주여 누구시니이까 이르시되 나는 네가 박해하는 예수라(행 9:3-5).

함께 읽기 행 9:1-22

사울은 오른손에 들린 여러 장의 공문을 움켜쥐었다. **드디어** 대제사장의 허락이 떨어졌다. 공문의 내용은 다메섹에서 예수를 따르는 이들을 찾거든 무조건 체포해서 포승줄로 묶어 예루살렘으로 데려오라는 것이었다. 그는 예수를 메시아로 고백하는 이들을 이 지구상에서 기꺼이 없애 버릴 것이다. '가련한 신성 모독자들 같으니라고!'

걸을 때마다 사울의 신발에 먼지가 내려앉았다. 그는 다메섹에 가까이 이르자 크게 한숨을 내쉬었다. 긴 여정에 이제 끝이 보이는 듯했다.

갑자기 하늘에서 태양보다 더 밝은 빛이 비쳤다. 사울은 놀라서 땅에 쓰러졌다. 그러자 그가 상상할 수 있는 그 무엇보다 크고 강력한 음성이 종소리처럼 그의 온몸에 울려 퍼졌다.

"사울아, 사울아, 네가 왜 나를 괴롭히느냐?"

사울의 몸에서 땀이 쏟아졌다. 더위 때문인지 두려움 때문인지 알 수 없었다. 무슨 소리일까? 하나님이 그에게 말씀하고 계신 걸까? 그는 빛을 향해 질문을 던졌다. "당신은 누구십니까?"

강하고 단호한 그 목소리가 다시 사울에게 말을 건넸다. "나는 네가 핍박하는 예수다. 너는 일어나 시내로 들어가거라. 네가 해야 할 일을 일러 줄 사람이 있을 것이다."

사울은 인간보다 훨씬 강력한 무언가에게 채찍으로 흠씬 두들겨 맞은 기분이었다. 그 힘이 너무나 강력해서 그의 마음까지 큰 타격을 받았다. '예수라니? 어떻게 이런 일이?'

자신을 둘러싼 빛에 눈이 먼 사울은 여전히 아무것도 보이지 않았다. 그는 주변을 손으로 더듬어 가며 한 걸음씩 발을 떼었다. 자신의 눈과 마음이 어서 적응하기를 바랐다. '이 말이 도대체 무슨 뜻일까?'

사울은 계속 눈을 깜빡였다. 자신을 둘러싼 어둠이 사라지지 않는다는 것을 이내 깨달았다. 함께 길을 떠난 동지들이 가까이 있는지 없는지도 모른 채 소리쳐 그들을 불러 보았다. "다들 잘 보이는가?"

한 사람이 사울 곁으로 다가오더니 그의 어깨에 손을 얹고 말했다. "네, 사울. 우리는 괜찮습니다."

"나를 다메섹으로 데려가 주오. 거기까지 꼭 가야겠네. 자네가… 자네가 나를 좀 인도해 주게. 앞이 안 보여서 말이야."

동지들이 '직가'(곧은 거리)에 있는 집에 거처를 마련해 주자, 사울은 혼자 있겠다고 했다. 그는 밤낮으로 금식하며 기도했다. 여전히 눈앞이 컴컴했지만, 다메섹에 있는 그 어두운 방구석에서 울며 기도하며 주님께 용서를 구했다. 신자들을 핍박하다니, 도대체 무슨 일을 하고 있었던 것인가? **예**

수님이 메시아셨다.

∞

 마이클에게 청혼을 받고 다음 날 아침, 놀라서 잠에서 깬 기억이 난다. 반지가 아직 있는지, 아니면 모든 게 꿈이었는지 확인하려고 어둠 속에서 왼손을 더듬어 보았다. 침대에 누운 채 다이아몬드를 만지작거리는데, 새로 태어난 듯한 느낌이 들었다. 이제 내 삶은 완전히 달라졌다. 마이클과 결혼을 약속했으니 이제부터 우리 인생은 영원히 함께였다. 결혼은 정체성의 행복한 변화였지만, 그럼에도 변화는 변화였다. 마음속으로 우리 둘이 함께하는 미래를 생각하기 시작했다. 머지않아 남편 성을 따르게 될 것이다. 내 정체성과 생활 방식에 변화가 생길 것이다.
 결혼으로 인해 내가 맞게 될 변화와 달리, 다메섹으로 가는 길에서 사울이 맞이한 정체성의 변화는 (적어도 처음에는) 그다지 행복하지만은 않았을 것이다. 그는 예수님을 따르는 이들을 박해하는 행위로 얼마간 바리새인으로서 경력을 쌓았다. 그는 스데반이 돌에 맞아 죽는 모습을 지켜보며 그 일에 찬동했다(행 7:58-8:1 참조). 그는 교회를 파괴했고, 집마다 돌아다니며 신자들을 끌어다가 옥에 가두었다. 그리스도인들이 박해받고 벌받는 모습을 지켜보며 좋아했다(행 8:3 참조).
 사울은 그리스도인들만 보면 증오심이 불타오르는 사람이었다. 그리스도를 따르는 사람들을 옥에 가두는 것이 하나님의 뜻이라 믿었던 사람이었다. 그런 그가 다메섹으로 가는 길에, 그 밝은 빛 가운데서 예수님을 만났다. 예수님께 그분을 그만 핍박하라는 말씀을 들었을 때 그의 세계는 완전히 뒤집혔다.

사울이 앞을 보지 못하는 동안, 주님은 사울에게 자신을 드러내셨다. 바리새인으로서 교육받은 것과 신자들을 박해한 일을 비롯하여 사울의 **모든** 삶이 뒤집혔다. 다시 눈을 뜬 사울은 자신이 다메섹에 와서 무너뜨리려 했던 복음을 온전히 받아들이고 세례를 받았다. 그리고 그리스도를 통해 하나님과 화해했다.

이제 예수님이 메시아이심을 깨닫고 믿게 된 사울은 교회를 핍박하던 사람에서 가장 열렬한 회심자로 변신했다. "즉시로 각 회당에서 예수가 하나님의 아들이심을 전파하니"(행 9:20). 그는 자신의 죄를 뉘우치고, 주님을 위한 복음 전도자로서 인생의 다음 장을 시작했다. 복음이 그의 정체성을 바꾸어 놓았다.

사울은 복음의 놀라운 진리, 즉 그리스도를 믿는 모든 사람은 하나님과 평안을 누릴 수 있다는 것을 경험했기에 변할 수 있었다. 그는 자신이 예수님을 반대한 끔찍한 죄인이라는 것을 알았다. 하지만 그분께 용서받았다는 것도 알았다.

내가 전에는 비방자요 박해자요 폭행자였으나 도리어 긍휼을 입은 것은 내가 믿지 아니할 때에 알지 못하고 행하였음이라 우리 주의 은혜가 그리스도 예수 안에 있는 믿음과 사랑과 함께 넘치도록 풍성하였도다 미쁘다 모든 사람이 받을 만한 이 말이여 그리스도 예수께서 죄인을 구원하시려고 세상에 임하셨다 하였도다 죄인 중에 내가 괴수니라 그러나 내가 긍휼을 입은 까닭은 예수 그리스도께서 내게 먼저 일체 오래 참으심을 보이사 후에 주를 믿어 영생 얻는 자들에게 본이 되게 하려 하심이라(딤전 1:13-16).

그리스도의 구원을 받은 사람에게는 새로운 정체성이 생긴다. 당신도 과거의 정체성을 내려놓고, 오늘 예수님의 복음만을 붙들기로 선택하여 사울처럼 반응할 수 있다. 당신은 용서받았다. 당신의 과거는 사라졌다. 그리스도를 통해 하나님과 화해했다.

오늘의 묵상

당신은 온전히 구속받은 하나님 자녀인가? 그리스도 예수 안에 있는 은혜와 믿음과 사랑이 당신에게 부어진 것을 전심으로 기뻐할 수 있는가? 그렇지 않다면, 당신의 정체성 가운데 당신이 내려놓아야 할 무언가(오래된 죄나 복음과는 어울리지 않는 사고방식)가 있을지도 모른다. 그리스도 안에서 당신은 새로운 피조물이다. 그런 당신의 존재와 어울리지 않는 것을 내려놓게 해 달라고 주님께 간구하라. 그리고 그분의 평안 가운데 앞으로 나아갈 수 있도록 용기를 구하라.

37일

남들이 믿어 주지 않을 때 오는 평안

사울이 예루살렘에 가서 제자들을 사귀고자 하나
다 두려워하여 그가 제자 됨을 믿지 아니하니(행 9:26).

함께 읽기 행 9:22-31

사울은 당황한 기색을 애써 감추었다. 다메섹에서 복음을 전했다는 이유로 그를 죽이려 한 유대인들에게서 간신히 빠져나온 터였다. 사실, 영리한 제자들이 그를 광주리에 담아 성 밖으로 달아 내리자는 기발한 생각을 해낸 덕분에 겨우 목숨을 구했다. 그 과정이 얼마나 아슬아슬했는지 모른다. 사울은 들키지 않으려고 몹시 조심했다.

마침내 땅에 도착했을 때는 긴장으로 다리가 후들거렸지만, 전속력으로 예루살렘으로 내달렸다. 그런데 막상 예루살렘에 와 보니 거기 있는 예수님의 제자들은 그가 진정한 제자가 된 것을 믿지 않았다.

그는 사람들이 자기를 믿지 못하는 **이유**를 되새겨 보았다. 그가 지난번에 여기 왔을 때는 복음 전도자가 아니라 교회를 핍박하는 자였다. 하지만 이제 그는 달라졌다! 그는 진심이었다!

바나바라는 사람이 사울을 믿어 주었다. 바나바는 다른 신자들의 존경을 받는 사람이었는데, 무슨 연유에서인지 사울의 이야기를 믿어 주었다(주 그리스도를 찬양하라).

그래서 이제 사울은 베드로와 요한 앞에 서게 되었다. 이번 주에만 벌써 네 번째로 바나바는 사울의 이야기를 들려주고 있었다. 사울이 다메섹에서 겪은 일과 그가 세례를 받은 일, 그리고 그가 복음을 전파한 일을 다 말해 주었다. 앞서 바나바는 제자들이 모인 방에서 사울의 사연을 이야기하면서 그가 진정한 믿음의 형제임을 믿으라고 권했다. 이번에 사도들 앞에 선 바나바는 조금 차분해졌다. 그는 반응을 기다리지 않고 진실한 이야기만 전달했다. 사울은 이 사람들을 설득하려면 성령님을 의지해야 한다는 것을 알았다.

베드로가 사울에게 물었다. "사울, 예수님에 대해 어떻게 생각하는가?"

사울의 반응은 신속하고 확신에 차 있었다. "그분은 그리스도요, 메시아이십니다. 십자가에서 죽으셨다가 사흘 만에 다시 사셨습니다. 지금도 살아 계셔서 다스리시며, 다시 오실 것입니다."

베드로가 고개를 끄덕이고 있는 요한을 보았다가 다시 사울에게 시선을 옮겼다. "형제님, 환영합니다. 솔직히 말하자면, 당신이 하나님 나라의 복음을 전하는 모습을 보게 될 줄은 상상도 못 했습니다." 베드로의 얼굴에 미소가 번졌다가 또다시 수심이 어렸다. "제가 틀렸다는 게 증명된 것이 이번이 처음은 아닙니다."

요한이 사울에게 다가가서 다정하게 그를 껴안았다. "당신을 믿음 안에 있는 형제로 받아들이게 되어 매우 기쁩니다. 복음을 전파하십시오. 사랑 안에서 복음을 전합시다."

사울이 크게 심호흡하며 고개를 끄덕였다. "물론이죠, 요한 형제님." 복음 전파야말로 그가 간절히 바라는 유일한 사명이었다.

∞

'주님, 저들에게 진실을 보여 주세요.'
나는 어찌할 바를 몰라서 이렇게 기도할 수밖에 없었다. 남편의 실직 과정이 그리 좋지만은 않아서, 다른 교회에서 우리 가정을 사역자로 받아 줄지 염려스러웠다.
성령님이 우리를 변호해 주시는 수밖에 없었다. 남편이 다른 교회에서 목회자 자리를 얻으려면, 우리를 뽑을 사람들에게 성령님이 진실을 보여 주셔야 했다. 스스로 변호하려 할수록 더 절박해 보일 것이 뻔했다. 하나님이 우리를 위해 길을 내주셔야 했다.

∞

사울이 예루살렘에서 이전에 자신이 핍박했던 그리스도인들을 만나려 했을 때도 그를 변호해 줄 사람이 필요했다. 그의 과거 때문에 신자들 눈에 그는 교회의 원수나 마찬가지였다. 성경은 예루살렘에 있는 사람들이 "그가 제자 됨을 믿지 아니하니"라고 말한다. 어떻게 그들에게 자신을 증명할 수 있을까?
사울은 스스로 증명할 필요가 없었다.
하나님이 그를 변호해 주셨기 때문이다.

예루살렘에서 사울이 경험한 일은 우리에게 소망과 평안을 준다. 왜 그런가? 주님이 예루살렘에 그를 변호할 사람을 두셨기 때문이다. 성경에 분명한 이유가 나오지는 않지만, 바나바는 위험을 무릅쓰면서까지 변화된 사울을 믿어 주었다. 예루살렘의 그리스도인 공동체에서 바나바는 존경받는 신자였다(행 4:36-37 참조). 그의 말은 영향력이 있었다. 그는 사도들에게 사울의 사연을 들려주었고, 그리스도인 공동체 내에서 사울에 대한 신뢰를 보장해 주었다. 그다음에는? 사울은 예루살렘에서 담대히 복음을 전하기 시작했다. 예루살렘의 일부 신자들이 여전히 사울의 회심에 의문을 품었지만, 그는 굴하지 않고 하나님 나라 복음을 전했다. 그는 주님께 순종하며 그분의 부르심에 따라 담대하게 행동했다.

하나님은 사울이 그분의 부르심에 순종할 수 있도록 그를 변호할 사람을 허락하셨다.

∞

주님은 우리 가정도 변호해 주셨다. 면접 과정 중에 하나님은 우리를 변호할 두 친구를 보내 주셨다. 한 친구는 편지를 써 주었고, 다른 친구는 우리가 면접 중인 교회의 담임목사님께 전화를 걸어 주었다.

하지만 무엇보다도, 미시간에 있는 그 교회 교역자와 장로들의 마음을 성령님이 움직이셔서 우리를 잘 보아 주게 하셨다. 그 어떤 자기방어나 설명도, 면접 과정에서 경험한 초월적인 은혜에는 미치지 못했을 것이다. 주님만이 그렇게 하실 수 있었고, 남편은 얼마 안 있어 사역자로 부름을 받았다.

당신을 지지해 줄 누군가가 필요할 때는 사울의 이야기를 떠올리라. 어떻게 하나님이 바나바를 통해 그를 변호하셨는지 기억하라. 주님이 언제나 우리를 변호해 줄 사람을 허락해 주시지 않을지는 몰라도, 우리에게는 더 크신 보혜사 성령님이 있다. 예수님은 제자들에게 그분에 대해 다음과 같이 말씀하셨다.

내가 아버지께 구하겠으니 그가 또 다른 보혜사를 너희에게 주사 영원토록 너희와 함께 있게 하리니 그는 진리의 영이라 세상은 능히 그를 받지 못하나니 이는 그를 보지도 못하고 알지도 못함이라 그러나 너희는 그를 아나니 그는 너희와 함께 거하심이요 또 너희 속에 계시겠음이라… 보혜사 곧 아버지께서 내 이름으로 보내실 성령 그가 너희에게 모든 것을 가르치고 내가 너희에게 말한 모든 것을 생각나게 하리라 평안을 너희에게 끼치노니 곧 나의 평안을 너희에게 주노라 내가 너희에게 주는 것은 세상이 주는 것과 같지 아니하니라 너희는 마음에 근심하지도 말고 두려워하지도 말라(요 14:16-17, 26-27).

예수님은 우리의 보혜사이자 도움이신 성령님의 사역과 그분을 믿는 이들에게 주시는 평안을 확실하게 연결하신다. 그리스도가 우리 안에 계시는데 어떻게 평안을 누리지 않을 수 있겠는가? 우리가 혼자가 아니라는 사실을 알 때, 하나님이 친히 우리를 대신하여 일하고 계신다는 사실을 알 때, 다른 사람들이 우리를 어떻게 말하거나 생각하든 평안을 유지할 수 있다. 하나님이 우리를 받아 주셨기 때문이다.

사울은 자신을 변호할 필요가 없었다. 당신도 스스로 변호할 필요가 없다. 계속해서 그리스도와 동행하면, 성령님이 당신을 변호하시고 위로하시고 당신의 평안이 되어 주실 것이다. 혼자서 힘들게 싸울 필요도 없고, 혼자서 길을 내려고 애쓸 필요도 없다. 의심이나 두려움 때문에 힘들어하지 않아도 된다. 자신을 증명해 보이려 애쓰지 않아도 된다. 주님과 신실하게 동행하며, 세상에서 가장 큰 보혜사가 당신을 위해 일하고 계심을 믿으라.

그리고 당신의 영혼은 평안을 누리라.

오늘의 묵상

당신 마음속에 다른 사람들에게 당신을 증명해 보여야 한다고 느끼는 부분이 있는가? 오늘 주님 앞에 그 부분을 내려놓으라. 주님이 이미 당신을 변호하고 옹호하고 계심을 보여 달라고 간구하라. 그리고 더는 스스로 증명하려 하지 않는 용기를 달라고 기도하라. 그분의 사랑과 평안 가운데 안식하라.

38일

시험 중에 오는 평안

한밤중에 바울과 실라가 기도하고 하나님을 찬송하매 죄수들이 듣더라
이에 갑자기 큰 지진이 나서 옥터가 움직이고 문이 곧 다 열리며
모든 사람의 매인 것이 다 벗어진지라(행 16:25-26).

함께 읽기 행 16:16-34

바울은 감옥 벽에 등을 붙이려 해 봤지만 온몸이 쑤시고 아팠다. 어떻게 움직이든 통증을 피할 수 없었다.

왼쪽 눈이 너무 부어서 떠지지 않았고, 오른눈으로만 겨우 볼 수 있었다. 그래 봤자 칠흑 같은 어둠 속에서는 아무 소용이 없었다. 바울과 실라는 가장 깊숙한 감방에 갇혔다. 발에는 쇠고랑이 채워졌다. 바울은 고개를 뒤로 젖혀 벽에 기댔다. 빌립보 사람들이 바울과 실라를 흠씬 두들겨 패고 감옥에 가두었다. 그러나 두 사람은 목숨을 건져서 감사했다.

바울이 어둠을 뚫고 말을 건넸다. "실라! 자네, 괜찮은가?"

실라가 끙, 앓는 소리를 냈다. "좀 낫습니다. 그런데 코가 부러진 것 같아요. 바울 선생님은요?"

"잘은 모르겠지만 팔이 부러지지 않았나 싶네. 팔 말고는 찰과상과 타

박상 정도라네. 아, 머리에 고약한 혹이 하나 생긴 것 같고."

바울은 동료의 목소리에서 미소를 감지할 수 있었다. "형제님, 주님이 우리를 구해 주셨어요. 정말 감사할 뿐입니다."

바울은 고개를 끄덕이고는 예수님께 감사 찬양을 드리기 시작했다. 실라도 따라 불렀다. 두 사람이 있는 감방에 그리스도께서 함께 계셨다. 밤이 깊어지는 동안 찬양하고 기도하면서 그들은 가슴이 기쁨으로 벅차올랐다. 주님께 감사 찬양을 올려 드리는 사이, 바울은 마음속에서 속박과 매질의 고통이 조금씩 사그라드는 것 같았다. '그리스도께 속한 사람은 얼마나 행복한가!'

갑자기 땅 밑이 흔들리기 시작하더니 큰 진동이 밀려와 감옥을 관통했다. 바울은 뭐라도 붙잡으려 했지만, 몸에 감긴 쇠고랑밖에는 잡을 것이 없었다. 지진이 그냥 지나갈 것인가, 아니면 그들을 집어삼킬 것인가? 그런데 사방 벽이 휘어지는 와중에도, 바울은 하나님의 평안이 자신을 감싸는 것을 느꼈다. 이것은 단순한 지진이 아니었다. 주님이셨다.

끼익. 감옥 문이 활짝 열리는 소리가 들리더니 발에 찬 쇠고랑이 풀렸다. 하나님이 그들을 해방해 주셨다!

진동이 잦아들자, 모든 감옥 문이 열리고 죄수들의 쇠고랑이 풀린 것을 알아차린 간수가 정신없이 사방을 두리번거렸다. 죄수들이 도망친 줄로 알고 그가 칼을 빼어 자살하려는 찰나, 바울이 크게 소리를 질렀다.

"여보시오! 우리가 다 여기 있으니 칼을 놓으시오!"

간수는 등불을 구해 바울과 실라가 있던 감방으로 달려갔다. 거구의 사내가 두려움을 주체하지 못한 채 벌벌 떨며 두 사람 앞에 엎드렸다. 바울은 자기도 모르게 손을 내밀어 그의 머리를 부드럽게 쓰다듬었다.

간수는 놀라움과 염려가 어린 표정으로 두 사람을 바라보더니 다정한 손길로 그들을 부축하여 일으켰다. 감옥 밖 등불 아래에서 그가 진지하게 물었다. "선생님들, 내가 어떻게 해야 구원받겠습니까?"

바울이 슬며시 웃었다. 어쩌면 이 사람을 구원하기 위해 주님이 그들을 이곳으로 인도하셨는지도 모른다. "주 예수를 믿으십시오. 그러면 당신과 온 집이 구원받을 것입니다."

간수는 바로 그날 밤, 바울과 실라를 자기 집으로 데려다가 손수 매 맞은 상처를 씻어 주고 음식을 대접했다. 그러는 사이 바울과 실라는 예수님의 복음을 전했고, 간수와 그의 온 가족이 하나님을 믿게 되었다.

예수님을 따른 바울의 삶에 대해 말할 수 있는 한 가지는, 그의 인생이 지루할 틈 없이 흥미진진했다는 것이다. (이제 이방인 세계에 복음을 전하게 된 사울은 바울이라는 헬라어 이름을 사용한다.) 그는 한 장소에 오래 머무는 일이 드물 정도로 온종일 정신없이 움직였다. 사람들이 구원받는 모습을 목격하고, 새 친구를 사귀고, 새로운 제자를 받아들이고, 열심히 일하고, 새로운 교회를 세웠다. 바울은 여러 도시를 여행하면서 소란을 일으켰다. 부흥이 일어나기도 하고 폭동이 일어나기도 했다. 바울이 복음을 전하러 성에 들어갈 때면 그런 일들이 흔히 벌어졌다.

바울이 빌립보에서 경험한 일이 그 한 예다. 그는 빌립보에 도착하고 나서 얼마 안 되어 루디아를 만났는데, 루디아는 빌립보의 첫 번째 회심자가 되었다. 출발은 순조로웠다! 그런데 그 일 직후에 바울이 귀신을 내

쫓자, 사람들은 그와 실라를 데려다가 매로 치고 감옥에 가두었다. 눈 깜짝할 사이에 태세가 전환되었다. 사람들은 순식간에 그들을 해로운 인물로 간주했다. 투옥 이후 더 큰 고난이 있거나, 어쩌면 죽음이 기다리고 있을지도 모를 일이었다.

그런데 하나님이 그들(과 온 감옥)을 깜짝 놀라게 하신다. 지진을 일으키셔서 두 사람을 풀어 주시고, 간수까지 구원하신다. 너무나 아름다운 일이지만 바울은 개인적으로 큰 희생을 치러야 했다. 심하게 매질을 당하고 끔찍한 대우를 받은 것이다. 미래가 불투명했고, 그의 친구 실라도 고초를 겪었다.

하지만 성경은 바울이 이 모든 과정에서 놀랍게도 평안을 누리는 모습을 우리에게 보여 준다. 매를 맞고 상처를 입었지만, 바울과 실라는 어두운 감옥에서도 기도와 찬양으로 하나님을 예배했다. 얼마나 크게 노래했던지 다른 죄수들과 간수들도 찬송 소리를 들었다. 두 사람은 자신의 생명이 하나님 손에 있는 것을 알기에 이렇게 끔찍한 상황에서도 주님을 예배할 수 있었다.

수년 후 바울은 빌립보 교회에 편지를 써서 그들의 보살핌에 감사하는데, 아마도 감옥에서의 시간을 떠올리는 것 같다.

어떠한 형편에든지 나는 자족하기를 배웠노니 나는 비천에 처할 줄도 알고 풍부에 처할 줄도 알아 모든 일 곧 배부름과 배고픔과 풍부와 궁핍에도 처할 줄 아는 일체의 비결을 배웠노라 내게 능력 주시는 자 안에서 내가 모든 것을 할 수 있느니라(빌 4:11-13).

바울은 무슨 일이 닥치든 만족하는 법을 배운 제자다. 물질이 많든 적든, 칭찬을 받든 무시당하든 그는 **그리스도 안에서 평안하다.** 예수님을 소유한 그는 모든 것을 가진 자다. 그리스도와 하나 되었기에 그에게는 감옥에서부터 풍부에 이르기까지 모든 상황을 견딜 능력이 있다.

우리도 바울처럼 좋은 일과 나쁜 일, 기쁨과 슬픔을 만나게 될 것이다. 그도 우리와 똑같은 인간이었다. 물론 하나님이 바울을 이 땅에서 독특한 사역을 하도록 구별하셨지만, 그는 위대한 영웅은 아니었다. 그는 만족하는 법을 배워야 했다. 어떤 상황을 만나든지 그리스도 안에서 평안을 누릴 방법을 **배워야** 했다.

우리도 마찬가지다. 대부분은 가장 힘든 순간에 절로 찬양이 나오지는 않을 것이다. 하지만 그렇게 하는 법을 **배울** 수는 있다. 대부분은 몸과 마음이 아플 때 자동으로 기도가 나오지는 않을 것이다. 하지만 그렇게 하는 법을 **배울** 수는 있다. 시간을 두고 꾸준히 이를 연습할 수 있다. 고통에 매몰되지 않고 고통 중에도 예수님을 바라보도록 마음을 훈련할 수 있다.

핸드폰을 들여다보는 대신 성경을 펼치기로 선택할 수 있다.

텔레비전을 켜는 대신 찬양을 듣기로 선택할 수 있다.

친구에게 전화해 불평을 늘어놓는 대신 기도하기로 선택할 수 있다.

쉽게 할 수 있는 선택은 아니지만, 어쨌든 선택할 수 있다. 육신의 길이 아닌 그리스도의 길을 선택함으로써 우리는 모든 지각에 뛰어난 평안을 얻을 수 있다. 염려를 극복하는 평안을 얻을 수 있다. 바울은 빌립보 교인들에게 보내는 편지에 다음과 같이 썼다.

주께서 가까우시니라 아무것도 염려하지 말고 다만 모든 일에 기도와 간구로, 너희 구할 것을 감사함으로 하나님께 아뢰라 그리하면 모든 지각에 뛰어난 하나님의 평강이 그리스도 예수 안에서 너희 마음과 생각을 지키시리라(빌 4:5-7).

바울이 감방에서 한 일(그리스도께 기도하고 감사한 것)을 통해 우리는 인생길에서 만나는 어떤 일에도 담대히 맞설 수 있는 비밀을 배운다. 기도하고 감사할 때 하나님의 평안이 우리를 보호할 것이다. 우리가 어디 있든 반드시 지켜 줄 것이다.

오늘의 묵상

당신은 오늘 그리스도 안에서 만족하기로 선택하는 법을 어떻게 배울 수 있겠는가? 어떻게 하면 시련 중에도 기도하고 감사할 수 있겠는가? 하나님의 평강이 당신 마음을 지켜 주실 것을 믿는가? 그분 안에서 평안을 누리는 선택을 하게 해 주시기를 기도하라.

39일

약함을 껴안을 때 오는 평안

그러므로 도리어 크게 기뻐함으로 나의 여러 약한 것들에 대하여 자랑하리니
이는 그리스도의 능력이 내게 머물게 하려 함이라
그러므로 내가 그리스도를 위하여 약한 것들과 능욕과 궁핍과 박해와 곤고를 기뻐하노니
이는 내가 약한 그때에 강함이라(고후 12:9-10).

함께 읽기 고후 11:22-30; 12:1-10

바울은 고린도 교회에 편지를 써야겠다고 생각했다. 그들이 그리스도에 대한 순수한 첫사랑에서 엇나가고 있어 염려스러웠기 때문이다. 소위 '슈퍼 사도'라 불리는 거짓 사도들이 나타났는데, 그들은 그리스도를 제대로 가르치는 이들이 아니었다. 안타깝게도, 고린도 교인들은 그들의 명성과 영예에 이끌려, 그들이 들려주는 이야기에 속기 시작했다.

어떻게 해야 고린도 교인들에게 예수님이라는 보물을 다시 일깨워 줄 수 있을까?

어떻게 해야 바울의 메시지가 진짜 복음이라는 것을 증명할 수 있을까?

성령님은 바울의 마음을 뒤흔드셔서 그의 관심이 그 자신이 아니라 그의 왕께 향하게 하셨다. '그들이 명성과 영예를 원한다면, 나도 그들을 되찾기 위해 자랑해야겠다.' 하고 바울은 생각했다. "나도 자랑하겠습니다!"

그가 미소를 지었다. "하지만 내 연약함을 자랑하고 예수님께 모든 영광을 돌리겠습니다."

그는 그리스도의 종으로 섬기던 시절을 떠올렸다. 헤아릴 수 없을 정도로 수많은 매질을 당했다. 다 기억조차 하기 힘들 정도로 생사의 갈림길에 선 적이 많았지만, 예수님이 그에게 맡기실 일이 아직 남아 있었기에 다시 육신으로 살아날 수 있었다.

그는 돌로 맞기도 했고, 바다에서 길을 잃고 온종일 헤매기도 했다. 한 번, 두 번, 아니 세 번이나 배가 난파되었다. 그는 전도 여행을 다니면서 도적들과 거짓 형제들을 만나 위험을 겪었고, 추위와 굶주림에 시달렸다. 잠도 잘 못 잤다. 하지만 그 무엇보다도 큰 걱정거리가 있었다면? 바울은 신자들이 고린도 교인들처럼 그리스도와 멀어지는 것이 가장 두려웠다.

그렇다. '내가 자랑해야 한다면, 내 약함을 드러내고 자랑해야겠다. 내 육체의 고통에 관해 이야기해 주고, 내가 고쳐 달라고 기도했지만 주님이 응답하지 않으신 사연을 들려주어야겠다.'

바울은 이미 주님의 말씀을 나누었을 것이다. 고린도 교인들은 그리스도 안에 있는 약함이 소위 인간의 어떤 영예보다 낫다는 것을 기억했을 것이다. 그런데 거짓 사도들이 예수님의 진리를 쏙 빼놓고 입에 발린 소리만 들려주었을 것이다.

바울은 머릿속으로 편지 내용을 구상하기 시작했다. '그러나 주님은 "내 은혜가 너에게 충분하다. 내 능력은 약한 데서 완전해진다."라고 말씀하셨습니다. 그러므로 나는 나의 약한 것을 더욱 기쁜 마음으로 자랑하여 그리스도의 능력이 나에게 머물러 있게 하겠습니다. 그래서 나는 그리스도를 위해서 약해지고 모욕을 당하고 가난하며 핍박과 괴로움 받는 것

을 기뻐하고 있습니다. 이것은 내가 약할 그때에 강해지기 때문입니다.'

∞

나는 약점을 자랑하는 일이 거의 없었다. 사실은, 가능한 한 내 약점을 무시하려고 애쓰는 편이다. 예를 들자면, 나는 길치다. 방향 감각이 0이라고 봐도 무방하다. 핸드폰으로 지도를 볼 수 있는 시절이 오기 전에는, 초행길을 운전하려면 미리 정확한 방향을 적어 가야 했다. (예를 들면 이렇다. '큰 도로에서 좌회전한 다음에 세 블록을 간 뒤, 곧바로 워싱턴 쪽으로 우회전한다.') 지금은 내비게이션이 연결되지 않거나 속도가 너무 느리면 공포에 사로잡힌다. 내가 어디 있는지 종잡을 수 없을 때가 많다.

방향 감각뿐 아니라 내게는 다른 약점이 허다하다. 나는 머리카락을 뽑아 대는 발모광 증상에 20년 넘게 시달렸다. 내가 통제할 수 없는 것에 대해 지나치게 공포를 느끼는 불안증과 염려증도 있다. 피곤할 때는 가장 사랑하는 사람들에게 짜증을 내고, 남들이 나를 어떻게 생각하는지를 과하게 걱정한다. 손쓰지 않고 그냥 두면 이런 약점은 죄가 되기도 한다. 하지만 그중 다수는 내 본성과 내가 자라난 양육 환경으로 인해 내가 다루어야 할 현실에 불과하다.

그리고 이는 극히 일부에 지나지 않는다.

우리는 모두 각자 주기적으로 대처해야 할 약점이 있다. 신체적 약점이든, 정서적 약점이든, 관계적 약점이든 우리는 우리를 방해하는 것을 극복할 수 없다는 것이 어떤 느낌인지 잘 안다. '만약'이라는 생각. '만약' 5킬로그램만 뺄 수 있다면. '만약' 힘이 더 있었다면. '만약' 담배를, 초콜

릿을, 탄산음료를 끊을 수 있다면. '만약' 성질이 좀 죽는다면. '만약' 조금 더 건강했다면.

바울이 고린도 교회에 보낸 편지가 굉장히 놀랍고도 아름다운 이유는 그가 자신의 약점을 정면으로 드러내기 때문이다. 그는 권력과 특권을 치켜세우는 사회(어딘가 익숙한가?)에 편지를 쓰고 있는데, 그곳 신자들은 진정한 복음을 떠나 그리스도를 인정하지 않는 다른 메시지에 빠져들고 있었다. 바울은 그들을 되찾고자 편지를 써야겠다고 느꼈다. 하지만 그는 자신에 대해 쓸 수 있는 많은(정말 많다!) 영예(빌 3장 참조) 대신, 그가 복음을 위해 수없이 매를 맞고 상처를 입은 사실에 집중했다. 그는 고린도 교인들에게 하나님 나라의 반전된 진리, 곧 우리 약점이 그리스도의 강함을 드러내는 문이 된다는 사실을 가리킨다.

바울은 자신의 괴로움 및 고통과 화해한 인물이다. 바울은 이렇게 쓴다. "그러므로 내가 그리스도를 위하여 약한 것들과 능욕과 궁핍과 박해와 곤고를 기뻐하노니 이는 내가 약한 그때에 강함이라"(고후 12:10).

왜 그럴까?

우리가 약할 때 그리스도의 능력이 온전해지기(그분의 능력이 성취되기) 때문이다. 우리 약점은 그리스도의 능력과 영광이 들어오셔서 만천하에 드러나는 출입구다.

우리가 분투하고 시련을 겪을 때 그리스도는 우리 약점에 실망하지 않으시고, 오히려 우리에게 가까이 다가오신다.* 무력하고 연약한 곳에서

---

* 이 아름다운 진리를 더 자세히 살펴보기를 원한다면 다음 책을 보라. Dane Ortlund, *Gentle and Lowly: The Heart of Christ for Sinners and Sufferers* (Wheaton: Crossway, 2020). 『온유하고 겸손하니』(개혁된실천사).

우리를 만나 주시고, 우리 힘과 분깃이 되어 주신다.

당신의 약점을 맞닥뜨려 마음에 근심이 찾아올 때 바울을 기억하라. 당신이 약할 때 그리스도께서 강하시다. 당신이 힘들어하는 영역에서 하나님의 은혜가 당신에게 족하다. 평안이 사라지고 마음이 약해질 때 성경 말씀을 의지하라.

내 육체와 마음은 쇠약하나 하나님은 내 마음의 반석이시요 영원한 분깃 이시라(시 73:26).

평안을 잃지 말라. 약함밖에 느껴지지 않을 때도 하나님은 당신의 능력이 되신다. 하나님이 당신에게 은혜를 주시고, 그분의 능력이 당신 삶에 드러날 것이다.

오늘의 묵상

오늘 당신의 약함을 어떻게 자랑할 수 있겠는가? 당신 삶의 약한 영역에 대해 주님께 감사하는 것부터 시작하라. 그리고 나서 그런 영역에서 당신을 통해 그분의 영광을 드러내 달라고 간구하라. 강해지지 않아도 괜찮다. 오히려 그리스도의 강함 가운데 당신 영혼이 쉼을 얻을 수 있다.

40일

그리스도가 당신의 가장 큰 보화가 되실 때 오는 평안

내가 달려갈 길과 주 예수께 받은 사명
곧 하나님의 은혜의 복음을 증언하는 일을 마치려 함에는
나의 생명조차 조금도 귀한 것으로 여기지 아니하노라(행 20:24).

함께 읽기 행 20:17-24

바울은 피곤했다. 마게도냐와 헬라를 방문했다가 다시 마게도냐로 돌아왔고, 그다음에는 드로아와 앗소를 찾았다. 그 뒤에 배로 미둘레네, 기오, 사모에 들르고 밀레도에 이르렀다. 오순절 안에 예루살렘에 가고 싶었지만, 갈 수 있을지는 미지수였다.

하지만 그 전에 에베소 교회 장로들에게 전할 메시지가 있었다. 그들이 다 도착하려면 며칠 걸릴 것을 알기에, 바울은 밀레도에서 100킬로미터가 넘는 에베소로 사람을 보냈다. 장로들을 기다리는 동안 바울은 기도로 준비하는 시간을 가졌다. 그는 예루살렘으로 갈 작정이었다.

장로들은 서둘러서 오느라 매우 지쳐 있었다. 바울은 장로들을 형제로 맞아들였다. 그들은 신실한 사람들이었다. 바울은 에베소 교회의 상황을 묻고는 많은 사람이 주님을 따르고 있다는 이야기에 기운이 났다.

"어서 오십시오, 친구들." 바울은 장로들을 모아 놓고 그들이 반기지 않을 소식을 전했다.

"지금 나는 성령님의 인도로 예루살렘으로 가는 길입니다만, 거기서 무슨 일을 당하게 될지는 모릅니다. 다만 내가 아는 한 가지 사실은 어느 도시에서나 투옥과 고난이 나를 기다린다고 성령께서 말씀해 주신 것입니다."

"안 됩니다!" 한 장로가 눈물을 흘리며 말했다. "바울 선생님, 우리를 떠나지 마십시오!"

바울이 고개를 저으며 말했다. "내가 달려갈 길을 다 가고 주 예수님께 받은 사명, 곧 하나님의 은혜에 관한 기쁜 소식을 증거하는 일을 완성하기 위해서는 나의 생명을 조금도 귀한 것으로 여기지 않습니다."

다른 몇몇 장로가 고개를 끄덕였다. 하지만 눈에 눈물이 그렁그렁한 사람이 한둘이 아니었다.

바울이 크게 한숨을 내쉬었다. 저들이 가장 견디기 힘든 이야기가 될 것이다. "내가 지금까지 여러분 가운데 다니면서 하나님의 나라를 전파해 왔으나 이제 여러분이 다시는 내 얼굴을 보지 못할 것입니다." 장로들이 한숨을 내쉬었지만, 바울은 계속해서 말을 이었다. "그래서 오늘 내가 여러분에게 분명히 말해 두지만 여러분 가운데 누가 멸망한다고 해도 그것은 내 책임이 아닙니다. 왜냐하면 내가 하나님의 모든 계획을 하나도 남김없이 다 여러분에게 전해 주었기 때문입니다. 여러분은 자신과 양 떼들을 위해 조심하십시오. 성령님이 여러분을 그들 가운데서 감독자들로 세우시고 하나님이 자기 피로 사신 교회를 보살피게 하셨습니다."

이제는 바울의 눈가에도 눈물이 고였다. 사탄이 교회를 무너뜨리려고 호시탐탐 노리고 있음을 알기 때문이다. 아, 이 신자들이 믿음을 잃지 않기를 얼마나 간절히 바랐던가!

바울은 손을 내밀어 그들을 축복했다. "이제 내가 하나님과 그의 은혜의 말씀에 여러분을 맡깁니다. 그 말씀은 여러분의 믿음을 든든히 세우고 모든 성도가 얻는 하늘나라의 축복을 여러분에게 줄 수 있을 것입니다."

이 말을 하고서 바울은 이 귀한 형제들과 함께 무릎을 꿇고 기도했다. 그들은 소리 내어 울며 서로 끌어안고 두 눈에 서로의 얼굴을 담았다. 바울이 이들을 보는 것은 오늘이 마지막일 것이다.

바울은 태양을 보며 이제 때가 된 것을 알았다. 장로들은 아직 바울을 보낼 준비가 되지 않았지만 그를 배 타는 곳까지 배웅했다. 배가 항구를 출발하자 바울은 뱃머리에서 손을 흔들며 기도했다. '주님, 저들이 믿음을 잃지 않도록 도와주소서.'

예루살렘으로 떠날 때가 되었을 무렵, 바울은 자기 앞에 투옥과 고난이 기다리고 있는 것을 알았다. 에베소에서 온 사랑하는 형제들과 이제 헤어지면 다시는 그들의 얼굴을 보지 못할 것도 알았다. 수심이 가득한 바울의 모습을 상상하기란 그리 어렵지 않을 것이다. 그는 스스로 곤경으로 들어가고 있었다. 하지만 그는 주저하지 않았다. 실제로 성경은 바울이 급히 예루살렘으로 가고 있음을 분명히 한다. 그는 서둘러서 예루살렘에 도착하려 했다(행 20:16 참조).

어떻게 바울은 시련과 고난이 기다리고 있는 것을 알면서도 그토록 큰 확신과 평안 가운데 앞으로 나아갈 수 있었을까?

그가 평안 가운데 갈 수 있었던 이유는 그의 생명이 그에게 가장 큰 보화가 아니었기 때문이다. 그의 가장 큰 보화는 주 예수님이셨다.

> 내가 달려갈 길과 주 예수께 받은 사명 곧 하나님의 은혜의 복음을 증언하는 일을 마치려 함에는 나의 생명조차 조금도 귀한 것으로 여기지 아니하노라(행 20:24).

바울의 간절한 바람은 하나님이 정해 주신 길에 충실한 것이었다. "은혜의 복음"을 전하고 이 땅에서 그가 해야 할 사명을 이루는 것이었다.
예수님을 자신보다 더 귀히 여기는 삶, 이것이 바울의 인생이었다. 그의 혈통과 그가 받은 교육, 그의 지성 때문에 그가 자신의 생명을 귀히 여길 이유는 얼마든지 많았지만, 오히려 그는 예수님과 비교하여 그 모두를 **아무것도 아닌 것**으로 여겼다.

> 그러나 무엇이든지 내게 유익하던 것을 내가 그리스도를 위하여 다 해로 여길뿐더러 또한 모든 것을 해로 여김은 내 주 그리스도 예수를 아는 지식이 가장 고상하기 때문이라 내가 그를 위하여 모든 것을 잃어버리고 배설물로 여김은 그리스도를 얻고 그 안에서 발견되려 함이니 내가 가진 의는 율법에서 난 것이 아니요 오직 그리스도를 믿음으로 말미암은 것이니 곧 믿음으로 하나님께로부터 난 의라 내가 그리스도와 그 부활의 권능과 그 고난에 참여함을 알고자 하여 그의 죽으심을 본받아 어떻게 해서든지 죽은 자 가운데서 부활에 이르려 하노니(빌 3:7-11).

바울은 예수님과 비교하면 **모든 것**이 배설물과 같다고 말한다. 바울은 결국 예수님을 위해 모든 것을 잃었지만, 그에게는 그 대가가 아무 문제가 되지 않았다.

그리스도는 그의 가장 큰 보화였다.

그리스도는 그의 가장 큰 기쁨이었다.

그리스도는 바울의 모든 것이었기에, 예수님을 얻기 위해 그의 생명을 잃는 것은 아주 사소한 대가였다.

아, 우리도 우리 형제 바울처럼 될 수 있기를! 이것이 그가 어떤 환경에서도 평안할 수 있었던 이유다. 이것이 그가 어떤 시련을 만나도 평안한 영혼을 유지할 수 있었던 이유다. **그리스도가 그의 가장 큰 보화**였기 때문이다! 예수님과 비교하면 다른 모든 것은 빛이 바랜다. 바울은 "이는 내게 사는 것이 그리스도니 죽는 것도 유익함이라"(빌 1:21)라고 했다. 그는 예수님과 함께하기를 **간절히 바랐다**.

우리가 다른 무엇보다 그리스도를 간절히 바랄 때 언제나 그분의 평안을 누릴 수 있다. 생명보다 그리스도를 갈망할 때 그분의 평안을 쉽게 찾을 수 있다. 아무것도 우리에게서 그리스도를 앗아 갈 수 없기 때문이다. 집이나 직장, 가족, 친구, 생명을 잃을 수는 있지만, 예수님은 절대 잃어버릴 수 **없다**. 그리스도께서 친히 이 놀라운 진리를 선언하신다.

아버지께서 내게 주시는 자는 다 내게로 올 것이요 내게 오는 자는 내가 결코 내쫓지 아니하리라 내가 하늘에서 내려온 것은 내 뜻을 행하려 함이 아니요 나를 보내신 이의 뜻을 행하려 함이니라 나를 보내신 이의 뜻은 내게 주신 자 중에 내가 하나도 잃어버리지 아니하고 마지막 날에 다시 살리는 이것이니라 내 아버지의 뜻은 아들을 보고 믿는 자마다 영생을 얻는 이것이니 마지막 날에 내가 이를 다시 살리리라(요 6:37-40).

그리스도는 결코 우리를 잃지 않으실 것이다. 우리도 결코 그분을 잃지 않을 것이다. 우리의 가장 큰 상급과 가장 놀라운 보화를 절대 잃어버릴 수 없기에 우리 영혼은 평안할 수 있다.

예수님은 우리 주님이시다.

우리는 그분 것이다.

만사가 평안하다.

오늘의 묵상

그리스도가 당신의 가장 큰 보화인가? 그리스도 이외에 당신 마음을 크게 차지하고 있는 것이 있는가? 다른 무엇보다 더 간절히 주님을 바라게 해 달라고 간구하라. 절대 예수님을 잃어버릴 수 없다는 아름다운 진리를 붙잡고 그분 안에서 평안을 누리라. 주님이 항상 당신을 붙잡아 주실 것이다.

The Path to Peace

맺는 글

채워지지 않은 갈망 가운데서 누리는 평안

망가진 이 세상을 살아가는 사람은 누구나 채워지지 않은 갈망으로 힘들어한다. 우리는 지금 가진 것보다 더 좋고, 더 쉽고, 더 놀라운 것을 갈구한다. 그 갈망이 무엇이든(배우자, 가정, 자녀, 친구, 직장 등) 그 아래 도사리는 미묘한 쓰라림을 잘 안다. 그 쓰라림이 이렇게 속삭인다. 지금 여기가 충분하지 않거나 만족스럽지 않다고. 우리는 우리 삶이 이류 인생이라거나 하나님과 다른 사람들이 우리를 무시한다는 식의 거짓말에 쉽게 빠져든다.

사실은 어떤가? 지금 여기가 완전히 만족스럽지는 **못하다**. 우리에게든 다른 누구에게든 이곳은 충분하지 **못하다**. 가난한 영혼에서부터 백만장자 유명인에 이르기까지 이 세상에서 실망이나 갈망을 느끼지 않는 사람은 아무도 없다. 여기서 모든 것이 **좋고 바르고 잘되기를** 바라는 갈망은 우리가 사는 동안 이 땅에서 온전히 충족되지는 못할 것이다.

왜일까? 우리가 진정으로 갈망하는 것은 하늘나라이기 때문이다. 우리는 그리스도와 하나 되기를 간절히 바란다.

사라, 모세, 룻, 한나, 마리아, 제자들, 막달라 마리아, 바울 등 이 책에서 살펴본 인물들은 모두 갈망을 품고 있었고, 그중 (전부는 아니지만) 일부가 이 땅에서 채워졌다. 사라와 한나는 아이를 얻었고, 룻은 필요한 돌봄을 받았다. 모세는 자기 백성이 해방되는 모습을 보았고, 마리아는 자기 아들이자 구세주이신 그리스도의 부활을 목격했다. 제자들은 예수님의 기적을 체험하고 그분의 가르침을 들었다. 막달라 마리아는 억압에서 자유를 얻었고, 바울은 영적 무지에서 자유를 얻었다. 모두 아름답고 놀라운 이야기지만, 그래도 완전하지는 않았다. 그들도 우리와 똑같은 사람이었다. 그들도 완벽함과 온전함과 풍성한 삶을 갈망하는 똑같은 쓰라림을 품고 있었다. 또한 예수님의 탄생과 죽음과 부활 이전에 살았던 사람들은 언젠가 하나님이 그들에게 약속하신 모든 말씀을 이루실 줄 믿고 믿음으로 살았다.

히브리서는 이 성도들이 이 땅에서 어떻게 살았는지 이야기해 준다.

이 사람들은 다 믿음을 따라 죽었으며 약속을 받지 못하였으되 그것들을 멀리서 보고 환영하며 또 땅에서는 외국인과 나그네임을 증언하였으니 그들이 이같이 말하는 것은 자기들이 본향 찾는 자임을 나타냄이라 그들이 나온 바 본향을 생각하였더라면 돌아갈 기회가 있었으려니와 그들이 이제는 더 나은 본향을 사모하니 곧 하늘에 있는 것이라 이러므로 하나님이 그들의 하나님이라 일컬음 받으심을 부끄러워하지 아니하시고 그들을 위하여 한 성을 예비하셨느니라(히 11:13-16).

이 사람들은 하늘나라를 간절히 바랐다. 진심으로 갈망했다. 사라와 모세와 룻과 한나는 메시아가 오시기 전에 죽었다. 그럼에도 그들은 하나님을 믿었다. 자신들을 위해 하늘에 있는 성을 예비하시는 동안에도 그들의 모든 갈망을 기억해 주시는 하나님을 믿었다. 그들은 앞으로 무슨 일이 있을지 모른 채 죽었지만, 하나님을 믿고 따랐다.

마리아와 제자들, 막달라 마리아와 바울은 그들 가운데서 사시고 죽으시고 부활하신 예수님의 은혜를 누리며 살았다. 그들은 예수님을 알았다. 그들은 하나님이 메시아 가운데 완성하신 약속의 성취를 경험한 첫 성도들이었다. 하늘나라를 고대하는 이들의 소망이 그리스도 가운데 이루어지는 동시에 깨어났다. 예수님이 승천하시고 나서 선물로 임하신 성령님은(행 2:1-4 참조) 그들 각자가 이 땅에서 경주를 마칠 때까지 그들의 사역과 주님을 증거하는 일을 도와주셨다.

그렇다면 우리는? 우리에게도 성령님이라는 놀라운 선물이 있다. 그리스도의 영이 영원히 우리와 함께하신다(갈 4:6 참조). 우리는 절대 혼자가 아니다. 이 망가진 세상에서 영적 고아로 살아가지 않는다(요 14:15-18 참조). 지금 그리스도가 우리와 함께 계신다. 우리의 이루지 못한 갈망을 기도하면서 그리스도께 아뢰면, 하늘에서 우리의 모든 소망이 온전히 이루어질 그날까지 그리스도의 성령님이 우리를 만나 주시고 위로해 주실 것이다.

그리스도를 따르는 사람들은 어려움과 고난을 피할 수 있을까? 아니다. 더 좋은 것, 더 온전한 것을 바라는 간절한 마음이 언젠가는 사라질까? 이 땅에서는 아닐 것이다. 우리 영혼은 우리가 천국에 속한 사람이라는 것을 안다. 더 나은 것을 간절히 바라는 쓰라린 마음을 콕 짚어 이름 붙일 수는 없어도, 그 고통이 우리를 그리스도께 인도하게 할 수는 있다. 더 좋고 온전한 존재에 대한 갈망을 통해 우리 마음이 가장 좋고 온전하신 분, 즉 예수님께 가까이 갈 수 있다.

우리의 갈망이 우리를 그리스도께 이끌지 못한다면, 두려움과 염려뿐인 삶을 살 수밖에 없다. 채워지지 않은 갈망을 예수님께 드리지 않는다면, 우리가 필요하다고 생각하는 것을 놓치고 있다는 불안감이나 최선의 삶을 살지 못하고 있다는 걱정을 끊임없이 안고 살게 될 것이다.

오히려 그 반대가 사실이다. 가장 좋은 삶은 아직 오지 않았다. 이곳이 아니라 하늘나라에서 그때를 맞이할 것이다. 그러니 하늘에 대한 소망과 그리스도와의 연합이 우리를 그분의 말씀과 마음에 더 가까이 이끌게 함으로써 지금 여기서 평화의 왕자이신 그리스도의 위로를 받을 수 있다.

교회라는 기독교 공동체에 소속되어 말씀과 기도를 통해 예수님을 만나면서, 채워지지 않은 우리의 갈망을 주님이 그분으로 채워 주시는 것을 발견할 것이다. 이 땅에서 우리는 바라는 것을 항상 받지는 못하겠지만, 그리스도를 충만히 받는다.

그리스도는 모든 것을 넘치게 채워 주신다. 우리를 앞서간 성도들이 그리스도가 가장 큰 상급이요, 최고의 보화이심을 그들 삶으로 선포했다.

이것이 우리에게 채워지지 않은 갈망이 있는 궁극적 이유다. 그 갈망을 통해 모든 갈망을 만족시키시고 모든 빈 잔을 채우시는 분께 가까이 갈 수 있다. 아직 채워지지 않은 갈망을 품은 채 이 땅에서 살고, 일하고, 사랑하는 동안, 우리는 우리의 주요, 구세주께 우리를 만족시키는 그분의 사랑과 우리를 붙드는 그분의 임재와 우리를 위로하는 그분의 평안으로 우리를 만나 달라고 간구할 수 있다. 그리고 언젠가 얼굴을 마주하며 주님을 뵐 때 우리의 모든 갈망이 그분 안에서 온전히 채워질 것이다.

감사의 글

제프, 디어드리, 제니퍼, 아만다를 비롯한 베다니출판사의 전체 팀에게 감사드립니다. 이 출판 프로젝트와 저를 믿어 주셔서 감사해요. 여러분과 하나님 나라 사역을 함께할 수 있어서 정말 감사해요!

'은혜의 글쓰기' 회원들: 그리스도와 동행하며 그분을 위해, 그분과 함께 글을 쓰는 여러분 한 사람 한 사람이 너무 자랑스러워요. 여러분과 함께하는 것이 저의 가장 큰 기쁨입니다.

젠과 라이언: 평생의 친구이자 그리스도의 제자들. 그리스도의 평안 가운데 동행하라는 이 메시지를 삶으로 살아 내는 당신들에게 무척 감사합니다.

클레어와 웨이드: 저에게는 가족이자 친구인 여러분, 사랑해요.

부모님: 제게 언제나 안전한 안식처가 되어 주셔서, 제 삶에서 그리스도의 부르심을 따를 수 있게 도와주셔서 감사합니다. 제게 최고의 부모님이신 두 분, 너무너무 사랑합니다.

엘라와 주다: 너희는 하나님이 주신 보배란다. 너희 엄마가 된 것은 정말 놀라운 선물이야. 엄마가 책을 쓰는 동안 응원해 줘서 고마워. 하늘만큼 땅만큼 사랑해.

가장 든든한 후원자, 나의 남편 마이클: 나를 사랑해 주고, 하나님이 주신 사명을 이룰 수 있게 도와주어서 고마워요. 당신은 늘 나를 예수님께로 인도해 주는 사람이에요. 정말 고맙고 사랑해요.

구세주이자 왕이신 전능하신 주님: 제 생명은 주님 것입니다! 제 말과 마음, 삶 전부를 통해 주님이 영광 받으시기를 기도합니다.

사명선언문

너희가 흠이 없고 순전하여……세상에서 그들 가운데 빛들로
나타내며 생명의 말씀을 밝혀 _ 빌 2:15-16

1. 생명을 담겠습니다
만드는 책에 주님 주신 생명을 담겠습니다.
그 책으로 복음을 선포하겠습니다.

2. 말씀을 밝히겠습니다
생명의 근본은 말씀입니다.
말씀을 밝혀 성도와 교회의 성장을 돕겠습니다.

3. 빛이 되겠습니다
시대와 영혼의 어두움을 밝혀 주님 앞으로 이끄는
빛이 되는 책을 만들겠습니다.

4. 순전히 행하겠습니다
책을 만들고 전하는 일과 경영하는 일에 부끄러움이 없는
정직함으로 행하겠습니다.

5. 끝까지 전파하겠습니다
모든 사람에게, 땅 끝까지, 주님 오시는 그날까지
복음을 전하는 사명을 다하겠습니다.

서점 안내

광화문점 서울시 종로구 새문안로 69 구세군회관 1층
02)737-2288 / 02)737-4623(F)

강남점 서울시 서초구 신반포로 177 반포쇼핑타운 3동 2층
02)595-1211 / 02)595-3549(F)

구로점 서울시 동작구 시흥대로 602, 3층 302호
02)858-8744 / 02)838-0653(F)

노원점 서울시 노원구 동일로 1366 삼봉빌딩 지하 1층
02)938-7979 / 02)3391-6169(F)

일산점 경기도 고양시 일산서구 중앙로 1391 레이크타운 지하 1층
031)916-8787 / 031)916-8788(F)

의정부점 경기도 의정부시 청사로47번길 12 성산타워 3층
031)845-0600 / 031)852-6930(F)

인터넷서점 www.lifebook.co.kr